現代日本経済の論点

岐路に立つニッポン

馬田啓一・大川昌利 編著

文眞堂

はしがき

　日本経済はいま大きな岐路に立たされている。アベノミクスは,「大胆な金融政策」,「機動的な財政政策」,「民間投資を喚起する成長戦略」という「3本の矢」によって, デフレ脱却と経済再生を目指したが, いずれも未だ道半ばである。

　黒田日銀総裁は2013年4月に「異次元の金融緩和」を打ち出し, 物価上昇率2％目標を2年で実現すると言った。だが, 現状はそうなっていない。2014年4月に消費税率を引き上げたことによる景気減速と同年夏以降の原油価格の大幅な下落が, インフレ期待の回復に冷や水をかける結果となった。

　目標達成の時期を2016年度前半, さらに後半へと再度修正したが, 達成の見込みは望み薄である。今後, 2％目標を達成するために, 日銀は追加緩和に動くのか。

　一方, 景気も足踏み状態である。アベノミクスは円安・株高をもたらし, 企業業績を改善した。しかし, 最近の鉱工業生産指数を四半期ベースで見ると, 生産は一進一退で推移している。中国など新興国経済の減速による影響は相当に大きい。

　「第1の矢」の金融緩和によって大幅な円安になったにもかかわらず, 輸出が増えなかったことは大きな誤算である。その背景として, 日本企業が生産拠点を海外にシフトさせているという構造的な問題があげられる。

　日本の経済運営はもはや, これまでの延長線上の対応では済まされなくなった。円安神話は崩れ, 輸出頼みの成長にも限界が見られる。そればかりか, 行き過ぎた円安による弊害も生じている。アウトソーシングに依存する企業の打撃は大きい。

　追加緩和の副作用も懸念される。多額の国債を買い続けることで, 財政規律がすっかり緩められている。2016年度予算案が閣議決定されたが, 夏の参議院選挙を意識したバラマキ予算も目立つ。深刻な財政赤字に陥っている日本

が，今後，東京オリンピックを控え，政治的な財政膨張の圧力に歯止めをかけることができるのか。

　政府は2020年度に基礎的財政収支を黒字化する目標を掲げているが，名目3％の成長を続けても20年度にはなお6兆円の赤字が残る。景気動向に左右されやすい税収の増加に期待するのは禁物だ。痛みを伴う税制と社会保障の抜本改革を先送りすることはもはや許されない。

　貿易赤字も増え，貿易立国日本の先行きに暗雲が漂っている。忍び寄る産業空洞化の懸念も高まる中で，「モノづくりニッポン」の底力を再び発揮することができるのか。中長期的にみると，人口減少と少子高齢化によって労働力人口が大幅に減る傾向にある中で，どのようにすれば持続的な成長の実現はできるのか。

　アベノミクスの「第3の矢」は不発に終わった。その原因は明らかである。成長戦略が構造改革を先送りしたからだ。人口減少，少子高齢化や社会保障などについて中長期の見通しが不透明なままでは，家計は消費を増やさないし，企業も設備投資を決定しないだろう。

　前向きな行動を呼び起こすには，家計と企業の不安を取り除く政策が必要だ。アベノミクスの第2ステージである「新3本の矢」は，「希望を生み出す強い経済」，「夢を紡ぐ子育て支援」，「安心につながる社会保障」を掲げ，具体的に，「GDP600兆円」，「出生率1.8」，「介護離職ゼロ」という意欲的な数値目標を打ち出した。新たな矢によって，将来に対して慎重になっている家計や企業のマインドを変えることができるだろうか。

　日本経済を強くするためには，医療・介護，農業などの分野で規制緩和を進めることが必要だ。日本の構造改革は今や待ったなしである。抵抗勢力を抑え，岩盤規制を打破できるのか。

　メガFTA時代に入り，日本の通商戦略も正念場を迎えている。人口減少により日本の国内市場が縮小していく中で，日本企業は海外市場の獲得に活路を見出そうとしている。

　TPPなどによってアジア太平洋地域に新たな通商ルールが確立すれば，日本を拠点とした国際生産ネットワークの拡大とサプライチェーンの効率化が一段と進むだろう。まさにグローバル化する日本企業にとって大きなビジネス

チャンスである。

　中国の台頭によって日米中関係も大きく変容しつつある。アジア太平洋地域の新たな通商秩序の構築をめぐり米中の主導権争いが激しさを増す中で，米中の狭間に日本が埋没しないためにはどうすべきか。日本企業の強みを活かせるように，日本も新秩序の構築に向けてイニシアティブを発揮しなければならない。

　以上のような問題意識にもとづき，本書は，岐路に立つニッポンの羅針盤となるべく，現代日本経済が直面する目下焦眉の問題を論点として取り上げ，その現状と課題，対応について，様々な視点から考察を試みた。

　5部17章から構成される本書が，日本経済の現状と問題，とりわけアベノミクスの意義と課題，成長戦略の問題点，アベノミクスの今後のあり方や方向性についての議論を深める端緒になれば幸いである。

　なお，本書は，杏林大学総合政策学部の有志15名が執筆陣に参加した2015年度研究・出版プロジェクトの成果であり，大学院国際協力研究科の2015年度出版助成によって刊行の運びとなった。

　最後に，最近の厳しい出版事情の中，本書の刊行を快諾し，編集の労をとっていただいた文眞堂の前野弘氏と前野隆氏ほか編集部の方々に，心から謝意を表したい。

　　2015年12月

編著者

目　　次

はしがき ……………………………………………………………………… *i*

第1部　アベノミクスの期待と不安 …………………………………… *1*

第1章　日銀による異次元の金融緩和 ………………………… *3*

　　はじめに …………………………………………………………… *3*
　　第1節　量的・質的金融緩和の概要 …………………………… *4*
　　第2節　量的・質的金融緩和の効果：金融・経済の動向を振り返って… *7*
　　第3節　量的・質的金融緩和を巡る論点 ……………………… *11*

第2章　財政再建と税制改革 …………………………………… *16*

　　はじめに …………………………………………………………… *16*
　　第1節　財政赤字累増の現実 …………………………………… *17*
　　第2節　財政赤字の効果と問題 ………………………………… *20*
　　第3節　税制改革のあり方―財政再建との調和を図る― …… *24*

第3章　社会保障改革と介護離職問題 ………………………… *29*

　　はじめに …………………………………………………………… *29*
　　第1節　社会保障制度の変遷 …………………………………… *31*
　　第2節　介護保険制度の目的と方向性 ………………………… *33*
　　第3節　介護離職問題とその捉え方 …………………………… *36*
　　おわりに …………………………………………………………… *39*

第4章　為替レートと日本のマクロ経済政策 ………………… *41*

　　はじめに …………………………………………………………… *41*

第1節　期待相場の経済政策 …………………………………… 42
　第2節　説明書喪失症候群 ……………………………………… 44
　第3節　アベノミクス3年間の成果 …………………………… 47
　第4節　辛抱の政策から積極的雇用創出へ──結びに代えて ……… 51

第5章　成長戦略の限界 …………………………………………… 54

　はじめに ……………………………………………………………… 54
　第1節　成長戦略の具体的内容 ………………………………… 55
　第2節　成長戦略に対する評価 ………………………………… 57
　第3節　望ましい成長戦略 ……………………………………… 60
　第4節　「脱成長」と社会保障 …………………………………… 62

第2部　企業の新たな選択 …………………………………………… 67

第6章　混迷する国際会計基準への対応 ……………………… 69

　はじめに ……………………………………………………………… 69
　第1節　会計基準の国際的調和化から統一化へ ……………… 70
　第2節　コンバージェンスからアドプションへ ……………… 71
　第3節　幻に終わったIFRSの強制適用 ……………………… 75
　終わりに ……………………………………………………………… 78

第7章　日本企業の海外移転と人材空洞化 …………………… 80

　はじめに ……………………………………………………………… 80
　第1節　日本企業の海外移転と産業空洞化 …………………… 81
　第2節　人材空洞化の危機 ……………………………………… 84
　第3節　「人づくり」の海外移転 ………………………………… 87

第8章　大型商業施設と消費者行動 …………………………… 90

　はじめに ……………………………………………………………… 90
　第1節　大型商業施設とその特徴 ……………………………… 90

第 2 節　問題意識 …………………………………………… *91*
　　第 3 節　集計結果 …………………………………………… *94*
　　第 4 節　大型商業施設の"勝ち組"と"負け組" ……………… *98*

第 3 部　揺らぐ環境政策の行方 …………………………… *105*

第 9 章　地球温暖化対策と日本の対応 ……………… *107*

　　はじめに ……………………………………………………… *107*
　　第 1 節　地球温暖化対策の国際動向 ………………………… *108*
　　第 2 節　日本における温室効果ガスの排出状況 …………… *110*
　　第 3 節　温室効果ガス削減に向けた国内対策 ……………… *112*

第 10 章　国際資源循環の新たな展開 ………………… *119*

　　はじめに ……………………………………………………… *119*
　　第 1 節　日本のリサイクル制度と循環資源の輸出 ………… *120*
　　第 2 節　使用済み品等の回収ルートと潜在資源性 ………… *122*
　　第 3 節　国内資源循環と国際資源循環 ……………………… *125*
　　第 4 節　まとめ ……………………………………………… *127*

第 4 部　保護主義との闘い ………………………………… *129*

第 11 章　メガ FTA の潮流と日本の新通商戦略 ……… *131*

　　はじめに ……………………………………………………… *131*
　　第 1 節　加速する WTO 離れ：ポスト・バリ合意に暗雲 … *132*
　　第 2 節　21 世紀型の貿易ルールとメガ FTA ……………… *133*
　　第 3 節　土壇場で決着した TPP 交渉 ……………………… *134*
　　第 4 節　同床異夢の RCEP 交渉：前途多難 ………………… *137*
　　第 5 節　日 EU・FTA 交渉の気になる温度差 ……………… *139*
　　第 6 節　TTIP は西欧の復権をもたらすか ………………… *140*
　　第 7 節　メガ FTA 時代の WTO：その新たな機能 ………… *142*

第 8 節　21 世紀型の通商戦略：日本の課題 …………………………… *143*

第 12 章　日本の農業政策をめぐる政策過程と農協改革 …… *146*

　　はじめに ………………………………………………………………… *146*
　　第 1 節　日本の農業の特徴 …………………………………………… *147*
　　第 2 節　JA 全中の政策意思決定システムへの関わり ……………… *152*
　　第 3 節　第二次安倍政権における農協改革 ………………………… *155*
　　おわりに ………………………………………………………………… *158*

第 13 章　FTA 利用促進政策の現状と課題
　　　　　―韓国の事例と日本への示唆― …………………………… *162*

　　はじめに ………………………………………………………………… *162*
　　第 1 節　韓国における FTA 利用率の状況 …………………………… *164*
　　第 2 節　韓国政府の FTA 利用促進政策 ……………………………… *167*
　　第 3 節　評価および日本への示唆 …………………………………… *177*

第 14 章　外国人高度人材の日本への移動 ……………………… *182*

　　はじめに ………………………………………………………………… *182*
　　第 1 節　日本の労働力人口の推移と外国人労働者の動向 ………… *183*
　　第 2 節　外国人労働者・高度人材をめぐる各アクターの対応 …… *188*
　　第 3 節　高度人材に対するポイント制導入による効果と課題 …… *190*
　　おわりに ………………………………………………………………… *197*

第 5 部　日米中関係の将来 …………………………………………… *199*

第 15 章　21 世紀の日米同盟と中国の台頭―対立と協調 …… *201*

　　はじめに―冷戦後の日米同盟の強化 ………………………………… *201*
　　第 1 節　テロ後の日米同盟のさらなる強化 ………………………… *202*
　　第 2 節　中国の台頭と海洋進出 ……………………………………… *203*
　　第 3 節　オバマ政権の政策対応 ……………………………………… *206*

第4節　安倍政権の政策対応 …………………………………………209
　　おわりに——「牽制と抱擁 (hedge and embrace)」の両面政策の行方…211

第16章　習近平の「積極外交」と米中・日中関係 …………216
　　はじめに …………………………………………………………………216
　　第1節　習近平の「積極外交」の形成 …………………………………216
　　第2節　「積極外交」と「中国の三大不安」 ……………………………220
　　第3節　「積極外交」の可能性 …………………………………………223

第17章　アジア太平洋の通商秩序と日米中関係の行方 ……227
　　はじめに …………………………………………………………………227
　　第1節　日米中トライアングルの貿易構造と中国の台頭 ……………228
　　第2節　日米中関係の協調と対立の構図：経済相互依存と安全保障…231
　　第3節　アジア太平洋の経済連携と日米中の対応 ……………………234

索引 …………………………………………………………………………240

第 1 部
アベノミクスの期待と不安

第1章

日銀による異次元の金融緩和

はじめに

　安倍政権が推進する経済政策「アベノミクス」の「3本の矢」の中で「第一の矢」とされたのが，「大胆な金融政策」である。強力な金融緩和によって，流通するお金の量を増やし，長らく続いたデフレマインドを払拭することが狙いとされた。2012年12月の安倍政権発足から間もなく，2013年3月に日本銀行（以下，日銀）の総裁と2名の副総裁が新任されるタイミングが訪れ，安倍内閣は黒田東彦氏を日銀の新総裁に任命する。そして，文字通り，大胆な金融政策が展開されていく。
　2013年4月4日，黒田総裁のもとでは初回となる金融政策決定会合が日銀本店で開催され，「量的・質的金融緩和」（Quantitative and Qualitative Easing: QQE）の導入が決定される。貨幣流通量を増やすには，日銀は，民間金融機関から何らかの金融資産を買い上げ，その見返りとして貨幣を支払うという形をとる。日銀が買い上げる金融資産の量を積極的に増やすことが量的金融緩和である。それにより，民間部門の保有する貨幣は増加する。しかし，その貨幣が経済の中で活発に使われて流通することになるか，金融機関の「金庫」に滞留してしまうかによって，政策効果が異なってくる。そこで日銀は，買い上げる金融資産の質にも配慮し，従来以上にリスク資産を多く買い上げることとした。それが質的金融緩和である。この結果として，民間金融機関が抱えていた金融リスクがより多く日銀に吸収されることになるため，民間金融機関には新たなリスクを取る余地が生まれる。それが一般企業への貸出の増加や，リスク資産への投資の拡大に発展し，経済活性化につながっていくと考え

られている。

　この「量的・質的金融緩和」の導入に当たり，日銀は，消費者物価の前年比上昇率2%という「物価安定の目標」を，2年程度の期間を念頭に置いて，できるだけ早期に実現するという見解を示した。黒田日銀総裁は，当日の記者会見で，「これまでとは次元の違う金融緩和」であると表現し，「量的・質的金融緩和」は「異次元の金融緩和」と呼ばれるようになっていく。その後，日銀は，2014年10月31日に「量的・質的金融緩和」の拡大を決定し，さらに2015年12月18日には「量的・質的金融緩和」の補完措置の導入を決定し，現在（2016年1月初）に至っている。

　本章では，この「量的・質的金融緩和」がもたらした効果と今後の論点について，現時点までの情報に基づき整理を行う[1]。一般に，金融政策の効果は一定のラグを伴って発現するものであるが，本政策の導入から現時点までに既に3年間近くが経過しており，日銀が「物価安定の目標」を実現するうえで当初念頭に置いていた期間はほぼ過ぎていると考えられるため，一定の評価を試みるには適切なタイミングであろう。

　本章では，以下，第1節で，「量的・質的金融緩和」の概要を平易に解説する。第2節では，この政策のプラスの側面に焦点を当て，金融市場や経済・物価がどのように反応したかを振り返る。続く第3節では，「量的・質的金融緩和」を巡る論点を整理する。具体的には，将来この政策が「出口」を迎えるうえで考えておくべきこと，金融政策運営に関するコミュニケーション上の課題，そして財政規律との関連について取り上げる。

　日銀による異次元の金融緩和は，これまでに経済・物価の両面で明確な効果を発揮してきたと考えられるが，同時に，さまざまな課題も浮上している。それらをどう克服し，金融緩和の果実を円滑に収穫できるかは，これからの日銀の手腕にかかっている。

第1節　量的・質的金融緩和の概要

　本節では，量的・質的金融緩和の主要な内容を確認し，どのようなメカニズ

ムで経済が活性化されるのかを解説する。

1．主要な施策

量的・質的金融緩和は，4つの大きな要素を含む政策パッケージである。

順に確認すると，第一の要素は，金融市場調節の操作目標を，伝統的な短期金利（具体的には，無担保コールレート，オーバーナイト物）から，マネタリーベースに変更したことである。マネタリーベースとは，市中に出回っているお金である流通現金と，民間金融機関の日銀への預け金である日銀当座預金の合計である。端的に言えば，日銀が民間部門に供給した通貨と言える。この通貨供給量をどのようなペースで増加させていくか，ということを日銀は金融政策決定会合で決定し公表していくこととなった。この点，金融政策運営の枠組みを変更したことは革新的であるが，それだけでなく，かつてないスピードで通貨供給を行うために，日銀が長期国債を大量に買い上げていくこと（後述）も特筆に値する。後で言及するように，中央銀行が国債を大規模に買い上げるということは，一般に国家財政の運営との関係で懸念される点も存在する。それを承知のうえで金融政策をここまで前進させたのは，安倍政権の言う「大胆な金融政策」との標語にふさわしい。

第二の要素は，日銀による長期国債買入れの拡大と年限長期化である。長期国債が民間部門から日銀に大規模に吸い上げられれば，需給のタイト化によって国債価格が上昇し，長期金利が低下することが期待される。また，日銀が買い入れの対象とする長期国債の平均残存期間を長期化すれば，それだけ長期ゾーンの金利低下を促すことができる。

第三の要素は，ETF（Exchange Traded Fund; 上場投資信託）とJ-REIT（Japanese Real Estate Trust Fund; 日本版不動産投資信託）の買入れの拡大である。ETFの原資産は株式等であり，J-REITの原資産は不動産であるため，これら投資信託を購入するということは，間接的に日銀が株式や不動産などに資金を投入しているとも言える。一般に，中央銀行が株式・不動産を買い上げるのは異例であるが，この施策により資産価格が上昇することが期待される。

最後に，第四の要素として，量的・質的金融緩和の継続に関するコミットメ

ント（約束）が挙げられる。すなわち，日銀は，消費者物価の前年比上昇率2％という「物価安定の目標」を安定的に持続するために必要な時点まで，量的・質的金融緩和を継続すると宣言している。強力な金融緩和が先行きもしばらく続くという確信があれば，経済主体の行動はそれを織り込んで活性化することが期待される。

ただし，先行きには不確実性が付き物であるから，日銀の金融政策が何らかの不測の事態に直面する可能性もあるだろう。この点，日銀は，量的・質的金融緩和の継続に当たっては，「経済・物価情勢について上下双方向のリスク要因を点検して必要な調整を行う」という見解も同時に示している。実際に，2014年10月には，デフレマインドの払拭が遅延するリスクに配慮する形で，量的・質的金融緩和の拡大という調整が実行された。

2．政策の波及経路

このような政策パッケージがどのようなメカニズムで経済や物価に影響を与えるのかを整理すると，主として3つのルートがある[2]。

第一は，中長期金利を含め，イールドカーブ全体の金利の低下を促すとともに，資産価格のプレミアムを高める効果である。これは，日銀がさまざまな年限の長期国債やETF，J-REITを積極的に買い上げることの直接的な帰結である。それにより，企業などにとっては資金調達コストが低下するため，資金需要の増加が期待され，景気回復と物価上昇が見込まれる。

第二のルートは，金融機関や機関投資家の資産運用行動に働きかけるもので，ポートフォリオ・リバランス効果と呼ばれる。日銀が大量に長期国債を買い上げれば，それまで長期国債で資産運用を行っていた投資家は，株式や外貨証券など別の金融資産に運用をシフトさせることが必要になってくる。金融機関であれば，企業への貸出を拡大させる動機を強めることにもなる。このように，幅広いリスク資産への投資が喚起されれば，資金供給の増加につながる。

この第一，第二のルートは，金融面から経済活動を刺激し，「物価安定の目標」に近づこうとするものであるが，一方，第三のルートは，日銀が2％の「物価安定の目標」の早期実現を明確に約束し，その裏打ちとして大胆な金融緩和を継続することによって，将来の経済や物価に関する人々の期待形成に働

きかけるものである。先行きの期待物価が高くなれば，現実の物価も徐々に上昇していく可能性がある。このほか，期待物価上昇率が高まれば，仮に名目金利が一定であっても実質金利を低下させることとなり，経済活動の活性化と物価上昇が期待される。

第 2 節　量的・質的金融緩和の効果：金融・経済の動向を振り返って

　本節では，量的・質的金融緩和がどのような効果を発揮したか検討するために，同政策の導入後 2 年強の期間の金融・経済動向について確認する。なお，金融や経済の動きは，金融政策の効果だけを反映するのではなく，他のさまざまな要因にも左右される。特に，量的・質的金融緩和の導入後は，影響力の大きい米国経済が総じて順調に推移したことや，アベノミクスの「第二の矢」である「機動的な財政政策」の景気刺激効果が発現したことなどもある。金融政策の単独の効果を抽出することは必ずしも容易でないが，そうした制約に留意しつつ，以下では，金融政策が効果を及ぼしたと考えられる側面を見ていく。

1．金融市場の動向

　量的・質的金融緩和の導入に際して，最もすばやく反応したのは金融市場であった。特に顕著に反応した為替市場と株式市場の動きをみると，それぞれ第 1-1 図，第 1-2 図のとおりである。

　まず，為替市場の動きを第 1-1 図で見ると，2011〜2012 年にかけては概ね 1 ドル 80 円前後の円高が続いていたが，安倍政権の発足前後から円安傾向が始まり，量的・質的金融緩和の導入が決定された 2013 年 4 月以降は 1 年間以上にわたり 1 ドル 100 円前後の水準が続いた。さらに，2014 年後半以降は，海外経済要因などもあり，円安傾向が一段と進んだ。

　こうした円安の動きは，主として，製造業大企業の業績回復に大きく貢献し，その影響は製造業中小企業や非製造業の一部にも波及して，景気回復に寄与した。

第1-1図　為替レート（円/米ドル，月次）の推移

（資料）　日本銀行の公表データより筆者作成。

　次に株式市場の動きを第1-2図で見ると，安倍政権発足の2012年12月前後までは日経平均株価が10000円をはさむレンジで推移していたが，その後は上昇傾向に転じ，2013年4月以降は15000円をはさむレンジへと水準を切り上げた。また，2014年後半以降はさらなる上昇傾向を示した。
　こうした株高の効果としては，企業の資本調達を容易にするだけでなく，株式資産を保有する家計の消費を刺激する点も大きく，景気回復に大きく貢献し

第1-2図　日経平均株価指数（月末，終値，単位：円）の推移

（資料）　日本経済新聞社の公表データより筆者作成。

た。

　為替市場や株式市場に比べ，評価が簡単でないのは金利の市場である。代表的な長期金利である10年物国債利回り（四半期平均値）に着目すると，量的・質的金融緩和導入前の2013年第1四半期は約0.7％であったが，量的・質的金融緩和の拡大が行われた後の2014年第4四半期には約0.4％であった。すなわち，この間の名目長期金利の低下幅は0.3％ポイント程度にとどまっている。

　ただし，注意を要するのは，日銀が長期国債を買い上げて国債の需給がタイト化すれば，国債価格が上がり名目長期金利の低下要因となる一方で，金融緩和効果によって先行きの物価上昇期待が高まれば，逆に名目長期金利の上昇要因としても作用するという点である。こうした複数の要因が重なって長期金利に影響を与えていると考えられるため，日銀による長期国債買い入れの直接的な金利押し下げ効果を抽出するには計量分析を行うことが適当である。この点，日本銀行企画局（2015）で示された回帰分析によると，日銀の長期国債買い入れは，10年物の名目金利を約0.8％ポイント押し下げる効果があったとの結果が得られている。また，日本銀行企画局（2015）は，実質金利については1％ポイント弱の押し下げ効果があったとの分析も報告しており，それが企業の資金需要を相応に高めたと考えられる。

2．経済・物価動向

　量的・質的金融緩和は，前述のような金融市場の変化を通じて，わが国の実体経済や物価にプラスの効果を及ぼしてきたと考えられる。

　実体経済については，一般に，生産・所得・支出という3つの要素が互いに好循環する中で景気回復が進むことが望ましい。関連指標は多数あるが，ここでは，国民の関心が高い雇用環境を表す代表的な指標として，有効求人倍率の推移を見てみよう（第1-3図）。

　すなわち，2008年9月に発生したリーマンショックの影響から，わが国の雇用環境はひところかなり悪化したが，2010年から2011年にかけては持ち直しの動きが続き，有効求人倍率も着実に上昇していった。しかし，2012年には円高の影響もあって，雇用の持ち直しがやや鈍化する。その後，2013年に

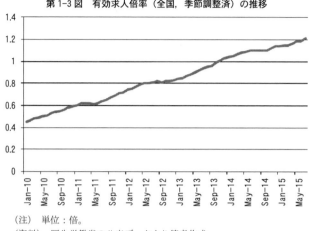

第1-3図　有効求人倍率（全国，季節調整済）の推移

（注）　単位：倍。
（資料）　厚生労働省の公表データより筆者作成。

は再び持ち直しの動きを強め，2013年11月には有効求人倍率が1を上回り，その後も着実に上昇基調をたどっていく。その背景にはさまざまな要因があろうが，異次元の金融緩和に伴う景気回復が寄与していることは確実である。

　次に，物価の動向について，消費者物価指数（全国）の前年比変化率の推移を第1-1表で見てみよう。

　物価の基調的な動きを判断するうえで有用な「生鮮食品を除く総合」の指数を見ると，量的・質的金融緩和の導入前の2012年は前年比▲0.1％と小幅ながらマイナスであったが，導入後の2013年には前年比0.4％と明確なプラスに転じている。これは，実体経済の改善と歩調を合わせて，物価面でもプラスの効果が波及してきたことによるものと考えられる。その後の2014年のデータには消費税率の引き上げの影響が含まれているため評価がやや難しいが，その影響を含まない2015年4月以降の月次データをみると，前年比のプラス幅が徐々に縮小してきている。これには，国内景気と関係の小さいエネルギー関連品目の影響もあるため，「食料及びエネルギーを除く総合」の指数に着目すると，2015年4月以降も前年比変化率は明確なプラス傾向を維持していることが分かる。したがって，過去のデフレマインドを払拭するという目的は既にほぼ達成されていると考えてよいと思われる。

第 1-1 表　消費者物価指数（全国）の前年比変化率の推移

	年平均（前年比%）			月次（前年同月比%）			
	2012 年	2013 年	2014 年**	2015 年 4 月	5 月	6 月	7 月
総合	0.0	0.4	2.7	0.6	0.5	0.4	0.2
生鮮食品を除く総合	▲0.1	0.4	2.6	0.3	0.1	0.1	0.0
食料及びエネルギーを除く総合*	▲0.6	▲0.2	1.8	0.4	0.4	0.6	0.6

＊ 食料（酒類を除く）およびエネルギーを除く総合
＊＊ 消費税の引き上げ（2014 年 4 月，5%→8%）の影響が含まれる
（資料）総務省統計局の公表データより筆者作成。

　一方で，日銀の「物価安定の目標」である前年比上昇率 2%という段階には未だ到達していないのも事実である。この点では，量的・質的金融緩和は，導入後 3 年間近くが経過した現在でも，なお途半ばの状況にあると言えよう。

第 3 節　量的・質的金融緩和を巡る論点

　量的・質的金融緩和は，かつてない大胆な金融政策であるがゆえに，今後対応すべき幾つかの論点も浮上してきている。本節では，特に，(1) 将来この政策が「出口」を迎えた後の政策対応，(2) 金融政策運営に関するコミュニケーション上の課題，(3) 財政規律との関連，に関する 3 つの論点を順に取り上げる。

1．量的・質的金融緩和の後の金融政策

　量的・質的金融緩和は，この先，日銀の「物価安定の目標」が安定的に達成されることになれば，いずれは「出口」を迎える。すなわち，それ以上の金融緩和が不要な状況になれば，日銀は量的・質的金融緩和を停止し，長期国債などの大規模な買い入れを取りやめることになろう。また，経済・物価情勢によっては，金融引締めに転じることも想定しなくてはなるまい。

　「出口」後の金融引締めの方法としては，主に，2 つの方法が考えられる[3]。

第一は，伝統的な金融政策の操作対象である政策金利（わが国では，無担保コールレート・オーバーナイト物）は実質ゼロ％の水準に据え置いたままで，量的・質的金融緩和の過程で日銀が買い入れてきた長期国債等の資産を徐々に金融市場で売却するというものである。この方法は，それまでに日銀がたどってきた金融緩和の道のり，すなわち，まず政策金利をゼロ％に引き下げ，さらに量的・質的金融緩和に突入したという経過を巻き戻すイメージであり，その意味では自然な考え方である。

　ただし，この方法には懸念される点がある。それは，日銀による長期国債売却が国債価格の急落（長期金利の急上昇）につながる怖れである。わが国では，財政赤字が蓄積し長期国債が大量に発行されてきたが，国債市場で需給が崩れるのを防ぐのに，日銀の政策は一役買っている。その日銀が政策を巻き戻すことになれば，金融市場が動揺する可能性は小さくないであろう。したがって，この第一の方法は，十分な現実性があるとは言いにくい。

　「出口」における金融引締めの第二の方法は，日銀は量的・質的金融緩和で購入してきた長期国債等の資産を保有し続けたままで，政策金利をプラスに引き上げるというものである。そのためには，日銀は，金融機関等から受け入れている当座預金のうち所要準備額を控除した「超過準備」と呼ばれる預金への金利（補完当座預金制度の適用金利）を引き上げれば良い。その金利と政策金利の間には裁定が働くため，一方を引き上げれば他方も上昇するという関係があるのである。

　この方法を使うと，第一の方法のように長期金利を急上昇させてしまうリスクを避けやすいので，金融引締めの方法として有力な候補であろう。ただし，この方法では，日銀自身の収益が赤字に転落してしまう可能性があることに留意が必要である。というのは，日銀の資産・負債における金利収支を考えると，運用資産の金利収入を補完当座預金制度への金利支払いが超過すれば，収支が赤字に転落する。翁（2015）の試算によれば，政策金利を2％程度に引き上げるため，「超過準備」にも2％程度の付利をすることとなると，日銀の収支が赤字になってしまうことが予測されている。超過準備のない「平常時」であれば，日銀の収益は構造的に大きな黒字を計上することから，毎年の国庫納付金という形で国家財政の歳入に組み入れられるが，上記のように赤字の事態

となれば，国の財政収支に及ぶ影響が小さくない可能性もある。

　このように，量的・質的金融緩和の後の金融政策の運営方法については，入念な検討を要する点が多い。できるだけ早い段階から，日銀を中心に関係者の間で検討を深めておくことが望まれる。

2．金融政策運営に関するコミュニケーション

　既に見てきたように，量的・質的金融緩和はこれまで一定の成果をあげてきた一方で，その導入から3年間近くが経過した現段階において，なお2％の「物価安定の目標」は達成されていない。日銀が当初，「2年程度の期間を念頭に置いて，できるだけ早期に（目標を）実現する」と宣言したのは，デフレマインドを払拭するうえで国民の期待に強く働きかける必要があったためでないかと考えられる。その点は良く理解できる一方で，物価動向の不確実性を踏まえると，特定の年限を明示して「物価安定の目標」に接近するのが容易でないことも事実である。

　このような経験を踏まえ，日銀がこの先「物価安定の目標」にもっと接近していくうえで，どのようなコミュニケーションによって国民の期待に働きかけるのが良いかは，重要な論点であろう。特に，先行きの金融政策の方向をどこまで具体的に示すべきかは，期待に働きかける効果と先行きの不確実性の双方を踏まえて，慎重に判断しなくてはならない。

　また，定期的に日銀から発信される情報についても，国民の視点で十分に理解しやすいものとなっているか，たえず点検されることが望ましい。例えば，黒田日銀総裁は，講演や記者会見等で「必要な場合には（金融政策を）躊躇なく調整する」と繰り返し述べているが，ここでの「必要な場合」が何を指しているのかは必ずしも自明でない。2％の「物価安定の目標」を文字通り「できるだけ早期に」実現するにはさらなる追加緩和が必要だという考え方も成り立ち得るし，逆に，ある程度の時間をかけて目標に到達すれば良いと考えるならば追加緩和は不要とも考えられる。

　結局のところ，日銀の金融政策が目指す方向をできる限り分かり易く説明することが，政策効果の最大化につながっていくだろう。

3. 財政規律への影響

　日銀が長期国債を大量に買い上げることは，政府が新たな長期国債を発行しやすくなるという影響を持つ。それが，結果的にではあるが，政府の財政規律を弱めてしまう可能性はないか，という論点がある。

　そもそも長期国債がどれだけ発行されるかについては，財政を適切に運営するうえでの必要性を踏まえて，毎年，国により決定される。しかし，わが国のように財政赤字が大きな問題となり，発行済み国債が多額にのぼる状況では，国が決定した国債発行計画を実行しても財政破たんを招かないかどうか，第三者の視点から点検がなされることが望ましい。その点，仮に財政破たんの可能性を無視できない状況になれば，国債に対する投資家の投資意欲が減退し，金融市場において新規国債を消化しにくくなったり，国債の市場価格が低下していくことなどが予想される。すなわち，金融市場は本来，財政規律を点検する機能を備えているとみることも可能である。

　しかし，日銀が大量に国債を買い上げている状況では，金融市場における国債取引は，真の国債の需給を反映したものとはならない。このため，政府は新規に国債を発行することが比較的容易になり，それが財政規律の脆弱化につながる可能性を否定できないのである。

　こうした点も含め，量的・質的金融緩和の導入により，金融政策と財政政策の関係性がかなり強くなったように思われる。日銀の大規模な国債買入れは決して「財政ファイナンス」ではなく，金融政策上の目的で日銀自身の判断により行うものであることを，日銀は繰り返し強調している。もちろん，そのとおりであるが，財政ファイナンスの意図がなくても，上記のとおり，間接的に財政運営に影響を与えている可能性はある。その意味では，異次元の金融緩和が成功であったかどうかを後世で評価する際には，中長期的な財政健全化という目標にアベノミクスがどう答えたかという問題と金融政策を切り離すことができないのかもしれない。

（小田信之）

注
1) 日銀の量的・質的金融緩和については，これまでにも研究文献や解説書などが刊行されている。より掘り下げた分析や包括的な解説に関心のある読者は，例えば，岩田・日本経済研究センター

(2014),翁(2015)などを参照されたい。
2) 量的・質的金融緩和政策の波及経路については,黒田(2013),岩田(2014)など,日銀からの各種情報発信において丁寧な説明がなされている。
3) 量的・質的金融緩和の「出口」後に金融引締めを行う方法としては,ここで述べる2つの方法のほかにも,幾つかのやり方が考えられる。具体的には,(1)準備預金制度における預金準備率を引き上げることによって,超過準備を所要準備に置き換えてしまう方法や,(2)日銀が売出手形を発行することによって超過準備を吸収してしまう方法なども,原理的には可能である。いずれの場合も,超過準備が消滅すれば,伝統的な金融調節の方法により,政策金利をプラスに誘導することが可能となる。

参考文献

岩田一政・日本経済研究センター編(2014),『量的・質的金融緩和―政策の効果とリスクを検証する』日本経済新聞出版社。

岩田規久男(2014),「量的・質的金融緩和の論点」経済教室,日本経済新聞,2014年12月25日。

翁邦雄(2015),『経済の大転換と日本銀行』岩波書店。

黒田東彦(2013),「量的・質的金融緩和」読売国際経済懇話会における講演,2013年4月12日。

日本銀行企画局(2015),「『量的・質的金融緩和』:2年間の効果の検証」『日銀レビュー』2015-J-8,日本銀行。

第 2 章

財政再建と税制改革

はじめに

　2008年の世界的金融危機により，欧米の各国では財政状況が著しく悪化した。日本の財政はこれらの国々と比べても突出して厳しい状況にある。これは1990年代後半から国債に大きく依存した財政事情を続けてきたことによる。この財政赤字が累増した要因を分析すると社会保障支出の急拡大と税収の不調に特徴づけられる。この間に財政再建を絶えず試みてきたが，このところ失敗を続けてきている。

　財政赤字により景気回復を図るケインズ政策もかつてと異なり期待通りの効果が得られなくなってきており，財政赤字の累増がしばしば市場におけるリスクを顕在化させている。財政赤字の問題のうち，財政の持続可能性が損なわれると経済全体が著しい損失をこうむりかねないことと，世代間の公平を損ない続けていることが，特に深刻である。そこで財政の健全化を進める必要性が高まっているが，累積した国の借金を一気に解消することは，もはや現実的でない。そのため日本では，基礎的財政収支に着目した指標を目標にしていくことにより，現実的かつ効果的な財政健全化を進めることができるとしている。

　目標に向けた財政健全化努力において，最も重要となるのは，社会保障支出の着実な削減である。社会保障と税の一体改革として，消費税率の引き上げを伴って進めることとなっているが，実効ある削減策などに欠け，財政健全化の努力には物足りないものがある。他方，消費税率引き上げについては，8％までの引き上げは実行されたが，10％への引き上げは2017年4月まで延期された。いずれも課題を先送りした形であるが，消費税については，当面の税収確

保の観点からだけでなく，将来にわたる基幹税として，より効率的で公平な仕組みに改善していくことが，税制改革において重要な課題となっている。消費税の効率的な税収調達力を減殺してしまう改革は将来世代に大きな負担を残してしまう。世代間の不公平を改善していくことは，財政健全化においてだけでなく，税制改革においても重要な指針としても堅持していかなければならない。

第1節　財政赤字累増の現実

1．財政赤字の現状

　まずわが国の財政赤字の現状を概観してみよう。国の2015年度一般会計予算においては，歳出のうち，国債の元利払いに充てられる費用である国債費に社会保障関係費と地方交付税交付金等をあわせた3つの項目で，歳出全体の7割以上を占めている。歳入においては，税収が約55兆円を見込んでおり，歳出全体の6割程度を占めている。この結果，残りの約4割が借金である国債などでまかなわれることになる。

　このように日本では，国の財政において歳出が歳入（税収及びその他収入）を大きく上回っており，その差額を借金でまかなう状況が長期間続いている。特に，2008年度以降，景気の悪化に伴う税収の減少等により歳出と歳入の差額が拡大し，建設公債・特例公債（赤字国債）という国債発行（借金）によってまかなっている。この結果，日本の国債残高は，年々増加を続けてきた。2015年度末では807兆円に上ると見込まれ，地方財政分も合わせた「国及び地方の長期債務残高」は，2015年度末に1035兆円（対GDP比205%）に達する見込みである。

　1990年代後半に主要先進国がそろって財政収支を改善してきた中，わが国の財政収支は大幅な赤字を続けた。2000年代に入り，わが国の財政収支は一旦改善傾向に向かったが，2008年秋以降のリーマンショック後の世界的不況により，欧米諸国と同様に悪化した。2010年代に入ると，再び財政収支を改善する国が見られる中，日本の財政は大幅な赤字を続けて，債務残高の対

第 2-1 表　わが国の基本的な支出と収入（2015 年度一般会計予算）

歳出　（国の基本的な支出）			歳入　（国の基本的な収入）		
国債費	23.4 兆円	(24%)	税収	54.5 兆円	(57%)
基礎的財政収支対象経費	72.8 兆円	(76%)	その他収入	5.0 兆円	(5%)
うち社会保障関係費	27.5 兆円	(33%)	公債金収入	36.9 兆円	(38%)
地方交付税交付金等	15.5 兆円	(16%)	うち建設公債	6.0 兆円	(6%)
			赤字公債	30.8 兆円	(32%)
合計	96.3 兆円	(100%)	合計	92.6 兆円	(100%)

（資料）　財務省『日本の財政関係資料（平成 27 年 3 月）』43 ページから作成。

第 2-2 表　わが国の借金（債務）の状況（2015 年度末見込み）

国の公債残高 【GDP 比】	807 兆円 159.8%	※地方の債務残高は 199 兆円 39%
国及び地方の長期債務残高 【GDP 比】	1,035 兆円 205%	

（資料）　財務省『日本の財政関係資料（平成 27 年 3 月）』8 ページから作成。

GDP 比が 200% を超える突出した水準に達した[1]。

2．なぜ財政赤字が累積してきたのか。

　わが国の国債残高は一本調子に累増を続けてきたわけではない。1990 年度には 15 年間続いてきた特例公債発行に頼らないで予算を組むようになり，特例公債から脱却を達成した。しかし，1990 年代後半になり再び特例公債が盛んに発行されるようになり，国債残高の累増が目立つようになった。

　そこで，国債残高がここまで累増してきた要因をみてみよう。歳出面では，1990 年代には公共事業関係費の増加が目立ったが，近年では高齢化等に伴い社会保障関係費の増加や地方財政支援支出の増加が主要因となっている。また，歳入面では，景気の悪化や減税による税収の落ち込みが大きな要因となっている。

　財務省の分析で具体的にみると，国債残高について 1990 年度末の 166 兆円を基準にして，2015 年度末の 807 兆円までの増加額を必要な調整の上で算出

したところ約630兆円[2]に上る。これを各要因に分解してみると，歳出面では，社会保障関係費が約230兆円も増加したことがわかる。毎年の増加額は，当初1990年代前半は毎年1ないし3兆円程度だったが，それ以降次第に拡大し2000年代に入り10兆円に近づく水準で推移していたが，2009年度以降15兆円を超える水準となった。このほかの増加項目として地方交付税交付金等が81兆円，公共事業関係費が約58兆円を占めている。公共事業関係費については1990年代には社会保障関係費を上回る大きな要因だったが，その後は増加分が減少傾向にある。これらを合わせると支出の増加要因は約358兆円と推計している。

他方，歳入面の要因をみると，税収減が約199兆円にのぼる。このうち税制改正による減収は56兆円であり，残りが景気悪化による税収減となるが，1990年度がバブル好景気にあったこともあり大きな金額となっている。税外収入等の要因も合わせると，歳入面の減収要因は約146兆円と見込まれている[3]。

3．なぜ財政再建に失敗したのか

日本の財政再建はここのところ失敗を繰り返してきた。1997年に消費税率を5％に引き上げた橋本龍太郎内閣は，2003年度までに特例公債発行額をゼロにする目標などを盛り込んだ財政構造改革法を成立させた。しかし，大手証券の破たんなどを受けて不況が深刻化したため，目標は先送りされ，続く小渕恵三内閣において財政構造改革法は廃止となった。また2006年には，小泉純一郎内閣が財政再建に向け基礎的財政収支を2011年度に黒字化する目標を立て，社会保障費の当然増を毎年2200億円ずつ圧縮していくことを決めた。当初は景気回復も手伝い基礎的財政収支黒字化を増税なしで達成する勢いだったが，2008年の世界的不況を機に失速し，財政再建は頓挫した。

財政健全化に向けた試みとして，民主党野田佳彦政権は，消費税率引上げの道筋を整えるのにとどまり，続く安倍政権に消費税率引上げの実施が託されたが，歳出削減については本格的に手が付けられていない。

財政再建に失敗した要因を分析すると，富田俊基教授によれば，これまで日本の財政運営に共通して指摘できることとして，経済見通しが過度に楽観的に

傾いていたこと，制度改革至上主義が強調されてきたこと，の2点が重要という。

戦後の日本において，1975年度に国債発行が本格的に開始されて以降，赤字国債からの脱却を何度も試みたが，その基本にある経済見通しが背伸びをした理想の姿を描くため，必要となる歳出削減などが過少に算出されて進められてきたという。種々の意思決定において，見通しや前提・シナリオが甘めの想定になっていることが要因だという。これに加えて，行政の仕組みや組織を改革さえすれば，財政が健全に向かうという制度改革至上主義というレトリックが財政再建を何度も先送りさせた要因になったという[4]。

これに対し，田中秀明教授は，財政再建の失敗には財政規律を維持する仕組みが欠如してしまったことが大きいという。財政政策の司令塔の再構築が急務であり，これには豪州の経験から学ぶことが多いという。財政再建とは実質的には政治改革であり，財政運営に対して政治家が関わる仕組みの改革が重要となるという。日本において財政再建を阻む根源的な問題が「与党・官僚内閣制」という現在の統治機構にあるとして，責任の所在を明確にする閣僚委員会を中心に問題解決を図っていくべきとする。また予算制度についても，拘束力のある財政ルールや財政目標の設定と評価を規定する財政責任法などの財政改革を実行すること，を提言している[5]。

第2節　財政赤字の効果と問題

1．財政赤字で効果的に景気回復を可能にするのか

財政支出を「増税」による財源で実行しても「公債の発行」による場合でも，国民は将来の増税を見通すので，消費などの行動に違いが出てこないと，いわれる。したがって国債発行をして財政支出を増やしても消費増などの効果はみられないとの議論がある。これを，バローの中立命題とよび，実証研究が盛んに行われている。日本についての実証分析によれば，バローの中立命題が成立していないとして，現在の公債残高のうち，かなりの部分が，将来世代への負担として残されることになっているという。日本では1990年代後半まで

この中立命題は支持されなかった。しかし，2000年代に入ると，公債残高の急増により現役世代の生存中にも負担が高まるとの懸念から人々は消費を減らし貯蓄を増やす行動が出ていると考えられ，限定的かもしれないが，この命題は必ずしも否定されない結果となっている[6]。

　財政赤字の拡大を伴う積極的な財政政策により，民間消費や民間投資，そしてGDPが増加する効果を「ケインズ効果」とよんでいる。乗数効果が高いと，財政赤字による財政支出が景気回復に大きく寄与することになる。

　これに対して，現時点の財政支出が非効率である場合や税負担が将来に先送りされている場合など，一定の財政状況や経済関係のもとでは，歳出削減や増税が民間需要の自律的な回復に寄与することがあるが，これを「非ケインズ効果」とよんでいる。これらについて，日本を対象とした実証分析は，「1990年頃を境に財政政策の効果が相対的に低下していることが確認された。特に民間需要のなかでも民間設備投資の反応が90年以前と以降では大きな変化が見られる」という。財政状況がそれほど悪くない平時においてはケインズ効果が機能するのに対して，政府の債務残高が著しく持続可能性が失われそうな状況においては非ケインズ効果が強く働くといわれる[7]。

2．財政赤字の問題はどこにあるのか

　財政赤字に関しては，政策担当者は，「現在，わが国の政府債務残高は，他の先進国に例を見ないほど危機的な水準となっている。財政赤字の累積が中長期的に経済成長の阻害要因となり，また世代間の不公平をもたらすことについては，各国の政策担当者の間では共通認識となっており，国際的にも大きな問題として認識されている」としている。その上で，もう少し一般的な議論として，財政赤字の累増がもたらす問題として，次の3つの問題を示している。①財政の硬直化，②財政の持続的可能性に対する信認，③世代間の不公平拡大，将来世代への負担先送り，である[8]。

　第一の財政の硬直化は，財政赤字が累増していくと利払費や債務償還費が増大するので，社会保障をはじめ政策的な経費に充てる財源が制約されるようになるという問題である。これにより財政の公共サービスの提供や経済安定化の機能が損なわれてしまうという。

第二は財政の持続可能性に対する信認が，財政赤字の累増により損なわれてしまうのではないかという問題である。財政の持続可能性とは，政府の債務支払いが，将来にわたり確実に履行されることである。この信任が損なわれれば，国債価格が下落し，金利の上昇を招くため，企業の資金調達に悪影響をもたらすことになると考えられる。

第三は世代間の不公平の問題である。国債による財政支出は将来世代に負担を先送りする。そこで負担することなく便益を受ける現代世代と，その債務を租税で負担しなければならなくなる将来世代の間で，受益と負担に不公平が生じるというもので問題である。これは，国債発行を通じた財政赤字の問題点であるが，公的年金制度における受益と負担の不公平は別の問題である。現在の日本では，財政赤字と公的年金制度と二重の意味で世代間の不公平が問題であることに注意したい。

3．財政の持続可能性は基礎的財政収支を中心に確保する

1990年度に特例国債依存からの脱却という財政再建の目標を達成しているが，財政再建の課題は，現在では，国債残高においても予算に占める国債の依存度においても，格段と重要になってきている。こうした状況において，特例国債依存からの脱却を目標に掲げて一挙に実行しようとすると社会経済に混乱を招きかねないことから，もう少し緩いが実効性のある指標として基礎的財政収支（プライマリーバランス）を目標として定めることになった。

基礎的財政収支は，毎年の国債の発行を元利払費の額に抑えるならば，税収は元利払費を除く政府支出に充当することになり均衡する。すなわち国債の発行収入を過去の国債の元利払費だけをまかなうことに限定するので，税収はすべて新規の政府支出に充てることができる。この指標を均衡させれば，将来に財政赤字が発散していくことがなくなるので，財政の持続可能性が確保できるとの考えによる。

日本でこの指標を初めて用いたのは小泉内閣であり，2011年の基礎的財政収支を黒字化するという目標を立てたが，先述したように，この目標は世界的不況により頓挫してしまった。

現在につながるものとしては，2010年に民主党の菅直人内閣における「財

政運営戦略」等の取組みの中で，国・地方を合わせた基礎的財政収支についての目標がある。①2015年度までに2010年度に比べ赤字の対GDP比を半減，②2020年度までに黒字化，③その後の債務残高対GDP比の安定的な引き下げ，を目指してきた。「社会保障と税の一体改革」もこれに沿って進められることとなった。これらは2013年に政権交代後の第二次安倍内閣にも引き継がれた。

安倍内閣では，2014年4月に予定通り，消費税率を8%に引き上げた。しかし，2015年10月に予定していた消費税率の10%までの引き上げは，2017年4月まで延期したので，2015年夏までに財政健全化計画を改めることとした。

これを受けて，2015年6月30日，「経済財政運営と改革の基本方針2015 ～経済再生なくして財政健全化なし～」(骨太方針) が経済財政諮問会議の答申を経て，閣議決定された。

この骨太の方針においては，三本の矢の取組みにより，「デフレ脱却・経済再生」と「財政健全化」は大きく前進させることとしている。財政と社会保障制度は現状のままでは立ち行かないので，「デフレ脱却・経済再生」，「歳出改革」，「歳入改革」を中心に取組みを強化して進めていくとしている。

日本経済の現状について「四半世紀ぶりの良好な状況」として，GDPの成長率を「実質2%，名目3%」と高めの見通しを設定し，この結果，財政赤字は7兆円圧縮されるものと見込んでいる。

財政健全化の中間目標として，2018年度の赤字の対GDP比を1%程度に縮小（15年度は3.3%）し，政策経費全体の伸びを2018年度までの3年で計1.6兆円程度に抑えることとしている。

4．世代間の公平をどう回復するのか

社会保障と税の一体改革は，消費税率を10%まで引き上げるのに当たり，消費税の増収分の受け皿として，社会保障分野における諸施策の充実に充てることに注目が集まっている。財政赤字の要因分析でみたとおり，社会保障支出の増加テンポは目立っており，抜本的な歳出改革が求められていることは自明といえる。医療制度，公的年金制度，介護制度のいずれも大胆な改革なしに持続可能性は確保できない。これについては，予算編成の中で歳出削減策が収支

尻を合わせる議論として行われているだけで，根本的な議論の成果が見えてこない。社会保障の各分野については，国民の合意を基礎にした長期的なビジョンを策定することが大事であり，これを基にして初めて国民の支持を受けて息の長い改革を実行することが可能になる。こうした社会保障制度の持続可能性なしには，せっかくの財政健全化のための施策も画に描いた餅となってしまう。

　また，社会保障と税の一体改革との関連でいえば，所得税における年金課税について，世代間の不公平を是正する意味でも，早急に見直す必要がある。現行制度においては，公的年金の給付については，所得税の公的年金等控除の対象になり所得税負担が大幅に減額されている。他方，保険料の拠出時には，その全額が社会保険料控除の対象となるので，全額非課税となる。拠出時に税制上の優遇措置を設けているので，給付段階で大幅な所得控除を認めることには合理性がない。公的年金等控除は，低額年金受給者に配慮をしたうえで，全体として大幅に縮減することが適切である。若者世代の高齢者世代に対する不公平感を解消するのに役立つであろう。

第3節　税制改革のあり方—財政再建との調和を図る—

1．法人税率引き下げ

　税制改革については，財政健全化を目指していく中において，成長戦略として法人税減税が求められている。2014年6月の「骨太の方針」においては，当時35％弱であった法人実効税率を「数年で20％台まで引き下げることを目指す。来年度から開始する」と明記した。これを受けて2015年度税制改正で，第一弾として法人税率を25.5％から23.9％まで引き下げられた。これに要する財源は6690億円であったが，法人税の欠損金繰越控除の制限などにより財源を確保した。税収中立が強く意識された法人税制度の改革として歓迎すべきである。

2. 消費税制度の改革

　税制改革においては，財政再建の方向に沿ったものにする意味でも世代間の不公平を取り除く改革が重要な課題である。社会保障と税を，一体的に息長く改革していく必要性を考えれば，将来に消費税率がさらに引き上げられたとしても確実に税収をあげるように準備しておく必要がある。そのためには，現状において浸食されている消費税の課税ベースを回復させていく必要がある。

　一つは，消費税のいわゆる「益税」を縮小していくことである。事業者免税点制度は，一定の要件を満たしていると消費税の納税義務が免除される仕組みであるが，課税売上高の適用上限をそれまでの3000万円から2004年度に1000万円まで引き下げた。さらなる免税点以下の対象事業者の縮小ができないか検討すべきであろう。簡易課税制度は，対象事業者が売上高のみに基づいて簡単に消費税の納税額を計算できる制度を選択できる仕組みで，事業者の対象となる課税売上高の適用上限をそれまでの5億円から2004年度に5000万円まで引き下げる，など事業者の対象範囲を縮小してきている。これらは今後も実務の成熟にあわせてさらに縮小すべきである。

3. 将来の税率引き上げに備えて

　さらに，新たな課税ベースの浸食に対しては慎重に対応すべきである。たとえば非課税品目を拡大することには慎重さが必要であり，軽減税率を新たに設けることについて，課税ベースの大きな浸食につながることに注意すべきである。軽減税率の創設は消費税率を10％に引き上げるにあたって，現在世代の所得階層間の不公平に対応する措置として検討されているものである。仮に軽減税率に何らかの所得の再分配効果があるとしても，消費税の課税ベースを必要以上に浸食し将来における消費税の税収確保可能性を損なうとの意味で，世代間の不公平への対応とは整合的でない対応といえる。筆者は，所得税の給付金付税額控除で対応することを当面の策として支持する。この問題は，消費税の枠組みの中で解決を図るのではなく，視野を広げて，所得税制など税制全体で，さらに財政支出も含めた社会保障政策の大きな枠組みの中で最善策をもって対応すべき問題である。

　消費税の税収確保の可能性については，OECDが消費税の効率性を表す指

標として公表している「付加価値税収比率（VAT Revenue Ratio, VRR」（以下VRRという）」を参考に考えてみよう[9]。VRRは，1に近いほど税収調達力が高いことを示している。VRRは，「すべての課税対象品目に対して例外なく標準税率を適用した場合に得られる税収に対して，実際の付加価値税収がどれくらいの割合を占めているのかを比率で表したもの」である。第2-3表をみると，OECD33カ国の2012年の単純平均が0.55であるから，日本のVRRは0.69と高い水準を維持しており，欧州諸国などと比較して税収調達力が高い。それは，日本には，軽減税率もなく，税務執行も良好であることによ

第2-3表　各国の付加価値税収比率（VRR）

VRR	2000年	2005年	2012年	（参考）標準税率 （2015年1月）
オーストラリア		0.56	0.57	10.0%
ベルギー	0.51	0.50	0.48	21.0%
カナダ	0.51	0.52	0.48	5.0%
デンマーク	0.60	0.62	0.59	25.0%
フランス	0.50	0.51	0.48	20.0%
ドイツ	0.61	0.55	0.55	19.0%
ギリシャ	0.50	0.48	0.37	23.0%
ハンガリー	0.52	0.49	0.52	27.0%
イスラエル	0.64	0.64	0.64	18.0%
イタリア	0.45	0.41	0.38	22.0%
日本	0.68	0.71	0.69	8.0%
韓国	0.61	0.66	0.69	10.0%
メキシコ	0.29	0.31	0.31	16.0%
オランダ	0.60	0.61	0.53	21.0%
ニュージーランド	0.98	1.02	0.96	15.0%
スペイン	0.53	0.56	0.41	21.0%
スイス	0.75	0.73	0.71	8.0%
英国	0.48	0.48	0.44	20.0%
33カ国単純平均	0.58	0.59	0.55	

（資料）　OECD "Consumption tax trends 2014"、財務省webから作成。

るが，限定的だが非課税品目と簡易課税制度等が存在するなどの事情が 1 を下回る要素になっていると考えられる。この点からも簡易課税制度などのさらなる改善が求められる。

　他方，消費税において非課税とされてきた取引などについても消費税の課税対象に取り込むことを検討していかなければならない。たとえば，利子や保険料などの金融取引は国際的に課税しないという慣行があることなどから日本でも創設当初から非課税とされてきた。しかし，個人の銀行預金口座などにおいては預金利子と口座管理サービスが混合した取引になっており，純粋な預金利子を除いたサービスには消費税を課税して他のサービスとの均衡に配慮すべきと考えられる。

　現行の消費税は耐久消費財については消費ごとに課税されることがないことがリースなどとの均衡がとれないといった課題がある。同様に，企業が適切に取引できるように土地取引も課税対象に含める考え方を考慮対象に入れて仕組みを見直すべきである[10]。

　社会保険医療サービスなどについては，非課税になっているために対応する仕入にかかる税額控除ができないことから，事業者の中には困難を抱えるものがいるといわれる。経済活動に対しては消費税はできるだけ歪みを与えない仕組みが求められている。

　このように，社会の変化や技術の進展に伴って，あるいは，消費税には例外や非課税がない方が取引になじむとの考え方が浸透してきていることもあり，課税取引と非課税取引の境界線を引きなおすことも虚心坦懐に検討すべきである。

（知原信良）

注
1) 財務省（2015），1-9 ページ
2) 東日本大震災の復興債 10.3 兆円を除いて分析している。
3) 財務省（2015），11-12 ページ。
4) 日本財政学会（2013），シンポジウム「なぜ」財政再建ができないのか，7-13 ページ。
5) 日本財政学会（2013），シンポジウム「なぜ」財政再建ができないのか，13-21 ページ。
6) 「第 2 章　中立命題の検証」（近藤弘樹，伊藤新執筆），井堀（2004）所収。
7) 「第 5 章　1990 年以降の財政政策の効果とその変化」（河出真清，伊藤新，中里透執筆），井堀（2004）所収，119 ページ。

8) 可部 (2014), 57-58 ページ.
9) OECD (2014), pp. 91-107.
10) 知原 (2014), 200-204 ページ.

参考文献
石弘光 (2012),『増税時代——われわれは，どう向き合うべきか』ちくま新書.
伊藤隆敏 (2015),『日本財政「最後の選択」：健全化と成長の両立は成るか』日本経済新聞出版.
井堀利宏 (2000),『財政赤字の正しい考え方：政府の借金はなぜ問題なのか』東洋経済新報社.
井堀利宏編 (2004),『日本の財政赤字』岩波書店.
加藤久和 (2009),「財政の持続可能性と財政運営の評価」内閣府経済社会研究所.
可部哲生編著 (2014),『図説・日本の財政 平成26年度版』東洋経済新報社.
國枝繁樹 (2013),「財政再建を巡る怪しい主張について」『租税研究』, (761), 166-183 ページ.
小池拓自 (2010),「日本財政の現状と再建への論点——財政規律の確立をめぐって」『調査と情報』, (682), 1-11.
小池拓自 (2011),「財政再建のアプローチを巡って——歳出削減・歳入拡大・経済成長」『レファレンス』, 61 (3), 31-51 ページ.
財務省 (2015),『日本の財政関係資料（平成27年3月）』
(http://www.mof.go.jp/budget/fiscal_condition/related_data/201503.html)
知原信良 (2014),「租税法研究会 (Number 164) 消費税と不動産取引」『論究ジュリスト＝ Quarterly jurist』(10), 200-204 ページ.
中里透 (2005),「財政改革と経済活動」『フィナンシャル・レビュー』(76).
日本財政学会編 (2013),『「なぜ」財政再建ができないのか（財政研究第9巻）』有斐閣.
日本財政学会編 (2014),『「社会保障・税一体改革」後の日本財政（財政研究第10巻）』有斐閣.
OECD (2014), "Consumption Tax Trends 2014", Paris.

第 3 章

社会保障改革と介護離職問題

はじめに

　社会保障は，傷病・失業・高齢など自活するための前提が損なわれたときに生活の安定を図り，安心をもたらす「社会的セーフティネット（社会的安全装置）」であり，それは，個人間または世帯間での所得移転（税方式）や，保険料の徴収と給付（社会保険方式）によって実行される。言うならば，社会保障とは最低限の生活保障と生活上のリスク分散を目的とした強制的な他者支援あるいは福祉資源の分配制度であろう。

　この社会保障における中心的な問いは，誰に負担を求め誰に分配するべきか，あるいは誰が誰を支援するべきか，そしてそれはどこまで強制できるのか，というものであるが，この問いに対する答えは，簡単により多く持つ人々がより少なく持つ人々に分配あるいは支援をすればよいというところに落ち着くものではない。

　例えば，グローバル化する世界経済の中では，増大する社会保障支出が経済成長を妨げるとの意見[1]や，統制経済的な社会保障の運営は非効率な資源配分をもたらし，また，安易な社会保障サービスの給付が人々の怠惰を引き起こすという問題が指摘される[2]。つまり，経済成長を重視するならば，社会はより活力のある，あるいはより多く生産し消費する可能性のある人々に対する支援を手厚くまたは優先するべきであり，活力のない人々や生産・消費する可能性が低い人々に対する生活保障を手厚くする必要はないとの主張である。また，その主張は，資源配分は政府によってなされるべきものではなく，自由市場を中心に展開されるべきだという，いわゆる福祉国家あるいは国家による社

会保障への批判と小さな政府論によっても基礎づけられる。

　現在日本の人口構成は他国に類を見ないスピードで少子高齢化が進んでおり，支え手である現役世代の人口は少なくなっていく状況にある。社会保障制度における支え手の減少は，その1人あたりの負担をさらに増大させることになるが，その負担がある水準を超えると，それに対する不満や負担感，不公平感などが生じ，支え手の疲弊が問題になってくる。元来互助的な意味合いを持つ社会保障制度が，一方的に支えるだけのものになり，自分自身の利益になる可能性が減るような事態が予測されるとなると，その助け合いの制度自体の維持が困難になる。

　したがって，一定の経済成長を目指す社会においては，より能力のある人々が活躍したり，社会を活性化させたりするための資源配分が求められることになる。同時に，人口の高齢化による社会保障給付費の自然増と少子化による支え手（現役世代）の減少が避けられない状況下では，支え手に対する支援も欠かせない。その結果，若年世代の負担を軽減し，子育て支援も充実させなければならないという流れになる。

　2015年9月24日，安倍晋三首相は「新たな国造り」として次の任期の3年間は経済再生を重視する方針を打ち出した。長期政権を見据え，国民生活を充実させる姿勢を鮮明にすることで同月19日に成立した安全保障関連法への批判をかわし，局面転換を図るのが狙いともされたが，ここで安倍首相は，「介護離職ゼロ」の実現に向け，特別養護老人ホームなどの介護施設整備や人材育成を進める方針を表明した。家族の介護を理由に仕事を辞める介護離職者は年間10万に上ることから「団塊ジュニア世代が大量離職するような事態となれば，経済，社会は成り立たなくなる。その危機は目前に迫っている」と指摘し，介護施設の整備のほか，介護福祉士などの介護人材の育成を進めて，在宅介護をする家族の負担を軽減する考えを示した。しかし，その実現可能性や方法論については懐疑的にならざるをえない。介護職員の不足は深刻で，厚生労働省の推計では，2025年度には約38万人の職員が不足する見込みである[3]。施設を増やしても人材が足りなければ介護はできない。また，厚労省はすでに高齢者が住み慣れた地域で最後まで暮らす「地域包括ケアシステム」の構築による在宅中心の介護体制づくりを推進しており，その方向との整合性に疑問が

残る。

　「介護離職ゼロ」の提案は国民受けがよいとはいえない安保法案成立の直後ということもあり，その批判かわしの可能性は否定できないが，介護を理由とした離職という問題に何らかの対処が必要なことは間違いない。しかし介護離職問題は決して一筋縄で解決できる問題でなく，そのあり方については，さらに議論を積み重ねていく必要がある。そもそも介護離職はすべて問題なのか，本当に介護離職をゼロにしなければならないのか，あるいは介護離職ゼロは正しい目標であるのか。本章では，日本の社会保障制度の変遷を概観しつつ，介護離職問題の特性とその捉え方について考察したい。

第1節　社会保障制度の変遷[4]

　日本の社会保障の形成と発展の流れは，産業資本主義の下で進んでいくが，その始まりは明治時代であった。産業資本主義下において生じる労働問題は，特に農村出身の女工（女性の工場労働者）において深刻であった。労働問題への対処としては，1911年の工場法，1921年の職業紹介法など，日本でも労働者を保護する法令が整備されていった。労働者側も1897年に誕生した労働組合期成会が労働組合の結成を促し，職業別の労働組合ができていった。このような中，1922年に被用者（労働者）を対象とする健康保険法が制定された後，労働者以外の者にも医療保険を適用するため，1938に（旧）国民健康保険法が制定された。（旧）国民健康保険の誕生は，日本の医療保険が労働者（被用者）のための社会保険の域を脱し国民全般を対象に含むこととなり，戦後の国民皆保険制度展開の基礎が，戦前のこの時期に作り上げられたことを意味した。その後も，1939年に船員保険法，1941年に労働者年金保険法が制定され，日本の社会保障は，戦時体制の下で，社会保険制度を中心に形成されていった。

　戦後，日本の社会保障は高度経済成長とともに本格的に発展し，いわゆる「福祉国家」になった。日本国憲法において生存権や勤労権が規定され，生活保護法や労働三法（労働基準法，労働組合法，労働関係調整法）が制定され

た。その後，1961年には全ての国民が公的な医療保険制度や年金制度に加入する「国民皆保険・皆年金」が実現し，その後も高度経済成長の下で，高齢者福祉，障害者福祉や保育などの児童福祉に関する制度が整備されていった。給付内容の充実傾向は，老人医療費支給制度（無料制度）が全国レベルで実施された「福祉元年」（1973年）に象徴され，その後の2度にわたるオイルショック後の経済成長の鈍化の影響を受けつつも，おおむね1970年代いっぱいまで続いた。

経済が安定成長路線になり，社会保障の「見直し」の時期が訪れた。1970年代の日本は，第一次オイルショック後のインフレ対応，高齢化率の上昇，核家族化のさらなる進展に伴って社会保障ニーズが増大した時期であった。加えて，経済不況で税収の伸びが鈍化する一方，主要先進国間の貿易不均衡（日本においては貿易黒字）の解消も意図した内需拡大のための経済対策の必要から財政支出が増えた時期でもある。1975年度の補正予算では初めて特例公債（いわゆる赤字国債）が発行され，1979年には，国の財政の公債依存度は39.6％に達した。この財政赤字問題を解決するために，課税ベースが広く，低い税率で大きな税収を得ることができる等の利点がある一般消費税の導入が検討されるも，その後断念に至る状況下で，1981年には「増税なき財政再建」を掲げた第二次臨時行政調査会（第二臨調）が設置され，行財政全般が見直される中，社会保障関係予算も厳しく抑制される時期を迎えた。

経済の低成長化と少子高齢化の急速な進展に直面し，社会保障は新たなニーズへの対応と持続可能性の確保を求められた。さらに，1990年代初頭にはバブル経済が崩壊し，日本経済は長期にわたり低迷することとなった。1990年には，前年（1989年）の合計特殊出生率が1.57になったことが公表され，少子化が社会的問題として意識されるようになった。また，1994年には，人口に占める65歳以上の者の割合が14.5％を超え，国連の定義にいう「高齢社会」が到来した。高齢者福祉の分野では，介護需要が増大する中で，2000年に，「介護の社会化」，「保健・医療・福祉サービスの一体的提供」等を目的に第五の社会保険として介護保険制度が開始された。また，平均寿命の伸び等に対応した60歳定年の義務化と年金支給開始年齢の引き上げ（1994年に改正法が成立），高齢化等に伴う医療給付費の伸びに対応するための被用者保険における

本人の一部負担の引き上げ（1997年）等も行われた。この時期は，バブル経済の崩壊とともに経済のグローバル化が一層進展した時期でもあり，企業活動における国際競争が激化した。企業は，経営の不確実性が増大し，将来予測が困難な状況の中で，急激な変化に柔軟に対応するためにパートタイム労働者や派遣労働者といった非正規雇用の労働者の活用を図るようになり，社会保障の制度設計の前提となってきた「日本型雇用システム」に揺らぎがみられるようになった。

　社会保障には持続可能性だけではなく，機能強化と受益感覚も求められるようになった。2000年以降も，日本の社会保障は，さらなる少子化対策など新たなニーズへの対応と既存の制度の持続可能性の確保の双方をにらんで，様々な分野で見直しを続けていった。年金制度では，保険料水準の固定方式の導入，マクロ経済スライドによる給付水準の調整等の改正（2004年），介護保険制度では，介護予防を重視する観点からの新たな予防給付の創設，施設入所者の食費と居住費の自己負担化等の改正（2005年），医療保険制度では，老人保健制度を廃止し，新たに後期高齢者医療制度（75歳以上の者のための医療制度）および前期高齢者財政調整（前期高齢者（65～74歳の者）の医療費に係る財政調整の仕組み）を創設し，併せて特定健康診査など医療費適正化の総合的な推進等を行うための改正（2006年）が行われた。これら一連の社会保障構造改革は，制度の持続可能性を重視したものであったが，他方でセーフティネット機能の低下や医療・介護の現場の疲弊などの問題が顕著にみられるようになった。そこで政府は，2008年の「社会保障国民会議」以後，社会保障の機能強化を打ち出した。2009年には政権交代があり，現在では，機能強化はもとより，より受益感覚が得られ，納得感のある社会保障の実現や，「全世代対応型」の社会保障への転換を目指して，「社会保障と税の一体改革」が進められてきている。

第2節　介護保険制度の目的と方向性

　現在，日本の高齢者介護体制は，前述したように2000年に施行された介護

保険制度を中心に構築されている。介護保険制度は，40歳以上の全住民から徴収する保険料（50%）と税金（50%）を財源として，原則65歳以上で要支援・要介護状態になった場合（40歳以上の場合は16種類の特定疾病による），誰もが指定された介護サービスを1割の自己負担で利用できる日本国内一律の社会保険制度である。

　介護保険制度を中心とする現在の介護体制に至った背景には，家族介護の限界，要介護高齢者の増加による財源問題，そして高齢者の権利擁護などの側面がある。まず1970年代から，家族の介護負担が担いうる限界レベルを超えているということが問題になり，同時に高齢者の病院への長期入院が「社会的入院」と呼ばれて批判されるようになった。「社会的入院」とは，社会に介護の受け皿がないことが原因の入院という意味である。当時，介護施設の不足と家族介護の限界によって，病院が「介護の場」となることを余儀なくされていたが，元来，介護施設ではない病院では，「寝かせきり」あるいは「薬漬け」など介護サービスの質が問題となっていた。加えて社会的入院の増加は国民医療費の増大を招いていたので，まずは医療サービスで対応されていた要介護高齢者の介護を福祉サービスで，しかもより費用のかからない在宅介護にシフトする必要があった。

　さらに1980年代以降は行政サービスの非効率性も批判され，多様な担い手が多様な雇用形態で介護労働に従事することで多様化するニーズに応ずることが，効率的なマンパワーの活用だと称揚されるようになった。また，多様なニーズに応じた多様な担い手を公民ミックスで集めるという方向性が支持され，規制緩和が進められた。こうして供給主体を部分的に市場に委ねる方策の中で，多様で複雑なニーズに対応し，さらに高齢者の選択権を保障するといった理念と，コスト削減への利害関心が重なることになった。医療（社会的入院）から福祉（在宅介護）へという流れの中では，医療費削減に関心を持つ立場と，高齢者の権利（自己決定・選択権）を擁護しようという立場に大きな矛盾は生じなかった。

　このような背景の下で創設された介護保険制度を契機に介護サービスの提供が拡充されてきたが。現在日本では諸外国に例をみない速さで高齢化が進行している。現在65歳以上人口は3000万人（国民の約4人に1人）を超えてお

り，2042年の約3900万人でピークを迎えるが，その後も75歳以上の後期高齢者の人口割合は増加し続けると予想されている[5]。また，約800万人の団塊の世代が75歳以上となる2025年以降は，一人暮らし高齢者数，認知症高齢者数が増加し，国民の医療・介護ニーズが大幅に増加することも予測されている。一方で，すでに生産年齢人口（15歳から64歳）は減少局面に入っているが，2025年以降には介護保険制度を支える40歳以上人口が減少に転ずる。

　保険制度の支え手や介護サービスの担い手の減少とは対照的に今後も増大が見込まれる介護ニーズへの対応策として，国が現在その構築を急いでいるのが「地域包括ケアシステム」である[6]。「地域包括ケアシステム」とは，地域の実情に応じて，高齢者が，たとえ重度な要介護状態となっても可能な限り，住み慣れた地域でその有する能力に応じ自立した日常生活あるいは自分らしい暮らしを人生の最後まで続けることができるよう，介護，医療，介護予防，住まいおよび自立した日常生活の支援が包括的に確保される体制をいう。厚生労働省の調査では「介護を受けながら自宅で暮らしたい」と望む高齢者が7割を占めている[7]。また将来的に高齢者の総数はピークを過ぎると減少していくため，そもそもコスト高な入居型の介護施設を多く整備しないことで，将来的な供給過多を防ぐことが可能となる。介護費用の抑制と高齢者の尊厳ある生活を両立させることを目指す「地域包括ケアシステム」の構築が，今後の日本の高齢者介護政策の中心課題となっている。

　このように2000年から介護保険制度が導入され，少ない自己負担で自宅や施設における介護を受けることができるようになったが，利用者の増加は介護費用負担の過重を引き起こした。現在，伸び悩む経済と人口の高齢化が進む中，介護サービスを提供し続けるための改革が段階的に実施されつつある。しかし，その実質的な方法は，利用者の自己負担を増やしたり，サービスの利用を制限したりすることに留まっている。例えば，2015年4月からは　要支援1と同2の利用者を訪問介護や通所介護の保険給付対象者から外し，特別養護老人ホームの入所条件を「要介護3以上」に制限した。また同年8月からは一定所得以上の人のサービス利用料に2割負担を導入した。おそらくこのような段階的な制度改正は今後も継続するものと思われる。

第3節　介護離職問題とその捉え方

　人口の高齢化による介護関連サービスの財政的負担の増大は避けようがない。その財政的な負担の増加を上回る経済成長が見込まれるのであれば問題にはならないが，現在の日本にそれを期待することは難しい。たとえ低い経済成長であっても，増税などを通じて介護の新たな財源を確保したり，予算配分を増やすなどして，より手厚い介護サービスを提供するという改革を模索するなどの選択肢もありうるが，現実は，利用者の自己負担を増やしたり，サービスを利用するための要件を厳しくしたりするなどして，サービスの利用を制限する方向での改革が進められている。しかしその改革は，要介護者を抱える家族の負担をさらに増加させることになり，結果的に40～50代の雇用者を中心に，介護を理由に離職せざるをえない人を増やすことになっている。総務省の2012年就業構造基本調査によると，介護者557万人の半数以上（291万人余り）が働きながら介護をしており，40代～50代が6割弱を占める。過去5年間に介護・看護のために離職した者は48万7000人で，このうち女性が約8割を占めていた[8]。

　このようにまず介護を理由に離職する人の数が問題になっているが，そもそも介護を理由に仕事を辞めることの何が問題であるのか。企業にとってみると，経験やスキルのある人材を失うことになり，それに代わる適切な人材が補充されない場合，職場の負担は増え，企業活動の停滞を招きかねない。結果的に社会全体の経済にもその影響が生じる。介護離職による年間の経済的損失は約1兆円で，潜在成長率への影響に換算すると0.18%の押し下げ効果になるという推計もある[9]。

　では，社会全体の経済への影響がないのならば，介護離職は問題とならないのであろうか。結論から言えば，社会全体の経済への影響とは無関係に存在するケア特有の問題を看過してはならない。というのも，ある労働者にとって介護離職が望んだものかそうでないか，一時的なものであるかどうか，あるいは最終的に介護離職に至るかどうかとは関係なく，ほとんどのケアの担い手は

「ケア・ペナルティ」と呼ばれる社会的な損失を被ることになるためである。概してケアは社会的に称揚される一方で、それを選んだ者があたかも社会によって罰（ペナルティ）を与えられるかのように生涯にわたって損失を経験するのである。例えば、40代で介護離職して5年後に再就職し、65歳まで勤めた人の収入は、介護離職をしなかった人の65％程度に止まるという試算がある[10]。このケア・ペナルティと呼ばれる社会的不利には、職業生活を犠牲にすることや収入を失うこと以外に、生活の質の低下や第三者（配偶者など）への経済的依存に伴う権力関係の格差に甘んじることが含まれる。このような社会的不利を被らない権利を保障するためには、介護期間中の所得保障や、第三者への私的な依存なしに自活できる額の現金給付が必要になるが、それは決して十分とはいえない。働きながら介護する人を支援する制度として育児・介護休業法があるが、介護休養中の所得保障は賃金の40％で、事業主に義務づけているのは通算93日の休業と年5日の休暇のみである[11]。大手企業の中には、NPO法人などと連携して介護の相談窓口を設けたり、家族の介護を終えるまで短時間勤務ができる制度を整えたりしているところもあるが、介護をしている労働者のうち、介護休養などを利用しているのは正規、非正規とも15％のみである[12]。多くの場合、こどもや高齢者を自分でケアすることを選んだ当事者は、その代わりに経済的自立を失うことで自ら依存的な存在とならざるをえない。同時に社会的地位の低下を招き、蔑視とあわれみの対象とさえなる[13]。ケアは、その行為の評価が高いにも関わらず、その与え手の社会的評価が著しく低い。このような状況を避けるためには、ケアすることを選んだ者に対して所得保障や就業保障がされる必要があるが、それがないことが問題といえよう。

では逆にケアすることを選ぶことで社会的に不利益を被ることが予想できるならば、離職してまで介護をしないという選択をすればよいという考えについてはどうであろうか。そもそも介護する、しないは個人の選択であり、それを尊重するべきではないのか。社会構成員すべての人に自由を平等に保障することを正義と考える社会では、家族成員に無償で介護が割り当てられることに対して、各人の自由が侵害されるという理由で反対すべきである。

これについては近年、「ケア権」というアイデアが提案されているが、この

権利は国家権力などからの干渉を排する侵害からの自由としての消極的権利の意味だけでなく，国家からの援助としての積極的権利の性格も有しているとされる。上野[14]は，ケアの人権アプローチを提案し，このケア権を，「ケアする権利」「ケアされる権利」「ケアされることを強制されない権利」「ケアすることを強制されない権利」の四つに分類している。このうち「ケアすることを強制されない権利」は，家族の外部に障害をもつ者の具体的な支援を確保しそのアクセスを保障することを言い換えたものであり，家族のケアを代替・分有するサービスを十分確保することを通じて保障されるものであるとされる[15]。つまり「ケアすることを強制されない権利」の行使は，ケアを選択しない場合の代理選択肢（第三者によるケアの供給や，ケアサービス商品の購入）がどれだけあるかに依存しているのである。したがって代替性がなければこの権利はなきに等しく，ケアは強制に転じるということになり，家族が介護する以外に方法がない場合，結果的に介護離職せざるをえない。

介護離職の問題点として看過しえないのは，不本意に介護離職せざるをえない者の多くが，女性や低所得者であるということだ。2013年国民生活基礎調査によると，介護する人の約7割は女性であった[16]。したがってまず介護離職者の多くは女性であり，介護離職問題をジェンダー問題として捉えなければならない。また，たとえサービスが整っていたとしても低所得者はそのサービスの利用料負担に耐えられずより介護離職する傾向にある[17]。このことは，さらに介護離職問題を経済的な不平等・格差問題として捉えることの必要性も示唆している。

最後に，ケアすることの社会的不利を承知した上で，自ら希望して介護離職する場合はどうであろうか。事情はどうであれ，最終的に介護離職をするかしないかは，個人の意思決定に委ねられる。では個人の自由意志によって介護するために離職することを選択した場合，特に保障する必要はないのか，あるいは十分な生活ができる保障（例えば現金給付など）をすべきなのだろうか。もしも「ケアする権利」が，その消極的形態である「ケアすることを強制されない権利」とともに，ケアの選択によって社会的不利益を被らない権利を包含するのであれば，やはりケアを選択することで社会的な損失を受けないことが担保される必要がある。最終的にはケアすることを選んでも選ばなくても，同等

の利益が期待できるような公平中立な制度設計が必要であるといえよう。

おわりに

　本章では，介護離職問題に焦点を当て，社会保障の支え手に対する支援のあり方の一部について検討した。その過程で生じた不安は，一定の経済成長を目的とする社会保障改革においては，活力がなく生産・消費する可能性が低い人々や，支えられる側とまで言えないが生産や消費にそれほど貢献しない支え手は支援の対象外となるかもしれないということであった。しかし果たして社会全体の経済成長のために，それに貢献することが期待できない人々への生活保障を削減することがどこまで許されるのであろうか。そもそも社会保障改革はどのような原理・原則に従って実施されるべきなのか。

　このような問いは，いわゆる分配的正義に関わりが深いものであり，社会の道徳性を問うものであると言えよう。これまでも，分配的正義の視点から社会保障あるいは福祉国家の基礎づけをする試みは多くの論者によってされてきているが，同様の視点から社会保障改革のあり方を検討する試みは決して十分に行われてはいない。

　今後は，さらに社会保障改革のあり方，とりわけ介護資源の分配のあり方について，分配的正義の視点で考える必要があるだろう。そのためには強制的な分配システムとしての社会保障制度を道徳的に基礎づけることができる分配的正義論を選定し，それら複数の分配的正義論の特徴と問題点を整理しながら，どの理論に立脚しつつ社会保障改革を進めることが正しいのか考えるべきである。

（岡村　裕）

注
1）　鈴木亘(2010),『財政危機と社会保障』講談社現代新書，63-66 ページ
2）　八代尚宏(2012),『新自由主義の復権』中公新書，28-30 ページ
3）　厚生労働省『2025 年に向けた介護人材に関わる需給推計について』を参照。
　　http://www.mhlw.go.jp/stf/houdou/0000088998.html, accessed December 2015

4）厚生労働省(2012),『平成 24 年版厚生労働白書』12-18 ページを参照。
5）内閣府(2015)『平成 27 年版高齢社会白書』2-3 ページを参照。
6）厚生労働省『地域包括ケアシステムの実現に向けて』を参照。
http://www.mhlw.go.jp/stf/seisakunitsuite/bunya/hukushi_kaigo/kaigo_koureisha/chiiki-houkatsu/, accessed December 2015
7）厚生労働省老健局（2010），『介護保険制度に関する国民の皆さまからのご意見募集(結果概要)』を参照。
http://www.mhlw.go.jp/public/kekka/2010/dl/p0517-1a.pdf, accessed December 2015
8）総務省統計局（2013），『平成 24 年就業構造基本調査』70-73 ページを参照。
9）衆議院本会議（2014 年 4 月 1 日），地域における医療及び介護の総合的な確保を推進するための関係法律の整備等に関する法律案（内閣提出）及び介護・障害福祉従事者の人材確保に関する特別措置法案の趣旨説明及び質疑における民主党議員柚木道義説明を参照。http://www.yuzu.jp/test/2014.04.01.txt, accessed December 2015
10）明治安田生活福祉研究所・ダイヤ高齢社会研究財団（2014）『仕事と介護の両立と介護離職』6 ページを参照。親を介護した経験のある全国の正社員 2268 名を対象として実施された（2014 年 9 月）http:www.myilw.co.jp/life/enquete/pdf/28_01.pdf, accessed December 2015
11）厚生労働省都道府県労働局雇用均等室『改正育児・介護休業法のあらまし』29 ページを参照。
http://www.mhlw.go.jp/topics/2009/07/tp0701-1.html, accessed December 2015
12）総務省統計局（2013），前掲，70-73 ページを参照。しかし，介護休暇を利用している者の約半数は公的制度以外の「その他」を使っている。これには企業独自の制度や福利厚生が含まれる。
13）上野千鶴子（2011），60 ページを参照。
14）同上
15）森川美絵（2008），「ケアする権利／ケアしない権利」上野千鶴子・大熊由紀子・大沢真理・神野直彦・副田義也編著『ケアの思想と実践 4　家族のケア・家族へのケア』岩波書店、51 ページを参照。
16）厚生労働省（2014）『2013 年国民性生活基礎調査』32 ページを参照。
http://www.mhlw.go.jp/toukei/saikin/hw/k-tyosa/k-tyosa13/, accessed December 2015
17）大嶋寧子（2012）『懸念される介護離職』みずほ総合研究所、3-4 ページを参照。
http://www.mizuho-ri.co.jp/publication/research/pdf/insight/pl12012, accessed December 2015

参考文献
有賀美和子（2011），『フェミニズム正義論』勁草書房。
上野千鶴子（2011），『ケアの社会学』太田出版。
岡野八代（2012），『フェミニズムの政治学』みすず書房。
加茂直樹（2012），『社会保障の哲学』世界思想社。
葛生栄二郎（2011），『ケアと尊厳の倫理』法律文化社。
堀田義太郎（2011），「介護の社会化論とリベラリズム」天田城介・北村健太郎・堀田善太郎編『老いを治める』生活書院。
堀勝洋（2009），『社会保障・社会福祉の原理・法・政策』ミネルヴァ書房。

第4章

為替レートと日本のマクロ経済政策

はじめに

　第2次安倍内閣の経済政策，通称アベノミクスは，大胆な金融緩和による円安と株高によって支えられている。少なくともそう信じられている。しかしそれは実際の経済政策が行われる以前から生じた「期待相場」によって自己実現的に生じたものである。一国のマクロ経済政策を金融緩和に偏重させ，そのような「期待相場」に依存し続けることは，不安定であり，その効果も限定されたものにならざるを得ない。これが本章の主張である。

　以下，第1節では為替レートと株価の動きから，円安と株高が「期待相場」に基づくものであることを確認する。続く第2節では，アベノミクスが金融政策偏重に陥っていることの理論的・理念的背景を考察する。そこには現在の先進国に共通の「ワシントン・コンセンサスの経済学」がある。そこでは本来，理論の前提条件や弾力性についてさまざま限定条件があるにも関わらず，政策が実行されるに際しては，単純化された結論だけが一人歩きしている。筆者はこれを「説明書喪失症候群」と呼んでいる。

　第3節ではそれらを踏まえて，アベノミクスの約3年にわたるマクロ的成果を概観している。そして最後の第4節では結びに代えて，それ自体不安定な「期待相場」によってもたらされた円安と株高を，2%の物価上昇が実現するまで汲々と維持することに専心するかのような，「辛抱の政策」からの転換を主張する。

第1節　期待相場の経済政策

　2012年末に成立した安倍政権は，自らの経済政策を「三本の矢」によって象徴した。しかし，財政政策はその後の消費増税によって後退し，成長戦略は理念の掲揚の域を出ていない。現時点においては，「異次元の」金融緩和によってもたらされたとされる円安と株高のみがそれを支える支柱となっていることに異論は無いであろう。

　ではその円安と株高は，はたしてアベノミクスの経済政策によってもたらされたのだろうか。

　第4-1図は名目円／ドル・レート（月次レート）の推移を2012年1月から本章執筆時点まで見たものである。2012年10月まで1ドル＝70円台後半で推移していたレートが翌11月から減価を始めている。衆議院の解散が表明されたのが11月14日であり，自民党の圧勝と共に安倍政権が成立したのが12月16日である。また，日銀の黒田新総裁によるいわゆる「異次元の」金融緩和

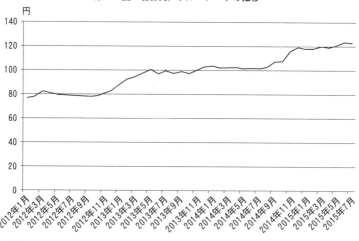

第4-1図　名目円／ドル・レートの推移

（注）　＊月次レート。
（資料）　Pacific Exchange Rate Service　http://fx.sauder.ubc.ca/data.html

が発表されたのは，翌年2013年の4月である。こうして見ると，円の減価は日銀による異次元の金融緩和どころか，安倍政権の成立を待つまでもなく，衆議院の解散を契機に始まったことがわかる。

ちなみに「円安の進行」といわれてはいるが，1985年9月22日のプラザ合意を受けた後の為替レートは1ドル＝220円台であり，その後もたらされたといわれている「円高不況」時の為替レートが1ドル＝150円台であったこと考えると，経済環境の変化を斟酌しても，やはり昔日の感がある。ちなみに現在の1ドル＝120円台半ばという水準は，1987年末から1988年頃の水準である[1]。

ほぼ同じことが株価にも現れている。第4-2図は同じ期間について日経平均株価（月次，終値）の動きを見たものである。2012年10月までは9000円を挟んで，その前後を推移していたが，やはり11月から上昇に転じ，安倍政権の成立した12月には1万円を突破している。

これらはすべて，アベノミクスやその一環としての金融緩和というマクロ経済政策によってもたらされたものではなく，自民党の勝利と安倍政権の成立を

第4-2図　日経平均株価の推移

（注）　月次、終値。
（資料）　Yahoo!ファイナンス　http://stocks.finance.yahoo.co.jp/stocks/history/?code=998407.O

見越しての「期待相場」が，自己実現的に作用したものと考えることができる。

　規制のない自由な市場メカニズムの効率性を信仰する立場からすれば，このような期待の自己実現に基づくバンドワゴン的効果は決して歓迎されるものではないであろう。他方で，政府がマクロ経済政策を通じて経済の活動水準を適切に管理することの必要性を説く立場からしても，それがこのような「期待相場」に左右されることは同じく歓迎できないこといわざるを得ない。

　しかし他方で「期待相場」によってもたらされた円安や株価上昇は，同程度の外的ショックやニュースによっていとも簡単に反転し得ることを心得なければならない。国内雇用の維持という重要な課題をそのような不安定な基礎に依存せしめるべきではない[2]。

第2節　説明書喪失症候群

　アベノミクスは一方で異次元の金融緩和を行い，他方で消費増税を行った。後で見るようにこれによってもたらされたマクロ的成果は必ずしも芳しいものとはいえない。本節では，いったいどのような理念や理論がこのような政策を支えているのかを考えてみたい。

　大前研一氏はその著書の中で「ケインズ以降のマクロ経済理論はもはや通用しない」と主張している[3]。大前氏がどのような意味で「ケインズ以降のマクロ経済理論」という言葉を使っているかは残念ながら不明であるが，厳密な言葉遣いからすれば，ケインズのマクロ経済学は，いわれているほど支配的な政策理念ではなかった。それはおそらくせいぜい戦後〜1960年代に限定されていたというべきであろう。この時代はブレトンウッズ体制の下での固定相場制，それに伴う資本・金融市場の規制，そしてその中で経済成長を実現するための大きな政府の役割が認識されていた時代であった[4]。

　しかし1970年代，とりわけ後半になると多くの国の経済問題の中心がインフレーションへと変わっていき，それはそれまでのケインズ政策に基づく大きな政府の負の遺産であるとされた。ミルトン・フリードマンを中心とするマネ

タリストの時代であり，その真骨頂は「反ケインズ」にあったといってよい。そしてそれに引き続いて 1980 年代は，アメリカのレーガン大統領，イギリスのサッチャー首相に代表される新自由主義の時代であった。「小さな政府」と「規制緩和」が謳われ，それを支えた経済学は「サプライサイド経済学」と呼ばれ，ケインズの「有効需要の原理」とは真逆な前提に基づくものであった。

　それでは 1990 年代以降，ケインズの経済学は復活したのだろうか。筆者は決してそう思わない。これ以降の経済学は，実に曖昧な「ケインズ的なもの」にそれ以前の反ケインズ的経済学を総合する形で形成されていったと考えられる。強いていうなら「ワシントン・コンセンサスの経済学」である。この頃からケインズ経済学の教科書的普及版である IS-LM モデルやその国際経済版であるマンデル＝フレミング・モデル（以下，MF モデル）から導かれる命題が再評価されるようになったと思われる。このことの背景としては，日本のバブル崩壊とそれに続いた経済的低迷に伴って，先進国では戦後初めて「デフレ」が経済問題として取り上げられるようになったことがある。ただし，IS-LM モデルや MF モデルそれ自体は「アドホックな（ad hoc）」モデルであるとされ，これに対して個別経済主体の合理的最適化行動を前提としたミクロ経済学的基礎付けを必要とすることがことさら強調された。

　そのことの結果として「ワシントン・コンセンサスの経済学」は，市場のメカニズムを基本的に効率的，安定的なものと考える新古典派的伝統に立脚しており，いわゆるマクロ経済政策については，短期的に価格が充分に伸縮的ではないことの結果として有効になるものという位置づけがなされた。

　それに加えてワシントン・コンセンサスに基づくマクロ経済政策は，金融政策の有効性を過度に信頼する傾向をもっている。その背後にあるのは，資本移動が自由な変動相場制下の MF モデルから導かれる命題である。政府支出の増加や減税は財政赤字を拡大させることを通じて金利に上昇圧力を加える。自由な資本移動の下ではこれは自国通貨を増価させ，輸出の減少をもたらす。小国の仮定の下で為替レートの予想変化率を無視した場合，財政政策はまったく効果をもたないケースも生じ得る。

　これに対して金融緩和は，金利を低下させ民間投資支出を増加させる本来の効果に加えて，自由な資本移動の下ではそれが自国通貨の減価を伴うことを通

じてさらに輸出の増大を引き起こすことが期待される。ここでも小国の仮定の下で為替レートの予想変化率を無視した場合には，実際の金利は低下せず，政策効果はもっぱら自国通貨の減価を通じた輸出の増大によってもたらされる[5]。

しかし，財政政策の無効性および金融政策の有効性は，もっぱら他国のマクロ政策を与件とした小国モデルの結論に基づいていることが忘れられている。グローバル化した世界においては，マクロ経済政策の評価もまた，小国モデルから脱する必要がある。現実の日本経済は小国ではなく，またアメリカや中国のマクロ政策は与件ではない。これに加えて，モデルから導かれる結論は各種の弾力性に大きく依存していることも忘れられるべきではない。利子率の低下がどのくらい民間投資支出を増加させるかは，実は極め不確定である。為替レートの変動が輸出入に与える影響も，単純に過大評価されている。とりわけ輸出は為替レート変動による価格効果のみならず，他国の景気状況による所得効果の影響を一層多く受けると考えるべき理由がある。

このように現実を単純化した理論モデルから導かれる結論には，その前提条件や弾力性についてさまざまな注釈が加えられるべきであり，多くの優れた教科書では実際にそうされているものである。しかし，それが経済政策を支える理念として利用される時には，不思議とその注釈部分はすっぽり抜け落ちてしまう。筆者はこの現象を「説明書喪失症候群」と呼んでいる。

ミクロ経済学の教科書には，競争市場の効率性を示す命題と並んで，必ず独占，寡占，そしてさまざまな市場の失敗についての記述がある。効率的市場仮説についても，それが必ずしも成立しないと考えられる現実的な要素についての言及があるのが普通だ。しかし，そのような「説明書の注意書き」は読まれることなく，または都合良く忘れられて，市場メカニズムの効率性のみが理念として一人歩きを始めるのである。

ワシントン・コンセンサスの経済学，すなわち合理的経済主体の最適化行動というミクロ的基礎で支えられた MF モデルが「説明書喪失症候群」に罹ることで導かれる政策的含意は次のようになる。

1．規制のない自由な市場のメカニズムは望ましい結果をもたらす。とりわけ

金融の自由化は常に望ましい。
2．自由な資本移動の下では，財政政策は無効であり，財政赤字は市場メカニズムを阻害するのみならず，インフレの火種となるので極力抑えられるべきである。
3．自由な資本移動の下では，金融政策がとりわけ有効であり，その効果はおもに為替レートの減価によってもたらされる。
4．長期的には貨幣は中立であり，貨幣供給量の増加は比例的な物価上昇をもたらす。

アベノミクスを支える経済学もまたこのような含意を前提としていることに異論は無いであろう。

第3節　アベノミクス3年間の成果

本節ではアベノミクスがもたらしたものを，安倍政権成立以前から今日に到るマクロ指標に基づいて評価してみたい。

第4-3図は実質実効為替レートの月次指数の推移を，2012年1月から本章執筆時点まで見たものである。ここでも，第4-1図でみた名目円/ドル・レート同様，2012年10月まではほぼ100に近いところで推移していたものが，同年11月以降一貫して減価していることがわかる。これは明らかに名目円/ドル・レートの動きに牽引されたものであると考えることができる。同時に「期待相場」は，実質的な意味においても円の減価をもたらしたのだと考えることができる。

これらが「異次元の」金融緩和によってもたらされたわけではないにしろ，仮にそれによって「支えられて」いるのだとして，はたしてMFモデルが結論するように，民間投資支出やとりわけ輸出の増加が生じているのだろうか。

第4-4図は2012年1〜3月期から2015年4〜6月期にかけての民間投資支出と輸出（いずれも四半期ベース）の推移を見たものである。いずれも微増を維持し，健闘しているといえるが，およそ3年間のマクロ政策の効果としてはや

48　第1部　アベノミクスの期待と不安

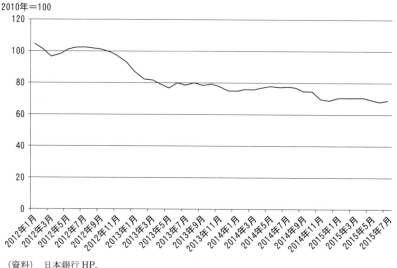

第 4-3 図　実質実効為替レート

（資料）　日本銀行 HP。

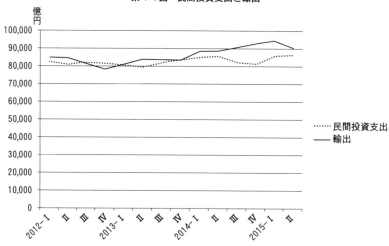

第 4-4 図　民間投資支出と輸出

（注）　四半期，実質，季節調整値。
（資料）　内閣府 HP。

や心許ないといわざるを得ない。ちなみに同期間を通じての増加率は民間投資支出が 4.8%，輸出が 6.7% であり，年率にしてそれぞれ約 1.5% と 2.0% である。

そもそも金融緩和によって貸出しはどのくらい増加しているのだろうか。第 4-5 図は 2012 年から本章執筆時点までの四半期ベース貸出残高の推移を見たものである。3 年間を通じての増加率は 8% であり，貸出しが微増していることが見て取れるが，それはいわゆる「流動性の罠」の下での文字通り「異次元の」緩和であることを考えても，顕著であるとはいい難い。とりわけ製造業への貸出残高は，期間を通じて 2.2% の増加に過ぎない。これに対して，グラフにはないが「金融業・保険業」への貸出残高は同 15.2% 増となっている[6]。

このことは金融緩和の結果，貨幣がケインズのいう「産業的流通」ではなく「金融的流通」へと向かっていくことを懸念させるものである。それは一層長期的に資産価格バブルへの懸念を想起させるであろう[7]。

次に財政面を見てみよう。第 4-6 図は 2012 年 1～3 月期から四半期ベースで

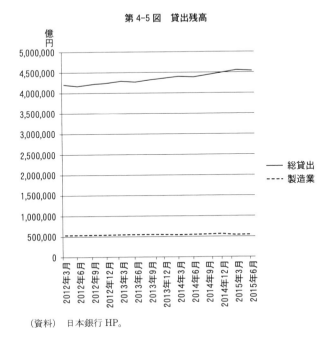

第 4-5 図　貸出残高

（資料）　日本銀行 HP。

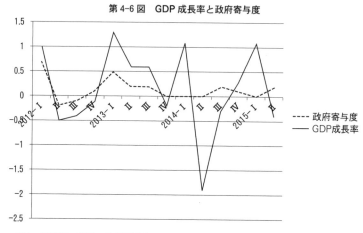

第 4-6 図　GDP 成長率と政府寄与度

(注)　四半期，実質，季節調整値。
(資料)　内閣府 HP。

　GDP の対前期増加率と，それに対する政府支出の寄与度を見たものである。これを見る限り，やはり政府支出は概して中立的であり，景気の足を大きく引っ張らない反面，必ずしも貢献しているとはいえない8)。

　最後にもっとも肝心な雇用を見てみよう。第 4-7 図は 2012 年 1 月から本章執筆時点に到る完全失業率の推移を，全体および若年層（15〜24 歳）について見たものである。第 4-1 図や第 4-2 図でみた為替レートや株価と異なり，完全失業率については，安倍政権の成立や異次元の金融緩和といったものを特に契機とすることなく，ほぼ一貫して下がっていることがわかる。おそらくは民主党政権時代から行われていた金融緩和が，極めて徐々にではあるが浸透していったことの結果であると思われる9)。

　最新の完全失業率は，2015 年 6 月の数字で，3.4%である。これは年率で最も高かった 2002 年の 5.4%と比較して著しい改善であるが，同じく年率で見た場合の 1996 年および 1997 年の数字に相当するものである。バブル崩壊直後の完全失業率が 2%台であったことを考えると，雇用構造の変化を斟酌したとしても，安泰とできる数字ではない。また雇用者数の増加を安倍政権以降に限って評価すると，2012 年の 5504 万人から 2014 年 5596 万人とわずか 1.7%の増加に過ぎない。

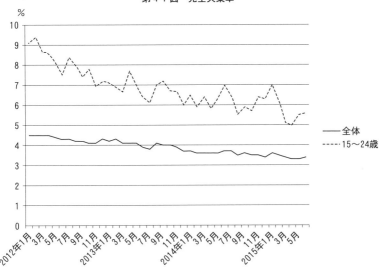

第4-7図　完全失業率

（注）　月次，季節調整値。
（資料）　総務省統計局HP。

　また，第4-7図にみられるように若年層の完全失業率が傾向的に下がりながらも，なお高水準であることも気になる点である。財政赤字について，しばしばそれが「将来世代へのツケ」という形で非難されるが，それを重んずるあまり若年層の高失業を放置するのであれば，本末転倒であるといいたい。高校，大学を卒業して，仕事のキャリアを開始しようという世代が，その大事な時期に失業，ないし望んだ仕事に就くことが困難であることこそ，将来世代への最大のツケではないだろうか。金銭的な債務と異なり，失われた時間・キャリアは決して戻ることはないのであるから。

第4節　辛抱の政策から積極的雇用創出へ―結びに代えて―

　これまでのところアベノミクスは，そのマクロ経済政策が明らかに金融緩和政策に偏重しており，「期待相場」によってもたらされた円安と株高を維持す

ることに専心しているかのようである。物価上昇率2%という目標も先延ばしされたままであり，しかも市場では追加の緩和がいつ起こるかが期待されている。

ひたすら金融を緩和して物価上昇を辛抱強く待つというのは，まさにマネタリスト的政策であり，そこから力強いマクロ・パフォーマンスを期待することはそもそも想定されていない。

Takagi（2015）は，戦後のわが国の経済政策が「対外憂慮」に常に縛られてきたことを指摘しており，極めて興味深い。つまり，ブレトンウッズ体制下の「国際収支の天井」やその後長く続いた日米貿易摩擦への対処としての対米配慮は，結果としての円高と国内の有効需要，とりわけ政府の資源の少なからぬ部分を輸入増加のために支出することを余儀なくしてきた，というわけである[10]。

また同書によれば，日本のマクロ経済政策は，ようやく外的要因からの圧力に縛られることなく行えるようになった[11]。外的要因に振り回されることなく，マクロ経済政策の対象を国内問題に専念できるようになったというのは一面では正しい。

しかし現在のアベノミクスのように，アメリカや中国の景気動向，株式市場および通貨政策に翻弄される「期待相場」に依存し続ける政策は，形を変えた「対外憂慮政策」ではないだろうか。

筆者はマクロ経済政策を対外憂慮から切り離し，国内目標に専念する時，重要なのは国内雇用であり，財政政策の役割であると考える。グローバル時代のマクロ経済政策においては，今なお国家間のマクロ経済政策協調を期待することができない以上，他国のマクロ政策を与件とした小国的金融政策への依存はもはや現実的なものではなく，その有効性も限られている。自国の有効需要を確実に増大させる財政政策を伴ったポリシー・ミックスを見直す時が来ているのではないだろうか[12]。

(西　孝)

注
1）　その後，1989年にかけて再度円安が進行した。また，Takagi（2015）によれば，日本のデフレを考慮して消費者・生産者物価指数で実質レートを見ると，2013年の実質レートはほぼ1980

年の水準に近いという。Takagi (2015), p.258。
2) 本章執筆時 (2015年8月25日) に上海の株価および中国経済の先行き懸念に端を発すると喧伝される世界同時株安が生じ，日経平均株価は一時18000円を割り，為替レートは1ドル＝119円を超えての円高となった。
3) 大前 (2013), 36ページ。
4) Takagi (2015) が，この時代の平価切り下げや資本・金融市場の規制緩和が遅々として進まなかった理由として，「政策当局が市場メカニズムを信頼していなかった」ことを挙げているのは興味深い。Takagi (2015), p.259。しばしば忘れられていることであるが，まさにそれこそがケインズ経済学の原点である。
5) 西 (2009) 第9章を参照されたい。
6) ちなみに「不動産業」への貸出残高は6.7%増である。
7) Keynes (1930), 邦訳第15章。
8) もちろん，ここでは政府支出に話を限定しており，消費税増税が大きく足を引っ張ったことは除外している。
9) この点，Takagi (2015) がアベノミクスの異次元緩和をそれまでの金融緩和と比較して，「進化的なもの (evolutionary)」であって「革命的なもの (revolutionary)」ではない，としているのが興味深い。Takagi (2015), p.271。
10) Takagi (2015), p. 260。また同書では，「世界の歴史において，政府の資源を海外からの輸入促進のために気前よく費やすという点において，日本以上の国があっただろうか」と述べられている。Takagi (2015), p.261。
11) Takagi (2015), p.260。
12) 本章ではこの点について論ずる紙面がない。関心のある向きは，西 (2015) を参照されたい。

参考文献

Keynes, John M. (1930), *A Treatise on Money*, Macmillan.（小泉明・長澤惟恭訳『貨幣論 I ― 貨幣の純粋理論』ケインズ全集5巻，東洋経済新報社，1979年）。
Takagi, Shinji (2015), *Conquering the Fear of Freedom: Japanese Exchange Rate Policy since 1945*, Oxford University Press.
大前研一 (2013),『日本の論点』プレジデント社。
西 孝 (2009),『イントロダクション　マクロ経済学講義』第2版，日本評論社。
西 孝 (2015),「ポリシー・ミックス再考―ヘリコプター・マネーは悪夢か？―」杏林社会科学研究，第31巻第1号，55-67ページ。

第5章

成長戦略の限界

はじめに

　第二次安倍内閣の経済政策がアベノミクスと総称される三種の政策を柱としていることは良く知られているところである。この三種の政策はそれぞれ、第一の矢（大胆な金融政策），第二の矢（機動的な財政政策），第三の矢（民間投資を喚起する成長戦略）と命名されているが，このうち本章が主として対象とするのが第三の矢と称される成長戦略である。

　この成長戦略は，第一，第二の矢である金融・財政政策が総需要喚起のためのマクロ経済政策であるのに対し，主として特定の個別業界や経済セクターにおける規制撤廃等を伴う構造改革，すなわち供給サイドに着目して展開されるミクロの経済政策の集合体といえる。

　また，こうした成長戦略の性格を政策主体という観点から見れば，第一，第二の矢が中央銀行や財政当局等の特定の機関が中心となって実施される金融・財政政策であるのに対し，成長戦略は首相の諮問機関である規制改革会議の答申とその実施計画を軸にして産業競争力会議で決定され，これが経済財政諮問会議において，財政健全化計画とともに「経済財政運営と改革の基本方針（骨太の方針）」として取り纏められ，その後閣議決定されるものであり，実質的な関係機関や利害関係者が極めて多岐に亘るという特徴がある。また，それであるが故に，その決定過程においては，政府・与党や財界を中心とする多様なプレイヤーの意向が随所に盛り込まれることになる。

　こうした成長戦略について，アベノミクス全体の中でいかなる政策効果が期待されているかについては，第一・第二の矢，すなわち日本銀行による「異次

元金融緩和」や裁量的財政政策が期待インフレ率の上昇や総需要刺激策としての効果が期待されているのに比べ，特定の業界やセクターに限定された効果の積み重ねによって経済全体に徐々に政策効果を広げていくものである。いわば，第一・第二の矢のマクロ経済政策によって対症療法の効果が出ている間に着実に準備を進め，より時間をかけて経済の体質そのものを改善していくことが期待される性格のものだといえよう。

また，アベノミクスはデフレの克服等を通じ，名目で3％，実質で2％の経済成長率を達成することを目標としているため，結果的に所期の経済成長が実現されなければ経済政策としては否定的な評価が下される筋合いにある。その意味で，本来，「成長」戦略と命名された第三の矢だけが経済成長を実現するための政策である訳ではないが，その有効性がアベノミクス全体の評価を左右するものとして受け止められる可能性が高いといえる。

以下，成長戦略の内容を概観するとともに，その政策効果や限界等につき詳論する。

第1節　成長戦略の具体的内容

アベノミクスのいわゆる成長戦略は，具体的には産業競争力会議で2013（平成25）年以降，毎年6月頃に策定されており，2013年度の最初の成長戦略決定時以来，「日本再興戦略」と命名され，毎年，その改訂版が策定されるという形式を採っている。その構成を見ても，2013年の最初の成長戦略の構成が，その後もほぼそのまま踏襲され，そこに毎年，新たな施策が付け加えられるというスタイルが採られている。すなわち，全体を大きく2部構成とし，第一部に総論として，各年度における成長戦略に関する基本的考え方が取り纏められ，第二部で3種のアクションプランとして，日本産業再興プラン，戦略市場創造プラン，そして国際展開戦略が列挙されている。

2013年度の最初の成長戦略では，まず日本産業再興プランにおいて，① 緊急構造改革プログラム（産業の新陳代謝の促進），② 雇用制度改革・人材力の強化（失業なき労働移動，女性の活躍推進，若者・高齢者等の活躍推進，大学

改革，高度外国人材の活用等），③ 科学技術イノベーションの推進，④ 世界最高水準の IT 社会の実現，⑤ 立地競争力の更なる強化（「国家戦略特区」の実現，公共施設等運営権等の民間開放〈PPP/PFI の活用拡大〉，環境・エネルギー制約の克服等），そして⑥中小企業・小規模事業者の革新が列挙されている。また，次の戦略市場創造プランとしては，4つのテーマ（① 国民の「健康寿命」の延伸，② クリーン・経済的なエネルギー需給の実現，③ 安全・便利で経済的な次世代インフラの構築，④ 世界を引付ける地域資源で稼ぐ地域社会の実現）が掲げられ，第三の国際展開戦略には，① 戦略的な通商関係の構築と経済連携の推進，② 海外市場獲得のための戦略的取組み，③ わが国の成長を支える資金・人材等に関する基盤の整備（対内直接投資の活性化，グローバル化等に対応する人材力の強化等）が各々の実現のための具体的な政策手段と共に詳述されている[1]）。

　2014 年度の成長戦略（「日本再興戦略」改訂 2014）になると，まず総論で改訂戦略を策定するうえでの考え方が「鍵となる施策」として列挙され（① 日本の「稼ぐ力」を取り戻す，② 女性の活躍促進と働き方改革，③ 新たな成長エンジンと地域の支え手となる産業の育成，④ 地域活性化と中堅・中小企業・小規模事業者の革新等），そのうえで今後の対応として，経済の好循環のための取組の継続，「実現し進化する成長戦略」，改革への集中的取組み（国家戦略特区の強化等）等が謳われている。また次の3つのアクションプランにおいては，前年度の日本産業再興プラン，戦略市場創造プラン，国際展開戦略のそれぞれにつき，① 政策目標（KPI）の主な進捗状況，② 施策の主な進捗状況として前年度に打ち出した施策のフォローアップがなされたうえで，③ 新たに講ずべき具体的施策が，それぞれの分野のいわば目玉として盛り込まれている。2014 年度における新たな具体的施策としては，例えば，コーポレートガバナンスの強化，働き方改革の実現，ロボットによる新たな産業革命の実現，さらには法人税改革，国家戦略特区の加速度的推進等のほか，GPIF 等を念頭に置いた公的・準公的資金の運用等の見直し，保険給付対象範囲の整理・検討といった広範な施策が列挙されている[2]）。

　こうした構成は，2015 年度の成長戦略（「日本再興戦略」改訂 2015）に至っても，ほぼ踏襲されており，「鍵となる施策」として，① 未来投資による生産

性革命，②ローカル・アベノミクスの推進の2点が挙げられ，日本経済の供給面における生産性向上と地域経済の振興が目玉となっていることが明確にされている。また，2015年度の成長戦略においては，成長戦略を加速する官民プロジェクトとして，2020年に開催が決定された東京オリンピックに照準を合わせた各種施策の推進を内容とする「改革2020」がアクションプランに続く第三の柱として最後に盛り込まれているのが特徴である。また，「新たに講ずべき具体的施策」として盛り込まれるに至った施策には，「攻めの経営」の促進，IoT・ビッグデータ・人工知能等による産業構造・就業構造の変革，安全・安心を前提としたマイナンバー制度の活用等が掲げられている[3]。

第2節　成長戦略に対する評価

　以上のようなこれまでの成長戦略の内容を踏まえ，これに経済政策としての評価を加えるにあたっては，少なくとも以下のような角度からの検討が必要となろう。
　まず，既述のように，成長戦略のみが必ずしもその責を負うものではないが，「成長」戦略と命名されている以上，アベノミクスの他の金融・財政政策の効果と相俟って，それらが経済成長にどの程度寄与する政策となり得ているかが問われねばなるまい。その際には，第一・第二の矢のマクロ経済政策が総需要喚起のためのものである一方，成長戦略は日本経済の潜在成長力の向上に寄与することが求められる供給サイドに立った政策であることに留意する必要がある[4]。
　周知のように，経済の潜在成長力は，①労働力，②資本ストック，③生産性（全要素生産性，TFP）によって規定される[5]。これらにつき日本経済の現状を見ると，既に少子高齢化の下で日本社会は人口減少の時代を迎えており，①の労働力の減少は最早誰の眼にも明らかである。また，②の資本ストックについては，「失われた20年」と称されるデフレの時期を通じて内外の賃金格差や為替円高等から海外に生産拠点を移転する企業が多数みられ（いわゆる「空洞化」現象），国内における設備投資は現在に至るもはかばかしい回

復を示すには至っていない。

　こうしてみると，わが国が経済成長の隘路を切り開いていくための成長戦略に求められるのは，まず①の労働力減少を補っていくための政策であり，また②の資本ストック拡大につなげていくための政策であって，さらに③生産性を向上させていくための政策であることは論を俟たない。

　こうした観点から，これまで安倍内閣が打ち出してきた成長戦略の内容をみると，2013年度の第一回の成長戦略以降，雇用制度改革・人材力の強化として，失業なき労働移動や女性の活躍推進，若者・高齢者等の活躍推進，高度外国人材の活用等が盛り込まれてきたほか，2014年度の「日本再興戦略」ではロボットの活用にも触れられており，この点，人口減少に伴う労働力の減少に対応し，潜在成長力の強化に資するための政策としての方向性は一応踏まえられていると言えよう。

　また，法人税改革や国家戦略特区の活用等を通じ，海外からの企業誘致や生産拠点の国内回帰等が目論まれており，この点も，方向性として資本ストックの拡大に資する政策であるとの評価が可能であろう。

　また生産性向上策については，2015年度の成長戦略に「未来への投資・生産性革命」という副題が付されている通り，生産性向上を従来にも増して強く意識した政策が掲げられており，これらの個別政策が現実に技術革新の促進等を通じ全要素生産性の向上につながるものとなれば，方向性として首肯し得るものと言えよう。

　しかしながら，安倍内閣がこれまで打ち出してきた成長戦略が上記のように潜在成長力強化のための必要条件として認められるとしても，これらが日本経済の現状に照らし，経済成長に真に寄与するための十分条件となり得ているか否かは議論の余地があろう。

　第一に，成長戦略の中の個別の政策の中には，一般論としては潜在成長力の向上に役立つとしても，現在の日本社会において当該政策が実施された場合には，副作用があまりに大きくなる可能性を指摘されるものがある。例えば，雇用制度の改革に関しては，従来拡大してきた正規雇用と非正規雇用との賃金・社会保障等における格差がさらに拡大されることにつながるのではないかとの懸念が聞かれるほか，女性や外国人労働力の活用についても，男性労働者との

家事労働分担等を巡るバランス（いわゆるワークライフバランスの問題に関係）が確保されない中では女性の負担増につながるとの懸念がある。また，外国人労働者に許容される労働の種類や受入れ態勢の問題についても，社会的な合意や周到な体制整備が必要との意見も多い。さらに法人税率の引下げに関しても，政府の期待する海外の法人や生産拠点の国内誘致に関しては，既に諸外国がわが国以上の法人税率引下げを実施済みの中で，今更国際的な税率引下げ競争に参戦したとしても大きな効果は期待できず，むしろ現在でも諸種の優遇措置が適用されている法人の税負担を軽減するだけに終わるのではないかとの評価も聞かれる[6]。

このように潜在成長力強化のための労働力や資本ストックの増加策には種々の問題点が指摘されている中で，今後の経済成長にとって鍵となるのは，生産性の向上であるという指摘が有力である[7]。安倍内閣による第三回目となる2015年度の成長戦略が，生産性の向上に焦点を当てているのもこうした認識を背景にしたものと考えられよう。この中では，具体的には3つのアクションプランとして ① IoT，ビッグデータ，人工知能等による産業構造・就業構造の変革や ② 大学改革と並んで，③ 科学技術イノベーションの推進（「ロボット新戦略」の推進を含む）が掲げられているほか，「世界最高水準のIT社会の実現」にも引続き大きな役割が与えられている。

しかしながら，ここで生産性向上のために大きな期待が寄せられている技術革新がどの程度経済成長に貢献できるかについては事前に予測することは極めて困難である。歴史を振返ってみても，技術革新が蒸気機関の発明のように，産業革命を担い，成長に大きく貢献したものばかりとはいえない。最近で最も影響力のあった技術革新の一つがIT・通信技術の発達であることは多くの論者が指摘するところであるが，反面，それが一部の熟練労働者を失業に追いやり，労働機会を奪ったことも事実であって，この点から経済成長への貢献度をかなり限定的に評価する向きも多い[8]。

また，実際の政策決定過程においては，成長戦略の具体的政策は規制撤廃を伴うことが多いだけに，法令改正を要する場合が多く，政治情勢の影響を受けて，そうした作業が遅々として進まなかったり，立法過程において，当初の法令改正案が政治的妥協の結果として修正されることもないではない。こうした

点も成長戦略が現実の政治過程で有する困難の一つと解することができよう[9]。

なお，これまでの成長戦略については，戦略の進捗状況が翌年度に報告されており，これまでは比較的高い進捗度が報告されているが，逆に言えば，こうした事実は，成長戦略として公表された政策のうち，必ずしも全てが緊急に実施を要する政策として位置付けられているものではないことの証左でもある。

小泉政権以来，いわゆる構造改革のための政策が結果的に日本経済の潜在成長力の向上に有効であったかどうかについては意見が分かれており，筆者には否定的な意見の方が多いように窺われる[10]。民間有識者の意見を汲み取りつつ所管の異なる政策を各省庁から集めたうえで総花的に取り纏め，これを成長戦略として打ち出していくことは，従来から政治的パフォーマンスとして重要な役割を与えられてきたように見える一方，その真の経済的効果の検証はなされておらず，アベノミクスの成長戦略に関しても，今後のそうした検証が重要な課題であるといえよう[11]。

少なくとも現段階までのところ，小泉政権以来の長期安定政権となっている第二次安倍政権において，アベノミクスの第一・第二の矢である異次元金融緩和政策や機動的な財政政策については，その副作用や財源面からの限界を指摘しつつもそれなりの効果を認める論者が存在する一方で，3年度に亘り大がかりな議論を経て展開されてきた成長戦略については，その有効性を認める議論が少ないのは驚くほどであると言わざるを得ない[12]。構造改革という政策の特徴から即効性に乏しいとはいえ，これでは政策それ自体の有効性が疑問視されても致し方ないと言えるのではないか。

第3節　望ましい成長戦略

では，日本経済の現状において，本来，いかなる成長戦略が望ましいと言えるか。

経済政策の在るべき姿を考えた場合，現在の日本経済における一つの重要な視点として指摘すべきは政府部門の資源の稀少性という観点である。アベノミクスの第二の矢が初年度のみの単発的な効果をもたらすに止まったように，社

会保障費や国債費の増嵩による財政硬直化の進展は裁量的な財政政策の余地を狭めているほか，政府部門の政策実施主体としての役割を縮小せざるを得ない現実を生んでいる。こうした意図せざる「小さな政府」の下では，総花的な成長戦略を打ち出したとしても，その多くは掛け声倒れに終わってしまう惧れがあり，こうした懸念を回避するためには，経営学で私企業による競争戦略策定の際に，選択こそが重要とされているのと同様に，重点政策に絞った成長戦略を考えていく必要があるのではないか。いわば政府部門による「選択と集中」である[13]。

こうした観点から日本経済の問題点をとらえれば，財政赤字は間違いなく最大の問題の一つであるが，その財政赤字をもたらした最大の要因は社会保障負担の増大であり，その原因が日本社会における人口問題，すなわち人口の絶対数の減少および人口構成の変化である少子高齢化に起因することは周知のことであろう。ここに至って，経済成長の問題と財政赤字の問題は交差することとなる。少子高齢化に伴う労働力の減少は，潜在成長力を低下させる大きな原因となっているうえに，社会保障負担の増嵩を通じ，財政赤字の主因となることによって財政政策の発動の余地を狭め，政府の政策遂行能力を低下させ，ひいては成長戦略の実効性を低下させてしまうという関係にあるわけである。

さらに，最近では，こうした少子高齢化の進展は予想以上の生産年齢人口の減少につながっているとして，いわゆる介護離職者の増加に伴う労働力人口の一段の減少の影響を重視する見解もある[14]。こうしてみると，成長戦略の中心に置かれるべきは，他の重要な論点を差し置いても，少子高齢化や社会保障の問題であるべきだとの一部論者の指摘は正鵠を射たものと言えよう[15]。

また，このようにして少子高齢化対応を成長戦略の中心に据えることは，経済政策としても以下のような有効性を併せ持つものと指摘することが可能である。

第一に，社会保障制度の持続可能性に対する不安に伴い増加してきたと考えられる予備的貯蓄を支出に向かわせることが可能となろう。消費税率の引き上げ以降，伸びないGDPの主因と言われ続けてきた個人消費であるが，消費者の老後の不安を軽減することによって，大きなプラスに転じる効果が期待できるのではないか。また第二に，高齢者自身が先行きに対する不安から貯めこん

だ金融資産の多くを現役層に還元するのに役立つはずであり，世代間格差の解消や消費・投資の増加につながる可能性を指摘できよう。そして第三に，医療技術や介護ロボット等のイノベーションにつながる可能性があり，こうした分野における技術革新が生産性の向上に寄与することになれば，それ自体，日本経済の潜在成長力強化に寄与するのではないか[16]。

　無論，少子高齢化や社会保障の問題にいかに注力したとしても，問題の解決は容易ではない。しかしながら，時の政府の経済政策のプライオリティがどの問題に置かれており，何を優先的に解決するべきかが明らかになっていれば，民間企業を中心とする投資主体も投資の方向性が明らかとなり，従来以上に投資の促進につながる可能性が高くなるといえるのではないか。総花的な成長戦略には感じられない政府の「本気度」が明らかとなり，成長がいかなるパスを描いて達成されることになるかが国民に明確になることを通じ，成長戦略は潜在成長力強化のための突破口となり得るのではないだろうか。

第4節　「脱成長」と社会保障

　以上のようにアベノミクスの第三の矢としての成長戦略の問題点や限界を指摘してきたが，現実に採用された成長戦略によって日本経済がどの程度潜在成長力を高め，総需要の刺激と相俟って現実の成長につなげることができるかを現時点で見極めることは難しい。しかしながら，日本経済の潜在成長力が限定されている中で，生産性の向上によってこれを補い，成長していくパスを必死に描いたとしても，アベノミクス開始後3年を経過しても，それ以前と比較してむしろ経済成長率が鈍化している実情に鑑みれば，日本経済の成長が容易に達成されると考えるのは適当であるまい[17]。

　上述のように，成長戦略が真に「戦略」たり得るためには，「選択と集中」によって，従来の総花的な在り方を今一度見直し，真に潜在成長力の強化につながる可能性の高い分野に注力することが望ましく，この点，筆者は多くのエコノミストと同様に，潜在成長力の低下や財政赤字の解消に同時に寄与する社会保障問題の解決こそが，そうした分野であると考えるが，論者の中には社会

保障の問題解決のためにこそ経済成長が必要だとの論法も多い。潜在成長力の強化が，例えば画期的なイノベーションの実現に伴う生産性の向上によってもたらされることがあれば，それも可能であろう。しかしながら，先述の通り，イノベーションに伴う生産性向上は，あくまで事後的にのみ判定しうると考えるならば，「選択と集中」をイノベーションの到来にのみ向けることは危険であろう。経済政策のあるべき姿としては，少子高齢化に伴う想定以上の労働力の減少を回避し補っていくことこそ重要であり，そこにこそ政府が最大の努力を講じていく必要があるのではないか。

とはいえ，この課題を現下の低成長の下で実現していくことは，他の政策課題の遂行を後回しにして，政策的プライオリティの見直しを抜本的に行わないことには困難であることも事実であろう。他の分野に充てられている予算その他の資源を優先的に社会保障の拡充に重点配分していくといった政権の覚悟がない限り，十分な効果は期待できまい[18]。

こうして考えると，潜在成長力の強化に向けた方策としての社会保障の充実には，実は別の角度からの対応が求められる可能性も指摘できよう。低成長下の社会保障充実のためには，従来の財政による「公助」に依存した社会保障のみならず，コミュニティ単位で遂行される「共助」を活用した社会保障が必要であるとの考え方がそれである。この点，低成長下の社会においては，徒に経済成長を求めることを排するべしとする「脱成長」論の中には今後の社会保障の在り方として，「公助」から「共助」への流れを重視する考えがあり，注目される[19]。

別稿で論じたように[20]，「脱成長」論には様々なバリエーションがあるうえ，未だ生成途上の感を免れない考え方も多いものの，確かに，貨幣的換算に解消されない「共助」としての社会保障が充実すれば，財政硬直化の元凶である社会保障に対して更なる財政面での追加的措置を講じることを回避しつつ問題の解決につなげていくことも可能となろう。

勿論，それがかつて見られたような家族構成員の一部に偏した負担の増大や地域における因習的な人間関係の復活につながるようなことがあってはならないが，このまま座視すれば少子高齢化の進展と労働力の減少，そして潜在成長率の低下につながる可能性の高い日本社会においては，成長無き社会における

社会保障の在り方を真剣に考察してみることも，いずれ不可避となるのではないだろうか[21]。

(大川昌利)

注
1) 首相官邸 HP 産業競争力会議平成 25 年 6 月 12 日配布資料所収 http://www.kantei.go.jp/jp/singi/keizaisaisei/skkkaigi/dai12/siryou.html
2) 内閣府 HP 第 12 回経済財政諮問会議，第 18 回産業競争力会議（第 6 回経済財政諮問会議・産業競争力会議合同会議）平成 26 年 6 月 24 日議事要旨所収 http://www5.cao.go.jp/keizai-shimon/kaigi/minutes/2014/0624/gijiyoushi.pdf
3) 内閣府 HP 第 11 回経済財政諮問会議，第 23 回産業競争力会議（合同会議）平成 27 年 6 月 30 日議事要旨所収，http://www5.cao.go.jp/keizai-shimon/kaigi/minutes/2015/0630/gijiyoushi.pdf
4) 潜在成長率のベースとなる中期的に持続可能な経済の成長軌道であり，現存の経済構造を前提にした一国経済の供給力のことを潜在 GDP と呼ぶことがあるが（例えば伊藤他〈2006〉），本章では潜在成長力という概念をこの潜在 GDP と同義で用いる。
5) 例えばマンキュー（2012）p.83 では，ソロー・モデルとして，産出の成長＝資本の貢献＋労働の貢献＋全要素生産性の成長，すなわち
$$\Delta Y/Y = \alpha \Delta K/K + (1-\alpha)\Delta L/L + \Delta A/A$$
α は資本所得の割合，$(1-\alpha)$ は労働所得の割合，と定式化されている。
6) わが国では，現在，法人税実効税率の 20％台への引下げが検討されているが，諸外国の中には既に 10％台にまで引き下げ済みの国も見られる（英国等）。
7) 吉川（2015）は，先進国で経済成長を生み出すものは，人口ではなくイノベーションである，とする。
8) 西村（2014）は，米国の中熟練労働者が ICT の進歩により職を失い，低熟練の労働市場にのみ込まれつつあると指摘する。もっとも，鶴（2015）は長期的には特定の職が技術革新で消滅しても，新たな需要を顕在化させる企業・産業が登場し，新規雇用も創出されるとみる。
9) 例えば，安倍内閣の労働規制改革は成長戦略の目玉であるが，過去 2 回廃案になった労働者派遣法は 2015 年にようやく成立したものの，「脱時間給」制度を盛り込んだ労働基準法改正案については，安保法制審議の影響等から 2015 年の通常国会においては未成立に終わった。
10) 2015 年 7 月 8 日付日本経済新聞 26 ページ時事解析では，構造改革を含む日本の産業政策は戦後の経済成長に貢献してきたかとの問いに対し，「経済学者の間ではあまり効果はなかったとの見方が大勢」とする。
11) マスコミ報道でも「各省が予算措置を講じて実施する予定の施策が大量にリストアップされ」た「政策一覧」に近いと論評された（2015 年 6 月 18 日付日本経済新聞 19 ページ「大機小機」）。
12) 安倍内閣の経済政策に比較的好意的なマスコミであっても，少なくともこれまでの成長戦略が経済成長に効果があったかとの問いに対しては，「疑問が残る」（2015 年 6 月 23 日付日本経済新聞社説「成長力を大きく高める戦略といえるか」）との評価が多いように窺われる。
13) 経営学の立場から多数の戦略を盛り込んだ「戦略のごった煮」を「悪い戦略」の典型とする例に磯辺（2015）がある。
14) 翁（2015），池尾（2015）等。
15) 池尾（2015），早川（2015）等。

16) 池尾（2015）等。
17) 第二次安倍内閣発足後，わが国の実質 GDP は，2013 年度は前年度比 2.1％増となったが，2014 年度は同▲0.9％とマイナス成長となったほか，2015 年度入り後も第 1 四半期が前期比 1.1％増，第 2 四半期は同▲0.3％に止まっている。
18) 結城（2015）は，公共事業費削減，例えば整備新幹線の建設費用は「介護難民の危機に比べて優先されるものではない」と，既存の財政支出の見直しを大胆に行うことも視野に入れた社会保障の充実を唱えており，筆者もこの点同意見である。
19) 広井（2013）等。
20) 大川（2015）参照。
21) 本章脱稿後，安倍首相は自民党総裁再選後の会見で，2020 年に向けた経済成長の推進力となる新たな「三本の矢」を発表した。そこでは，名目 GDP600 兆円を目標とする「希望を生み出す強い経済」と並び，出生率 1.8 を達成するための「夢を紡ぐ子育て支援」，介護離職者ゼロに向けた「安心につながる社会保障」が新たな「三本の矢」とされている。子育て支援や社会保障充実により重点を置いた形となっている点は評価し得るが，これらの目標を達成するための具体策に欠けており，その当否については今後の帰趨を見定める必要があろう。

参考文献

池尾和人（2015），「潜在成長率高められるか（上）－高齢化・人口減集中対応を」『日本経済新聞』2015 年 6 月 8 日。
磯辺剛彦（2015），「なぜ悪い戦略が蔓延するのか」『週刊東洋経済』2015 年 9 月 12 日号。
伊藤智他（2006），「GDP ギャップと潜在成長率の新推計」『日銀レビュー』2006 年 5 月，日本銀行調査統計局。
大川昌利（2015），「成長の限界と「脱成長」論」馬田啓一・小野田欣也・西孝編著『国際関係の論点－グローバル・ガバナンスの視点から―』文眞堂。
翁邦雄（2015），『経済の大転換と日本銀行』（岩波書店）。
鶴光太郎（2015），「技術革新は職を奪うか」『日本経済新聞』2015 年 9 月 15 日。
西村清彦（2014），「複合危機，中間層に打撃」『日本経済新聞』2014 年 10 月 21 日。
早川英男（2015），「社会保障改革の核心（上）－家庭医の導入と ICT 化を柱とする医療改革―」『富士通総研 HP』，2015 年 5 月 18 日付けオピニオン（経済研究所），http://www.fujitsu.com/jp/group/fri/cpolumn/opinion/201505/2015-5-3.html
広井良典（2013），『人口減少社会という希望』朝日新聞出版。
結城康博（2015），「介護難民防げるか（下）―社会保障の充実優先を」『日本経済新聞』2015 年 8 月 25 日。
吉川洋（2015），「経済成長の意義再確認を」『日本経済新聞』2015 年 5 月 20 日。
Mankiw, N.G（2010），Macroeconomics, seventh edition, Worth Publishers, NewYork（足立英之・地主敏樹・中谷武・柳川隆訳『マンキューマクロ経済学Ⅱ　応用篇　第 3 版』東洋経済新報社，2012 年）。

第 2 部

企業の新たな選択

第 6 章

混迷する国際会計基準への対応

はじめに

　20世紀末より，国際会計基準（International Accounting Standard ; IAS）で世界各国の会計基準を統一する動きが広まり，わが国にもその波が急速に押し寄せてきた。そしてその背景には企業活動の国際化・多国籍化があることは当然である。

　企業の国際取引は，まさに驚異的な発展を遂げている。また多国籍企業は地球規模で増大している。さらに世界中の企業が世界中の市場で資金を調達するグローバルな資本市場が形成され，著しく発展している。

　このような状況下で各国の会計基準が異なる場合，例えば連結財務諸表を作成する際に在外子会社の財務諸表と本社の財務諸表が異なった基準で作成されている問題[1]，あるいは海外事業体の業績評価をする際に異なった基準で作成された事業体を評価できなくなるなどの問題が生まれてしまう。そして何よりも，世界中の企業が複数の外国資本市場で資金を調達することが常態になり，それぞれの企業が本国の基準に従って財務諸表を作成した場合，投資家や金融機関などの財務諸表利用者が，当該企業の業績を判断したり，他社との比較をしたりすることができなくなってしまうのである。

　本章ではこの会計基準の国際的統一にわが国がどのように対処してきたか，そして今後わが国はどのような方向を目指すべきかについて考察していきたい。

第1節　会計基準の国際的調和化から統一化へ

1．国際会計基準委員会の設置と加盟各国の対応

　1973年6月，国際会計基準委員会（International Accounting Standards Committee ; IASC）がロンドンで，アメリカ，カナダ，メキシコ，イギリス，フランス，西ドイツ，オランダ，オーストラリア，日本の9カ国の会計士団体により結成された。日本は日本公認会計士協会が参加することになる。

　IASCは1966年のカナダ勅許会計士協会の年次総会において創設された，イギリス，カナダ，アメリカの3カ国の公認会計士によるスタディグループが母体となっている。また当初の参加9カ国中，半数弱の4カ国をいわゆるイギリス連邦の諸国が占めている。したがってIASCは明らかに英国連邦の職業会計人主導で結成されたものである。

　この結成当時のIASCが公表する国際会計基準には，法的拘束力がないという問題点があった。すなわちIASCの活動は加盟各国の民間公認会計士団体間の調整に過ぎないからである。したがってIASCから公表された国際会計基準を加盟各国が国内法化する際，問題が起きることになる。

　イギリスやアメリカなど，アングロ＝サクソン諸国は会計基準設定に公認会計士団体が深く関与しており，比較的好意的であった。もともとIASCはアングロ＝サクソン諸国の公認会計士団体の影響力が大きく，そこで公表される国際会計基準も，アングロ＝サクソン的会計思考に根ざしたものであった。

　これに対してドイツやフランスでは，職業会計人団体に基準設定権がなく，政府主導で会計基準を設定していた。したがって国際会計基準の国内法化が全く進まない状況であった。またわが国においても，大蔵大臣（現在は金融担当大臣）の諮問機関である企業会計審議会が主導して会計基準を設定しており，国際会計基準の国内法化が全く進まず，ほとんど無視されていた様な状況であった。

　このような状況で，IASCも国際的に唯一の会計基準を設定することは不可能であると考え，いくつかの代替的な会計処理方法を容認するような，調和化

で調整が進められていたのであった。

2．国際会計基準を巡る大転換

この国際会計基準を巡る状況を一変させたのが，1987年のIOSCO (International Organization of Securities Commissions；証券監督者国際機構) のIASCの諮問グループへの参加であった。IOSCOは翌年，コア・スタンダードを完成することを条件に，IASCの活動の全面支持を打ち出した。これにより，国際会計基準の地位が一気に向上することになる。何故ならば証券市場監督機関である政府組織の国際機関，いわば各国政府がIASCの活動を全面支持したからである。したがってIASCもそれまでの会計基準の調和化から，原則的には唯一の会計処理しか認めない方向に転換し，将来的には国際会計基準で各国の会計基準を統一することを打ち出していくことになる。

このIASCの大転換に伴って，加盟各国は，自国の会計基準を国際会計基準に近づけていくコンバージェンスに取り組むことになる。わが国においても，IASCなど，海外の動向を意識した会計基準の整備が行われることになる。1997年に公表された新連結会計基準に始まる一連の会計基準の改正，いわゆる日本版会計ビッグバンは，まさにこの国際会計基準を意識した改正であった。

第2節　コンバージェンスからアドプションへ

1．EUのアドプション表明と日米のコンバージェンス

こうして国際会計基準の地位は飛躍的に向上し，各国はコンバージェンスを意識した会計制度改革を推進していくことになる。この過程でEU委員会は1997年11月，「会計調和－国際協調に向けた新たな戦略（Accounting Harmonization : A New Strategy Vis-a-vis International Harmonization)」を公表した。ここで明らかにされた戦略は，IASCが公表する国際会計基準と協調し，EU会計基準の国際的互換性を図る方針を明らかにしたものであった。さらに2000年6月，EU委員会は，「EU財務報告戦略－進むべき道（EU

Financial Reporting Strategy : the way forward)」を公表し，2005年までに国際会計基準を域内のすべての上場企業の連結財務諸表に適用する方針を公表したのであった。

　もともとEUは欧州独自の会計基準設定主体の創設を検討していた。これは1990年代に入り，会計基準の国際的統合の必要性の議論がEU域内諸国にも徐々に広がっていたからである。

　しかしながらEUは，国際会計基準におけるアメリカの影響力の増大を何よりも懸念していた。したがってここでEUはこれまでの方針を大転換することになる。すなわちEUの統一的な会計基準を新たに作成し，それを諸外国に広めることを試みるよりも，アメリカがまだ国際会計基準を受け入れていないこの時期に，アメリカに先行して国際会計基準を積極的に採用し，IASCの中心メンバーとして基準作成をリードし，国際会計基準の中にEUの主張を盛り込むべきであるという結論を出したのである。

　EUの2005年からの国際会計基準強制適用の表明は，アメリカ，カナダ，そしてわが国に対して，非常に大きな影響を与えた。とりわけアメリカにとっては重大であった。

　もともとアメリカのこれまでの会計戦略は，アメリカ基準を全世界に広めるというものであった。その根底には，アメリカの会計制度こそが唯一にして最高の会計制度であり，このアメリカの会計制度での統一こそが会計制度の国際的統一であるとする考え方が存在している。したがってロンドンに本部があり，イギリスの影響力が強い国際会計基準に対しても，同じアングロ＝サクソン的会計思考を持つ国でありながらも，明確に距離を置いていた。むしろアメリカの発想からは，アメリカの会計基準を国際会計基準として世界に広めていきたいと考えていたと言える。

　実際，世界各国がお互いにその国の会計基準を資本市場で認めるという会計基準の相互承認においても，この当時，SEC（Securities and Exchange Commissions；アメリカ証券取引委員会）はアメリカ基準の財務諸表での報告のみを承認するという方針であった。すなわちアメリカ企業が海外の市場で資金調達を行う際にはアメリカ基準を認めてもらえるのに対して，他国の企業がアメリカの市場で資金調達を行う際には母国の会計基準を認めず，アメリカ

の基準に従うことを要求しているという,アメリカ企業にとってきわめて有利な状況であった。

しかしながらEUが2005年から上場企業に対して国際会計基準の強制適用を表明したことによって,このアメリカ企業の絶対的に有利な状況は一変することになる。アメリカ企業がEU域内の市場で資金調達を行うためには,国際会計基準,あるいは少なくとも国際会計基準と同等の会計基準であるとEUで評価された基準を用いた財務諸表を作成しなければならなくなったからである。そのため先進資本主義諸国の中で国際会計基準を採用していないアメリカ,カナダ,そしてわが国は,コンバージェンスの作業を加速化させる必要に迫られたのである。

2. アメリカおよび日本の決断

1987年にIOSCOと財務諸表比較プロジェクトを開始したIASCは,2000年にそれまで公表した41の国際会計基準の中から修正や削除を行い,30の基準をコア・スタンダードとして発表した。これを受けてIOSCOは企業が各国の市場に上場する際,国際会計基準を使用することを勧告した。

2001年1月には新たに高品質で,理解可能,かつ強制力のある単一で一組の国際的な会計基準を開発すること,および各国の国内会計基準と国際会計基準を高品質でコンバージェンスさせることを目的に,IASCをIASB (International Accounting Standards Board;国際会計基準審議会)に組織改編した。そしてIASBがあらたに作成・公表する基準をIFRS (International Financial Reporting Standards)[2]としたのである。

一方,日本やアメリカのコンバージェンスの作業も加速化してきた。2007年以降,日本やアメリカなどの企業が欧州市場で資金調達を続けるためには,自国会計基準のIFRSとの同等性評価が必要となった。そのため2005年7月には欧州証券規制当局委員会 (The Committee of European Securities Regulators;CESR)によるアメリカ,日本,カナダの各会計基準のIFRSとの同等性の技術的評価を受けることになる。その結果,各国の会計基準は全体としてIFRSと同等と評価できるものの,重要な相違がアメリカの会計基準は19項目,カナダの会計基準は14項目,そして日本の会計基準は26項目あり,

これらの相違点を早急に解消することが求められたのである。

これに先立ちアメリカは2002年10月，会計基準設定団体であるFASB (Financial Accounting Standards Board；財務会計基準審議会) とIASBの間で，ノーウォーク合意を行った。これはアメリカ会計基準とIFRSとの間に完全に互換性を持たせること，および互換性を維持するための作業プログラムを調整すること，ならびに差異解消のための短期プロジェクトの実施と共同プロジェクトによる基準の作成・公表を行うことを目的としていた

わが国においても，2001年に会計基準設定団体として発足した企業会計基準委員会が，2005年1月より，IASBと共同プロジェクトを立ち上げ，コンバージェンスを加速化させた[3]。そして2007年には企業会計基準委員会とIASBとの間で東京合意がなされ，CESRが指摘した26項目の差異を2008年までに解消し，日本基準とIFRSとのその他の差異も2011年6月末までに解消することが確認された。

このような状況下でIFRSの採用がEU諸国だけではなく，多くの国々に広まっていくことになる。オーストラリアおよび南アフリカが2005年から適用し，ニュージーランドも2007年から適用することになった。中国はほぼ同一の基準を2007年に適用を開始し，韓国も2011年から適用を開始することを発表した。そしてついにはカナダも2011年からIFRSに移行することを表明するなど，IFRSを強制あるいは容認している国は120カ国を超えるまで拡大していった[4]。

このようにIFRS採用が広がっていった理由としては，まずIOSCOが勧告したことが挙げられる。そして何よりも途上国においては，新たに独自の会計基準を作成するよりも低いコストで会計基準を用意することができるという利点があった。したがって自国基準をIFRSに近づけるコンバージェンスから，IFRSをそのまま，あるいは一部修正して採用するアドプションへと次第に移行していったのである。

ここに至りついにアメリカの会計基準こそが世界最高水準であると自負し，アメリカ基準での統一こそが会計基準の国際的統一であると考えていたアメリカもこれまでの方針を転換することになる。2008年にアメリカが，そして翌年にはわが国が，3年後にIFRS強制適用を判断し，さらにその3年後にそれ

それ IFRS の強制適用に踏み切ることを相次いで表明したのである。

第3節　幻に終わった IFRS の強制適用

1. 日本の IFRS 強制適用延期とその背景

　以上のような状況から，わが国では 2012 年に IFRS 強制適用の可否を判断し，2015 年からすべての上場企業に IFRS が強制適用されることがほぼ固まったと考えられていた。そして IFRS の適用によってこれまでの会計制度の何が変わるのかに関心が移っていくことになる。

　しかしながらこの IFRS を巡る流れは，再び大きく転換することになる。すなわち 2011 年 6 月，当時の自見庄三郎金融担当大臣が「仮に 2012 年に IFRS の強制適用を決定しても，実際に施行するまでには 5～7 年の期間を置く」との新方針を記者会見で表明したのである。これは IFRS 強制適用の事実上の延期の表明である。

　このわが国の IFRS 強制適用延期の背景には 3 つの要因がある。

　第 1 の要因はアメリカの強制適用の延期である。アメリカでは 2010 年 2 月，SEC がワークプランを公表した。そこには「2011 年に判断し，2014～2016 年に上場企業へ強制適用」とされていた IFRS について，「判断後 5～7 年の準備期間を置き，2016～2018 年に適用も」と明記されていた。さらに翌 2011 年 4 月には，同年 6 月とされていた IASB と FASB のコンバージェンス作業の数カ月延期を表明し，5 月には今後もコンバージェンスを継続するが，今後の基準の設定・改訂には FASB の当初からの参加を前提にすることを公表した。すなわちこの一連の手続きは，明らかにアメリカにおける，IFRS 強制適用の事実上の延期の表明であった。

　このアメリカの IFRS 強制適用延期には，会計基準設定の主導権を巡るアメリカブロック経済圏とオールド・ヨーロッパとの争いという政治的理由がある。そして結果的には，アメリカに追随することしかできない日本という現実が存在している。理念・国益なき対米追随という批判を浴びることになるのもやむを得ないと言えよう。

第2の要因は産業界の意識の変化である。これまでIFRS適用の旗振り役でもあった経団連，新日鐵，トヨタ自動車，パナソニック，日立，東芝，三菱電機等，日本の産業界を代表する団体・企業が，IFRSの強制適用延期と，すでにアメリカに進出していた企業に認められていたアメリカ会計基準の使用をIFRS強制適用によって廃止する期限の撤廃を訴える要望書を次々と提出することになる。

　この産業界の動きには，2008年2月の経団連の欧州調査が密接に関係していた。彼らはそこでEU諸国のIFRSの適用状況を知ることになった。第6-1表にもあるように，EU諸国でもIFRSを全面的に適用している国は英国だけであった。他の国々はあたかもアリバイづくりのように，上場企業の連結財務

第6-1表　各国のIFRS適用状況

	上場企業		非上場企業		中小企業
	連結	個別	連結	個別	
イギリス	IFRS	国内基準またはIFRS			
フランス	IFRS	国内基準	国内基準 またはIFRS	国内基準	
ドイツ	IFRS	国内基準	国内基準 またはIFRS	国内基準	
スペイン	IFRS	国内基準	国内基準 またはIFRS	国内基準 または簡易基準	簡易基準
アメリカ	国内基準		なし		
カナダ	IFRS		国内基準またはIFRS		簡易基準
オーストラリア	オーストラリアIFRS				
日本	国内基準 またはIFRS	国内基準	国内基準 またはIFRS	国内基準 または簡易基準	簡易基準
中国	中国IFRS		国内基準または中国IFRS		簡易基準
韓国	韓IFRSまたは国内基準		国内基準または韓IFRS		国内基準
インド	国内基準 またはIFRS	国内基準	不要	国内基準	簡易基準

（資料）　中小企業庁事業環境部財務課中小企業の会計に関する研究会事務局（2010年）33-37ページ。

諸表に強制適用しているのみにすぎない。しかも例えばフランスのように，国内に260万社以上の会社があるにもかかわらず，ユーロネクストパリ上場企業は660社程度にすぎない国も存在している。したがって実際には極めて少数の，一部の企業の連結財務諸表にIFRSを適用しているにすぎない国もある。またオーストラリア，中国，韓国，などのように，IFRSを自国企業に都合の良いように一部修正し，部分的に適用している国もあるのが現実である。

わが国が当初考えていたように，正直に，全面的に，すべての企業にIFRSを強制適用することを考えていた国は，実際にはほとんどなかったのである。したがって産業界では連結財務諸表にはIFRSを，個別財務諸表には日本会計基準の適用を主張する声が次第に増加し，多数派を形成していったのである。

第3の要因は2011年3月に発生した東日本大震災の影響である。震災後の株安や急激な円高による外貨建資産の減少により，2011年3月期に上場企業の包括利益は40％も減少してしまった。「一時点の企業価値よりも，ゴーイングコンサーンが重要である」という言葉に代表されるように，産業界は企業が継続して営業を続けること，すなわち生き残りを選択したのであった。

2．日本のIFRSを巡る今後の対応

さて上述のような状況の下に，わが国ではIFRSの強制適用が事実上の延期になった。そこでその後のわが国におけるIFRSの取り扱いについて，企業会計審議会は2012年7月2日に「国際会計基準（IFRS）への対応のあり方についてのこれまでの議論（中間的論点整理）」を公表し，IFRSの任意適用や将来的な強制適用の検討を行った。その結果，2013年6月19日には「国際会計基準（IFRS）への対応のあり方に関する当面の方針」を公表した。

この中で企業会計審議会は，IFRSの強制適用の是非について，未だその判断をすべき状況にないとしている。その上で，IFRSの任意適用要件のうち「上場企業」および「国際的な財務活動・事業活動」の要件を撤廃するなど，任意適用要件の緩和によってIFRSの任意適用企業の積上げをはかるとしている。したがって当面はIFRSの強制適用を行わないことを示唆している。

さらにすべての企業にIFRSをそのまま適用するのではなく，IFRSを日本の会計思考で修正することで自国基準へIFRSを取込んだ，いわゆるエンドー

スメントされたIFRSを作成していく仕組みを設けることは有用だと述べている。このエンドースメントされたIFRSは，強制適用を前提としたものではなくあくまでも任意適用企業を対象としたものとして位置づけられている。

　もちろん日本基準を高品質化するような会計基準の変更については前向きに対応し，高品質な日本基準を維持していくことが重要であるとしている。しかしながらそれと同時に，金融商品取引法における単体開示の簡素化を図ることが適当であるとしている。これは将来的な連単分離，すなわち連結財務諸表にはIFRSを適用し，個別財務諸表については国内基準を使用することをも，選択肢として視野に入れているのであろう[5]。

終わりに

　2015年6月29日，企業会計審議会はエンドースメントされたIFRS第1号「のれんの会計処理」および第2号「その他の包括利益の会計処理」を公表した。企業会計審議会はこれを日本版IFRSと呼ぼうとしたが，IFRS財団からIFRSの文言の使用を拒否され，結果として修正国際基準という極めてあいまいな呼称となってしまった。

　FASBはIASBとの既述の共同プログラムにもとづいて，「収益認識」基準を作成したが，「リース」の新基準についてはまとまらず，どうやらアメリカは独自路線に戻って，IFRSには背を向け始めたように思われる。

　現在，大部分の企業は日本基準を採用しているが，IFRSを任意適用している企業は増加傾向にあり，100社を超える勢いである。しかしながらアメリカ基準を採用する企業も依然として30社ほど存在している。したがって，本来，会計基準の国際的統一を目指したIFRSではあったが，結果としてわが国の市場では，日本基準，アメリカ基準，IFRS，修正国際基準の4つの基準が存在するという，なんとも皮肉なことになってしまったのである。

　筆者は各国の会計制度はそれぞれの国の法律，経済，社会制度，歴史，文化，風土，哲学を前提に成り立っていると考えている。いわば言語と同じである。マーケットの要請という大義によって会計基準を統一するのではなく，言

語の場合と同様に，グローバルに活動する上場会社の連結財務諸表はIFRSを何らかの形で適用することで国際的協調を果たし，個別財務諸表，非上場会社の連結財務諸表には国内基準を適用する。その上で各国の国内基準の調和化をより一層進めていくことが望ましいと考えている。

（内藤高雄）

注
1) この点に関してわが国の会計基準設定団体である企業会計基準委員会は，「同一環境下で行われた同一の性質の取引等について，親会社及び子会社が採用する会計方針は，原則として統一する」としている（企業会計金準委員会（2014）第17項）。
2) IFRSは直訳すれば国際財務報告基準となるが，わが国ではコア・スタンダードの30のIASと併せて，国際会計基準と呼ぶことが多い。なお，IFRSについては，2015年8月1日現在，第1号～第15号が公表されている。
3) この結果，それまで会計基準設定を担っていた企業会計審議会は，監査基準や公認会計士制度関連等の企業会計基準委員会が作成しないものについての検討や，IFRS適用の可否など，国全体の会計方針の決定に携わっている。
4) すでにアメリカは2007年から，わが国は2010年から，IFRSの任意適用を開始している。
5) もともとわが国のように個別財務諸表の開示をも強制している国は世界では少数派であり，諸外国は連結財務諸表の開示のみを強制している国が圧倒的である。

参考文献
企業会計審議会（2013），「国際会計基準（IFRS）への対応のあり方に関する当面の方針」。
企業会計金準委員会企業会計基準第22号『連結財務諸表に関する会計基準』。
中小企業庁事業環境部財務課中小企業の会計に関する研究会事務局編（2010），『諸外国における会計制度の概要』。
橋本尚・山田善隆（2015），『IFRS会計学基本テキスト第4版』中央経済社。
平松一夫（2015），『IFRS国際会計基準の基礎（第4版）』中央経済社。

第 7 章

日本企業の海外移転と人材空洞化

はじめに

　2011年7月タイ北部の大雨により発生した大洪水は，次第に南下し10月にはバンコクに到達した。これにより，バンコク郊外に位置する6つの工場団地が冠水し，交通網の分断によって操業停止を余儀なくされた。冠水被害にあった日系企業は約450社であり，特に水没したサハラタナナコン工業団地では42社中35社（味の素，丸順など），ハイテク工場団地では143社中100社（キヤノン，HOYAなど），ロジャナ工業団地では218社中147社（ホンダ，ニコンなど）が日系企業であった[1]。その影響はすぐに表われ，部品供給の停止によって，量販店の棚からはパソコン，プリンター，デジタルカメラなどの製品が姿を消した。また，自動車，空調機器，家電製品の品薄は年末まで続いた。この出来事は，「ものづくり大国」日本のタイへの依存度の高さを実感させるものとなった。

　1980年代後半に海外直接投資件数が増加し，海外生産比率も上昇すると，産業空洞化が議論されるようになった。すなわち，生産拠点の海外移転が進むと，国内産業が衰退し，雇用が縮小するのではないかという懸念が示されたのである。同じく80年代にはアメリカでも国内製造業の成長率が低下し，産業空洞化が問題となっていたからである。だが，この時は，日本企業は海外進出によってむしろ国際競争力を強化し，国内生産にもプラスの効果がもたらされていた。ところが，バブル崩壊からの「失われた20年」，そして，2000年代に本格的なグローバル時代を迎えると，日本国内の生産，調達，研究開発の「現場」は急速に失われはじめた。「現場」の喪失は，雇用機会が失われるとい

うだけではなく，日本企業の強みであった「人づくり」の場が失われることであり，イノベーションの苗床が無くなることをも意味している。今日，中国，台湾のメーカーが，生産経験を重ねることで技術を高度化させて単なる下請けから脱している状況とは対照的である。

　本章では，国内の「現場」喪失と，雇用形態の急速な変化によって進行している人材の空洞化にスポットをあてたい。その一方で，日本企業の「人づくり」の伝統が，移転先の海外で継承されつつあることをタイの事例をまじえて紹介したい。

第1節　日本企業の海外移転と産業空洞化

1．海外移転の新傾向

　1985年のプラザ合意以降，製造業を中心として日本企業の海外移転が進行していることは既知の事実である。2012年の経済産業省による「海外事業活動基本調査」によれば，全世界の現地法人社数は2万3351社（うちアジア1万5234社），2012年度の新規設立企業数は757社（うちアジア475社）となっている。日本企業の海外子会社の売上高は02年から12年までにほぼ3倍に膨らみ，雇用者数は約1500万人と2倍近く増加している。また，国際協力銀行（JBIC）の2014年度アンケート調査[2]によれば，海外生産比率および海外売上高比率は4割に近づき，回答企業の8割以上が今後も海外事業を強化，拡大するとしている。このような中，空洞化の議論につながる2つのことを指摘したい。

　第一に，製造業において，これまでの国内，国外拠点の間にあった棲み分けの壁が取り払われつつあることである。これまでの企業の海外生産は，拡大する海外需要に応じての現地生産が目的であった。そのため，国内の生産規模や雇用が海外生産に代替されるわけではないとして，空洞化を楽観視する向きもあった。また，労働者の技術水準の問題から，国内では高付加価値の製品を開発，製造し，海外では主に汎用品を製造するという棲み分けが行われていた。ところが，2010年を境に高付加価値品の製造拠点の海外移転が進んでいる。

拠点の設置からある程度の時間が経過し，海外でも高付加価値品の製造に耐えうる技術の高度化が行われたことが背景にある。加えて，国内の「五重苦（円高，高い法人税，高い労働コスト，環境規制の強まり，交易条件の悪化）」は改善の兆しがなく，東日本大震災後には拠点の分散によるリスク軽減が検討されたことも理由にあげられる。国内拠点の統廃合は進んでおり，2014年度だけでもブリジストン（黒磯工場），ルネサスエレクトロニクス（甲府事業所），パナソニック（岡山工場），積水化学（東京工場）と大規模な国内工場の閉鎖がつづき，2017度末までに帝人（徳山事業所），2018年度末までにスズキ（豊川工場）の閉鎖が予定されている。このような海外移転が国内，特に地方の雇用に悪影響を及ぼしていることは確実である。そして，技術の拡散，漏出といういわゆる「スピルオーバー効果」によって，日本企業の競争力低下を引き起こすのではないかと懸念されている。

　第二に，大手企業を中心に，グローバル化の一層の加速にむけて本社機能の一部を海外に移す日本企業が現れているということである[3]。例をあげれば，日立製作所は世界全体の鉄道事業を束ねる本社機能をロンドン移転，日産自動車は高級車部門の本社を香港に移転，三菱商事は金属資源トレーディング部門の本拠地をシンガポールに移した。日本たばこ産業も，日本と中国を除く世界120カ国の海外たばこ事業を手がける，事実上の「世界本社」をジュネーブに置いている。このように，業種の枠を超えて本社機能を国外に切り出す動きが広がっている。グローバルマーケットの中心地に本社を置くことは，最新情報へのアクセスを容易にし，海外有力企業との協働や取引を促進させる。さらに，世界展開に必要不可欠な高度人材の獲得にも有利であるだけではなく，日本人社員の「グローバル人材化」のためのトレーニングの場となる。だが，生産の現場，研究開発拠点，さらに，本社までも海外に移転するとなると，国内の空洞化はいよいよ加速するだろう。

2．空洞化をめぐる議論

　1994年の経済企画庁「経済白書」によれば，空洞化とは，第一に国内市場で輸入品との競合によって国内品が競争力を失い，国内生産が縮小する，第二に海外市場で，輸出品が競争力を失いその生産が海外に移転する，第三に製造

業の生産が縮小し，労働生産性の低い非製造業のウエートが高まるような現象がおきることとされる。空洞化をめぐる議論は，これまで数回のムーブメントを経て，いま再燃している。最初の議論は，1985年プラザ合意による急激な円高を背景に海外に工場が移転し，現地生産が本格化した時期におきた。次には1990年代の日本のバブル崩壊とASEAN諸国の追い上げ時期に，2000年代にWTO加盟した中国が「世界の工場」の地位を確立すると危機感はいっそう高まった。そして，2010年代に入りグローバルな拠点配置が本格化すると，「本国」としての日本の存在意義が問われるようになっている。

　空洞化による問題点としては，貿易収支の悪化，国際競争力の低下，国内雇用と所得の減少，地域産業の崩壊などがあげられる。さらに国内の「現場」喪失は，技術伝承を困難にするのみならず，イノベーション力の低下を招くと懸念される。日本企業は「強い現場，弱い本社」と言われるほど，「現場」の機知に依存していた。生産拠点の海外移転すなわち，「現場」の地理的拡散によって，強みが伝播するならば良いが，反対に現場力が希薄化するようならば問題である。

　空洞化論に対しては，懐疑的な見方もある。海外展開は，国際競争力を強化するためのものであり，むしろ日本企業はこれまで他国に比べて消極的であったことがグローバル競争に遅れをとった原因ではないのか。既存の企業，既存の産業が海外に出て行ったならば，そこに「空洞」が生まれるわけではなく，新たな企業，産業が芽吹くので，産業構造の転換，経済の新陳代謝を促すというプラスの効果があるのではないか，といった意見である。

　同じく，内閣府，中小企業庁，経済産業省なども，対外直接投資の活性化を推進する立場から「海外に進出する企業のほうが国内雇用を拡大する可能性が高い」，「国際化によって国内の技術水準も向上する」，「企業の海外での収益は国内にも還流される」といった見方を示し，空洞化論の火消し役に回っている。

　空洞化をめぐる議論は，製造業従事者の割合が多かったアメリカ，ドイツ，韓国でも行われている。いずれの国でも，賃金の上昇や為替レートの変動を機に生産拠点の海外移転が行われている。空洞化の先進国とも言えるアメリカでは産業構造の転換がいち早く進み，非製造業の割合を高めたほか，規制緩和に

より新産業を活性化してIT分野や金融分野を経済を支える新たな産業として確立させた。ドイツも2005年以降はリーマンショック後の一時期を除き，国内投資も対外投資も両方が拡大する傾向にある。現在は「インダストリー4.0」と呼ばれる人工知能を活用したドイツ発の「新産業革命」を推進中である。

韓国では，1998年のアジア通貨危機時に国内投資が急減した時期もあったが，それ以降は半導体産業を強化し，サムスン，LGなど世界的ブランドを輩出するに至っている。対外投資も拡大する傾向にあり，とりわけ近年は対外直接投資が急速に拡大している。

このように，他国では対外直接投資と国内投資の両方が増加傾向にある中，日本のみ対外直接投資が増加する一方で国内投資が減少している。「失われた20年」の言葉に象徴される経済の低迷，先行き不安から，このまま海外移転が加速すれば国内の弱体化がいっそう進むのではないかという悲観的な空洞化論がおきている。特に，雇用に関しては，厳しい見方が示されているが，実際には，製造業の海外現地法人従業員数と国内就業者数は一方が増えれば，他方が減るというトレードオフではない。問題となるのは，雇用者数ではなく，むしろ，人材の質的な低下ではないだろうか。日本国内からの「現場」の減少は，「人づくり」の場の喪失でもある。これに加えて，労働環境の変化が人材育成を難しくしている。これを人材空洞化の問題として次節に述べる。

第2節　人材空洞化の危機

1．急がれる技術伝承

2007年に「団塊の世代」の最年長層である1947年生まれが60歳に到達した。この2007年から15年ほどの間に，人口の最大ボリューム層から相当の数の退職者が発生する。あらゆる職場で，「ベテラン」の退職に備えての技術やノウハウの伝承が課題になるだろう。さらに，このような熟練者の大量退職問題だけではなく，技術やノウハウを継承するべき若者の減少も問題である。2014年経済産業省「ものづくり白書」によれば，国内の製造業就業者数は2013年に1039万人であり，この10年間で139万人減少した。全産業に占め

る製造業就業者の割合は 16.5% であり，2003 年の 18.7% から下落している。34 歳以下の製造業就職者は，かつての約 500 万人から 20 年間に 272 万人にまで減少し，割合としても 3 割を切っている。製造業だけではなく，全産業でみた場合にも，34 歳以下の比率は減少しており，2013 年には 26.2% である。つまり，業種を問わず，若者人材の確保と育成が課題となっている。当然のことながら，技術やノウハウのリレーには年単位の時間を必要とするため，取り組みが急がれる。熟練者の大量退職と，若者人材の不足が同時に進行しているいま，企業は，教える人（伝承者）と，教わる人（継承者）の適切なマッチングを行う必要がある。さらに，熟練者が 30 年間かけて修得した技術を，30 年かけて教えるということはできず，もっと短期間で伝承する必要がある。ところが，技術やノウハウは「暗黙知」と言われ，熟練者は実際に作業をすることはできても，それを言語化して教えることができない場合が多い。そこで，熟練者の作業を映像で記録したり，モーションキャプチャー（人間の動きを測定してコンピューターに取り込む技法）などの技術を活用して記録している企業もある。ただ，熟練者の高度の技術の根底には，しっかりとした職業思想や倫理観があるのだが，そこまではデータに記録することはできない。「薫陶」といわれるものが必要となるのはこのためで，世代間コミュニケーションの促進が求められる。

2．雇用の変化による人材教育の不足

2004 年の派遣法改正によって，製造業への派遣解禁など大幅な規制緩和が行われ，派遣対象業務は原則自由化された。2007 年の国会では，改正雇用対策法，改正雇用保険法，改正パートタイム労働法が成立，日本の労働市場改革は加速した。本来は規制緩和によって硬直化した労働市場を再活性化するための取り組みであったが，十分な結果は得られなかった。企業側にも変化がみられる。株価や配当が企業経営上より重要な意味をもつようになり，株主重視の姿勢が強まっている。投資家，株主からの企業評価に応える短期的な業績が求められるようになり，雇用のあり方に影響を与えている。すなわち，必要な都度，必要な人材を，必要な人数だけ雇うことが合理的とされるようになったのである。その結果，日本では労働の非正規化が進行し，雇用者全体に占める正

社員の割合は約6割に減少している。このような雇用の変化は，人材育成を難しくしている。

　まず，非正規，有期雇用の労働者に対しては，企業からの教育投資は十分に行われない。流動性が高く，短期間の雇用が前提では，教育投資の回収が難しいからである。日本労働研究機構の調査[4]でも，非正規社員全般に教育訓練を実施している企業は25.8％で約4分の1である。企業による教育訓練を受けている非正規社員の割合は，22.2％であり正規社員に比べて教育訓練をうける機会は少なくなっている。

　労働者の能力開発の方法には，OJT，Off-JT，自己啓発（読書や勉強），資格取得，学校教育（生涯学習や学位取得），公的機関による職業訓練コースなどがある。長期雇用慣行のもとにあった日本企業では，OJTが優れていたことは知られているが，実はOff-JTも重視されていた。Off-JTでは，基礎技能の教育や，倫理教育，作業の概念化などが行われる。

　作業の概念化とは，ただ鉄を削れるようになるのではなく，「削るとはなにか」を理解することである。介護であれば，ただ介護ができるというだけではなく，「介護とはなにか」を知るということになる。このようなことは，技術の高度化を支えるものである。ところが，コストのかかるOff-JTは減らされる傾向にあり，特に非正規社員は，基本的には，現場の即戦力として調達される人材であるので，Off-JTの機会が少ない。非正規雇用では，時間的，金銭的に余裕がなく，各自の努力とされる自己啓発や資格取得も行われていない。

　一方，正社員には，職場内の非正規社員の増加の影響から「管理的職能」が求められるようになり，教育も「管理のための教育」にシフトしているという。その結果，自社の事業を支える技術やノウハウについてよく理解しないまま，管理能力だけを身につけているというケースが多いという。本来，時間をかけて伝えられるはずの技術やノウハウが，正社員に受け継がれず，現場力が低下している。また，前出の調査によると非正社員を活用することによって，正社員の数が減り，正社員の労働時間は長くなっている。正社員が過大な仕事量を長時間労働によって処理している現状では，自己啓発の時間もなく，資格取得も進んでいない。

　このように，今日の日本企業では正規，非正規ともに十分な教育を受けるこ

とができなくなっている。これでは，各産業内の人的資源の能力は下落する一方である。今後，人的資源の流動性が高まりグローバル競争時代をむかえたならば，日本人が外国人人材に取って代わられる危険性がある。

　特に，製造業においては，日本企業はこれまで，オイルショックや円高などの危機を，生産システムの見直し，製品イノベーション，高度な品質管理といった企業努力で乗り切ってきた。それらはすべて，「現場」の生み出した叡智によるものであった。しかし，海外移転によって国内の「現場」が失われているだけではなく，労働者の能力までもが低下しているとしたら，今後は技術の高度化も，斬新な発想によるイノベーションも期待することができなくなる。日本は，この人材空洞化の危機に対して答えをもっていないのだが，次節では，日本の「人づくり」の伝統が海外に活きていることを述べたい。

第3節　「人づくり」の海外移転

1．アジアにおける日系企業の人材育成

　近年，日本企業の海外進出先は分散が進んでいる。中国一辺倒から，インド，ASEANの比率が高まっている。ASEANの中でもタイには既に1960年代から日本企業が進出しており，その後も一貫して「ものづくり大国」日本のパートナーであった。2000年代には，自動車産業の一大集積地となったほか，HDD生産でも世界シェア30％を占めるに至っている。在タイ中小企業基盤整備機構による調査[5]では，2014年11月時点で在タイ日系企業は4567社となっている。本節では，在タイ日系企業の人材育成について紹介する。

　2014年度のジェトロによる調査[6]では，ASEANにおける「雇用，労働面での問題点」としては，①従業員の賃金上昇（71.9％），②従業員の質（49.9％），③中間管理職の採用（38.5％），④従業員の定着率（30.2％），⑤技術者の採用難（27.3％）の5項目があげられている。ASEANでは，慢性的に人手不足であり，ブルーカラー，ホワイトカラーともに人材確保が難しい。現地の教育レベルも高くはなく，特に，エンジニアなどの理系人材が不足している。

　このような中で，日系企業は人材育成に大変な努力をしている。OJTとと

もに，ブルーカラーに対しても研修などの Off-JT を行っている。筆者が訪問したタイの日系自動車部品メーカーでは，「DO-JO（道場）」という名前の技術訓練部屋が設けられていて，作業者が繰り返し練習できるようにしていた。柔道になぞらえて，技術レベルに応じて段位が上がり，最終的には「黒帯」獲得を目指してワーカー達は練習に励んでいた。

　そのほか，旋盤，工作機械，熱処理設備などが設置された研修施設も用意されていた。ここでの技能訓練は，日本からの技術者が指導するだけではなく，日本で学びタイの「現場」で研鑽を積んだタイ人技術者が指導を行っている。そして，ここには，ASEAN の他国から研修者が学びにきている。タイは，生産拠点であるのみならず，人材育成拠点にもなっていて，既に日本人技術者から，海外労働者への技術移転ではなく，タイ人からベトナム人のように海外拠点間での技術の伝承が行われているのである。現在は，ASEAN 内で新拠点を設置する際には，タイからも技術指導者を派遣している。日本人から日本式の方法で技術を「教えられた」経験があるので，何がわからないのか，どこが難しいのかをよく知っており，日本人技術者よりもむしろ上手に技術移転を行うことができるという。つまり技術移転は，新段階をむかえているのである。

　ブルーカラーに対する基礎的な教育も丁寧に行われている。日系空調メーカーでは，基礎教育専門の施設を用意し，新人に対して7日間をかけて研修を行っている。いきなり「現場」に立たせることはしない。そこでは，たとえば，ゴーグル，安全帯，手袋などの身に着け方にはじまり，健康管理の知識，清掃の方法，荷台への荷物の積み方，電極のプラス，マイナスなどを，まるで日本の「こども科学館」のように分かりやすい展示によって解説している。図書コーナーを置いて，自由に本を手にとることもできる。こうして，農村から出てきたばかりの労働者であっても，社内教育を施すことで人材として活用できるレベルにまで引き上げているのである。このような教育は，労働災害や職業疾病の防止にも役立っている。このレベルの未熟練労働者への教育は，日本国内では既に行われていないため，教育方法についても，ASEAN 域内での共有化が図られている。

　タイ人の雇用において課題となるのは，雇用の流動性の高さ，人材定着率の低さであろう。ブルーカラーは農閑期が終わると地方に帰り，ホワイトカラー

もキャリア開発のためジョブホッピングを行う。製造業のみならず，サービス業でも人材は不足している。このような状況にあって，日系企業は業界全体での人材底上げのための方法を模索している。たとえば，日本型の資格試験，検定試験の導入によって技術やサービスの質を向上させるといった取り組みである。他にも，共同研修などの人材交流を通じて，教育効果を高める試みもある。

このように，日本では危機に陥っている「人づくり」は，海外に移転されて日本企業の新たな競争力の源泉となっているのである。雇用の流動性が高いなかでの「人づくり」のノウハウは，今後，海外に蓄積されて，日本に逆輸入されるかもしれない。

（木村有里）

注
1) NKSJ-RM レポート 2011 年 10 月 18 日「タイにおける洪水と被害状況」http://www.sjnk-rm.co.jp/publications/pdf/r61.pdf　2015 年 9 月 27 日アクセス。
2) 国際協力銀行（JBIC）「わが国製造業企業の海外事業展開の動向」に関するアンケート調査 2014 年度。
3) 日本経済新聞 2015 年 4 月 6 日社説「本社機能の海外移転とどう向き合うか」。
4) 日本労働研究機構「企業の人事戦略と労働者の就業意識に関する調査（企業調査）2003 年」。
5) 在タイ中小企業基盤整備機構「タイ日系企業進出動向調査 2014 年」。
6) ジェトロ「在アジア・オセアニア日系企業実態調査 2014 年度」。

参考文献
戎野淑子 (2006)，『労使関係の変容と人材育成』，慶應義塾大学出版会。
経済企画庁 (1994)，『経済白書』。
経済産業省 (2012)，『海外事業活動基本調査』。
経済産業省 (2012)，『通商白書』。
経済産業省 (2014)，『ものづくり白書』。
財団法人商工総合研究所 (1995)，『中小製造業の空洞化対策』中央経済社。
産労総合研究所 (2015)，『企業と人材』6 月号「特集　事業を支える基礎技能教育」，6-21 ページ。
内閣府 (2012)，「平成 24 年度企業行動に関するアンケート調査」。
日本貿易振興機構 (2015)，『ジェトロセンサー』9 月号「特集　覚醒！メコン」，2-27 ページ。
森谷正規・小田切宏之 (2005)，『日本製造業の新展開』日本放送協会。
吉田敬一・永山利和・森本隆男編著 (1999)，『産業構造転換と中小企業－空洞化時代への対応』ミネルヴァ書房。

第 8 章

大型商業施設と消費者行動

はじめに

　今日のマーケティングでは単発的な取引を行うだけでなく，質の高い商品や優れたサービス，魅力的な価格を約束し，それを継続的に提供し続けることにより，顧客やその他のステークホルダーとの長期的なリレーションシップを築く必要があるとされている[1]。これは近年，都市部にも開発が進んでいる大型商業施設も例外ではなく，開業後に一度来店した顧客がその後も継続的に来店するような環境を作り，彼らとのリレーションシップを築くことが施設には求められる。なぜならこうした優良顧客が施設に安定的な収益をもたらすためである。しかし，開業当初は大勢の来場者で賑わうことがメディア等で報じられる大型商業施設も多いものの，そうした施設が長期的に顧客とのリレーションシップを築けているのかについては検証が十分になされているとは言い難い。そこで本章では，2012 年 4 月から 2014 年 3 月にかけて開業した首都圏の大型商業施設を対象として，一般消費者の利用実態を消費者サーベイにより把握し，大型商業施設と顧客との関係性の現状を説明することを試みる。

第 1 節　大型商業施設とその特徴[2]

　（一社）日本ショッピングセンター協会によれば，大型商業施設（SC）とは，「一つの単位として計画，開発，所有，管理運営される商業・サービス施設の集合体で，駐車場を備えるものをいう。その立地，規模，構成に応じて，

選択の多様性，利便性，快適性，娯楽性を提供するなど，生活者ニーズに応えるコミュニティー施設として都市機能の一翼を担うもの」と定義される。

大型商業施設は，立地選定の自由度が高く，新たな立地を独自に力で創造することが可能である。また，広大な売場面積を擁することにより広域から顧客を吸引することが期待できる。

大型商業施設を開発・運営する組織は，単なる施設の規模の大きさだけでなく，多様な業種のテナントを誘致することで商業集積全体の品揃えや質を充実させ，その魅力度を高めることにより集客を競い合う。そのため新規性や希少性，話題性などがあるテナントを誘致することで，施設そのものの話題性をも高めようとする努力が近年では活発となっている。また，単に商品を購入するだけでなく，買い物以外の用事も同時に済ませられるようなワンストップ・ショッピングの利便性が重要視されるようになり，商品を購買する以外の機能をいかに充実させるべきかが，施設の重要な差別化要因として捉えられるようになっている。フード・サービス，シネマコンプレックス，金融機関，医療機関，教育サービス，美容サロンなど多様な業種を併設させた施設が増加し，その多様化が進んでいる。

同協会によれば，2012年には35件，2013年には65件のショッピングセンターが開業したが，2013年開業の65件のうち75％が首都圏，中京圏，近畿圏を含む大都市圏に集中している。また，立地別では従来型の郊外立地が55％であるのに対して，中心地域とその周辺地域が45％と数の上で重要性を増している。

第2節　問題意識

企業と消費者との関係は第8-1図のような流れを作ることが理想的とされる。企業が新たなオファリングを提供しようとする場合，当初の企業努力は消費者による認知度を高めることに向けられるべきである。事前の認知度をいかに高めるかにより潜在的な顧客の量的なベースが決定するといえる。次に，事前に認知したがまだ潜在的な顧客を顕在化させ実際の顧客に変える必要があ

第 8-1 図　企業と顧客の関係性のサイクル

（出所）　Boone and Kurtz（2013）を元に筆者作成。

る。そこでは顧客ベースに対する利用者（ニュートライヤー）の割合を高める努力が必要となる。企業は新たに獲得した顧客を，獲得後に途中で離脱させてしまうことなく，彼らの満足度を高め継続的に利用するリピーターとして維持し，さらには常連客に育てていく必要がある。顧客満足度を高め顧客維持を図るべきことの理由として，企業業績へのメリットが指摘されている[3]。即ち，常連化した顧客へ継続的な売上が期待できるだけでなく，新規顧客を獲得するよりも既存顧客を維持する方が，必要とされるマーケティング努力がより少なくてすむため，企業は収益性を高めやすくなるというものである。こうして得られた利益の一部は，認知度の維持・向上や新規顧客の獲得に充てられるべきものである。全ての新規顧客に継続的に利用させ，常連客とすることは理想的ではあるが現実的には困難なことである。顧客は容易に離脱する可能性があるため，企業は次なる新規顧客の獲得とそれに先立つ認知度を維持・向上する努力も並行して行わなければならない。

　大型商業施設の中には，開業当初の話題作りに成功し多くの顧客が殺到し，その様子がメディアを通じて報道されるものも多い。しかし，そうした大型商業施設が開業後のオープン景気が一巡した後に利用者とのリレーションシップを構築できているか，消費者の日常的な購買行動の中に定着しているか否かについては検証が十分にされているとは言い難いと思われる。

　こうした問題意識のもと本章では，首都圏（一都三県）で 2012 年 4 月から 2014 年 4 月の間に開業したもので，話題性が高かったと筆者が判断した 11 の大型商業施設を一般消費者がどのように利用しているかをアンケート形式で調査し，大型商業施設における第 8-1 図の現状を把握し，記述することを試みる[4]。

第 8-1 表　調査対象の大型商業施設

施設名称	所在地	開業年月日
キラリナ京王吉祥寺	東京都武蔵野市	2014 年 4 月 23 日
イケア立川	東京都立川市	2014 年 4 月 10 日
イオンモール幕張新都心	千葉市美浜区	2013 年 12 月 20 日
MARK IS みなとみらい	横浜市西区	2013 年 6 月 21 日
酒々井プレミアムアウトレットモール	千葉県酒々井町	2013 年 4 月 19 日
KITTE	東京都千代田区	2013 年 3 月 21 日
ビックロ	東京都新宿区	2012 年 9 月 27 日
東京ソラマチ東京スカイツリータウン	東京都墨田区	2012 年 5 月 22 日
渋谷ヒカリエ	東京都渋谷区	2012 年 4 月 26 日
ダイバーシティ東京	東京都江東区	2012 年 4 月 19 日
三井アウトレットパーク木更津	千葉県木更津市	2012 年 4 月 13 日

　調査分析のフレームワークとして RFM 分析を部分的に用いる[5]。RFM 分析とは，顧客差別化の視点で顧客を評価するもので，自社の優良顧客をリーセンシー（Recency），フリークエンシー（Frequency），マネタリー（Monetary）という観点で定量的に識別するマーケティング手法である。リーセンシーとは直近で最後に利用したのはいつか，フリークエンシーは利用頻度，そしてマネタリーは，取引時に平均していくら支払ったか，をそれぞれ表す。

　本章ではこのうちフリークエンシーとリーセンシーに今後の利用意向を加味し，それぞれの大型商業施設が消費者の日常的な購買活動にどの程度定着しているかを定量的に把握する。

　具体的な質問項目は，各施設の認知度，利用経験，開業後 3 カ月以内の利用の有無，利用回数，直近で利用したのがどのくらい前か（その施設を最後に利用したのはいつごろか），今後の利用意向，調査対象の施設以外でよく利用する施設（自由回答）である。それらを同じ調査対象者に対して利用経験がある全ての施設について横断的に尋ねた。

　開業前からの話題性が高かった施設は認知度が高く，利用経験のある人の比

率も高まることが予想される。それ以降の項目は，開業直後に訪れた利用客がどれだけリピートしているかを把握するためのものである。

利用頻度と今後の利用意向が高く，かつ，前回利用した時期が最近に近ければ近いほど，日常的な買い物の場として定着している施設であり，逆に，利用頻度と今後の利用意向が低く，かつ，前回利用した時期が最近より遠ければ遠いほど，日常的な買い物の場として定着しておらず，開業後に一度訪れられたのちに，あまりリピートされていない施設であると考えられ，各施設の現状を記述する。

また，定着した顧客を定義したうえで定着率の比較を行うと同時に，各施設の商圏の広がり，複数の施設間の併用状況なども明らかにする。

インターネットによるアンケート調査を株式会社福徳社の企画・設計により2015年6月20日から23日にかけて行った。調査対象は，調査実施主体である株式会社マイボイスコムのモニターのうち，首都圏在住の24歳以上の男女520名とし，有効回答者数は495名であった。

この調査の意義は，特定の大型商業施設の顧客の利用状況を把握する側面よりも，11の大型商業施設を横断的に調査し結果を比較することに重点を置いている点にある。よって認知度や利用経験は施設によって差がつくことも考えられ，施設ごとの分析においてはサンプル数が十分でない施設が生じる可能性もある。

第3節　集計結果

第8-2表では各設問の単純集計の結果が施設ごとに示されている。

認知度は，東京ソラマチ東京スカイツリータウン，渋谷ヒカリエの70.3％からキラリナ京王吉祥寺の8.7％まで施設間で大きなばらつきがあり，利用経験者の比率も同様の傾向が読み取れる。変動係数は認知度が0.478，利用経験者比率が0.531であった。

利用経験がある人のうち開業後3カ月以内に利用した人の割合については，比率が40％を超える施設が10施設と高い値を示しており，各商業施設が開業

第 8-2 表　単純集計結果

施設名称	認知度(%)	利用経験者比率(%)	開業直後利用(%)	平均利用回数(回)	直近利用時期(月前)	利用意向
キラリナ京王吉祥寺	8.7	5.7	57.1	3.0	6.4	3.4
イケア立川	21.4	6.7	54.5	1.9	6.5	3.3
イオンモール幕張新都心	35.8	16.8	56.6	2.5	5.6	3.4
MARK IS みなとみらい	22.4	13.9	50.7	2.8	8.5	3.2
酒々井プレミアムアウトレットモール	43.0	13.5	49.3	2.3	10.0	3.3
KITTE	32.7	18.6	48.9	2.2	11.0	3.1
三井アウトレットパーク木更津	43.8	18.6	37.0	2.1	10.7	3.2
ダイバーシティ東京	45.7	23.8	49.2	2.6	13.5	3.0
渋谷ヒカリエ	70.3	38.0	46.3	3.0	9.3	3.1
東京ソラマチ東京スカイツリータウン	70.3	35.4	41.1	2.2	11.4	3.2
ビックロ	42.4	21.0	43.3	2.6	10.2	3.0

直後の集客に成功したことを表していると言える。施設間のばらつきがやや大きく変動係数は 0.130 であった。

　平均利用回数は，利用経験のある商業施設の通算の利用回数を 1 回から 5 回以上までの 5 つの選択肢で把握し，そのうち 5 回以上を 5 回と換算したものの平均である。顧客のフリークエンシーを表し，値が高ければフリークエンシーが高いと判断される。3 点台が 2 施設と 1 点台が 1 施設あり，変動係数が 0.147 とばらつきがやや大きい。

　今後の利用意向は 4 点尺度で計測し，値が高いほど利用意向が高いことを意味する。全ての施設が 3 点台前半で，変動係数も 0.04 とばらつきが小さい。

　平均利用回数が多く，かつ，直近の利用時期が最近であればあるほど，リーセンシーとフリークエンシーが共に高いことを意味し，日常的な買い物の場として定着している顧客の多い施設と考えることができる。平均利用回数の 11 施設の平均 2.48 回を上回り，かつ，直近利用時期の同平均 9.37 カ月前を下回る施設は，キラリナ京王吉祥寺，渋谷ヒカリエ，MARK IS みなとみらいの 3

施設である。逆に、平均利用回数が平均を下回り、かつ、直近利用時期の平均を上回る施設は、三井アウトレットパーク木更津、酒々井プレミアムアウトレットモール、KITTE、東京ソラマチ東京スカイツリータウンの4施設である。

イケア立川、イオン幕張新都心はリーセンシーが高いものの、利用回数は平均を下回っている。また、ダイバーシティ東京、ビックロの2施設はリーセンシーが低いものの、利用回数は平均を上回っている。

次にリーセンシーとフリークエンシーも高い利用者、言い換えれば、その商業施設の顧客として定着した利用者を、それぞれの調査対象施設の利用経験者の中で、①3回以上の利用経験がある、②直近3カ月以内にも利用経験がある、③今後の利用意向の高い（今後利用したい、やや利用したいと回答した人）の3つの条件をすべて満たす人と定義した。

第8-2図は利用経験者数と定着率の関係を示している。商業施設ごとの定着した顧客の比率（定着率）を示している。全施設の平均定着率は20.1％である。利用経験者数の規模ごとに、定着率が高い施設と低い施設があることが読み取れる。

利用経験者数が50人未満と少ないものの、キラリナ京王吉祥寺の定着率は

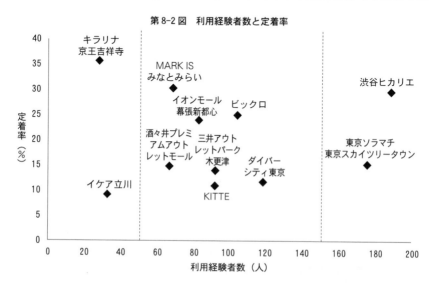

第8-2図　利用経験者数と定着率

35.7％と最高である一方，イケア立川は9.1％と最も低かった。

利用経験者数が50から150と中程度の施設では，MARK IS みなとみらいが30.4％，ビックロが25.0％，イオンモール幕張新都心が24.1％と平均を上回った。一方，酒々井プレミアムアウトレットモールが14.9％，三井アウトレットパーク木更津が14.1％，ダイバーシティ東京が11.9％，KITTEが10.9％と低い値を示している。

利用経験者数が150人以上の施設では，渋谷ヒカリエが29.8％と高い値を示す一方，東京ソラマチ東京スカイツリーは15.4％と全施設平均を下回っている。

各施設の商圏を把握するため，利用経験数と被験者の都道府県レベルの住所データのクロス集計を行った結果は第8-3表の通りである。特定の都県にどの程度集中しているかを施設間で比較するためハーシュマン＝ハーフィンダルインデクス（HHI）を用いた。HHIが2000台と相対的に低い施設はKITTE，ダイバーシティ東京，渋谷ヒカリエ，東京ソラマチ東京スカイツリータウン，ビックロであり，ターミナル機能のあるエリアに立地する施設が多く含まれるため，広域からむらなく集客している様子がうかがえる。その他は商圏が商業

第8-3表　大型商業施設の都県別の集客状況

施設名称	N	東京	神奈川	千葉	埼玉	HHI
キラリナ京王吉祥寺	28	67.9	17.9	3.6	10.7	5058
イケア立川	33	51.5	9.1	6.1	33.3	3881
イオンモール幕張新都心	83	13.3	9.6	65.1	12.0	4651
MARK IS みなとみらい	69	8.7	63.8	15.9	11.8	4534
酒々井プレミアムアウトレットモール	67	17.9	3.0	67.2	11.9	4987
KITTE	92	26.1	21.7	31.5	20.7	2573
三井アウトレットパーク木更津	92	14.1	29.3	46.7	9.8	3334
ダイバーシティ東京	118	26.3	27.1	25.4	21.2	2521
渋谷ヒカリエ	188	30.9	30.3	17.0	21.8	2637
東京ソラマチ東京スカイツリータウン	175	26.9	21.1	28.0	24.0	2529
ビックロ	104	39.4	19.2	15.4	26.0	2834

第8-4表 大型商業施設間の併用状況

施設名称	N	キラリナ京王吉祥寺	イケア立川	イオンモール幕張新都心	MARK IS みなとみらい	酒々井プレミアムアウトレットモール	KITTE	三井アウトレットパーク木更津	ダイバーシティ東京	渋谷ヒカリエ	東京ソラマチ東京スカイツリータウン	ビックロ
キラリナ京王吉祥寺	28	100.0	21.4	10.7	28.6	14.3	35.7	17.9	32.1	60.7	35.7	50.0
イケア立川	33	18.2	100.0	21.2	12.1	6.1	24.2	18.2	30.3	48.5	36.4	30.3
イオンモール幕張新都心	83	3.6	8.4	100.0	10.8	39.8	27.7	44.6	37.3	37.3	57.8	28.9
MARK IS みなとみらい	69	11.6	5.8	13.0	100.0	17.4	47.8	34.8	52.2	72.5	53.6	39.1
酒々井プレミアムアウトレットモール	67	6.0	3.0	49.3	17.9	100.0	35.8	56.7	40.3	38.8	52.2	31.3
KITTE	92	10.9	8.7	25.0	35.9	26.1	100.0	30.4	46.7	75.0	65.2	44.6
三井アウトレットパーク木更津	92	5.4	6.5	40.2	26.1	41.3	30.4	100.0	41.3	46.7	56.5	27.2
ダイバーシティ東京	118	7.6	8.5	26.3	30.5	22.9	36.4	32.2	100.0	68.6	64.4	39.8
渋谷ヒカリエ	188	9.0	16.0	16.5	26.6	13.8	36.7	22.9	43.1	100.0	58.5	43.1
東京ソラマチ東京スカイツリータウン	175	13.3	6.9	27.4	21.1	20.0	34.3	29.7	43.4	62.9	100.0	40.6
ビックロ	104	13.5	9.6	23.1	26.0	20.2	39.4	24.0	45.2	77.9	68.3	100.0

施設の足元に集中する度合が高まる傾向にある。キラリナ京王吉祥寺，酒々井プレミアムアウトレットモール，イオン幕張新都心，MARK IS みなとみらいは立地する県の比率が 60％を上回り，商圏の広がりが限定的であることが読み取れる。三井アウトレットパーク木更津が例外となる理由は，東京湾アクアラインを利用して来場する神奈川県の顧客の比率が高いためと考えられる。

商業施設の利用者は一つの施設のみを利用しているとは限らず，複数の施設を使い分けるように利用していることが考えられる。また，話題性のある商業施設に一度は行ってみたいという利用者も多いと思われる。第 8-4 表は，各商業施設の利用者のうち他の商業施設を利用する人の割合を一覧にしたものである。どの施設も東京ソラマチ東京スカイツリータウンの利用経験者の割合が高いこと，また，千葉県に立地する 3 施設が顕著であるが，地理的に近接する施設間の併用率が高いことなどが読み取れる。

調査対象以外の施設で良く利用する施設を自由回答で得た結果，「ららぽーと TOKYO-BAY」と「イオン越谷レイクタウン」の出現回数が多かった。

ららぽーと TOKYO-BAY の各施設の利用者に占める割合は，イオンモール幕張新都心が 26.5％，酒々井プレミアムアウトレットモールが 25.4％，三井アウトレットモール木更津が 17.4％，KITTE が 15.2％，東京ソラマチ東京スカイツリーが 13.1％，ダイバーシティ東京が 14.4％とそれぞれ高い値を示した。イオン越谷レイクタウンの場合は，ビックロが 13.5％，東京ソラマチ東京スカイツリータウンが 12.0％，イオンモール幕張新都心が 9.6％であった。

第 4 節　大型商業施設の"勝ち組"と"負け組"

利用経験者のリーセンシーとフリークエンシーの高低の組み合わせにより，調査対象の 11 の大型商業施設を 4 つに分類した（第 8-5 表）。その結果，11 の施設の中での"勝ち組"と言える施設は，渋谷ヒカリエ，キラリナ京王吉祥寺，MARK IS みなとみらいの 3 施設であり，リーセンシーとフリークエンシーがともに高く，定着した顧客の比率も 30％を上回っていた。

これらに共通する点は，乗降客数の多い鉄道の駅に直結していることと他の

第 8-5 表　大型商業施設の分類

		リーセンシー	
		高	低
フリークエンシー	高	キラリナ京王吉祥寺 (35.7%) 渋谷ヒカリエ (29.8%) MARK IS みなとみらい (30.4%)	ダイバーシティ東京 (11.9%) ビックロ (25.0%)
	低	イケア立川 (9.1%) イオン幕張新都心 (24.1%)	三井アウトレットパーク木更津 (14.1%) 酒々井プレミアムアウトレットモール (14.9%) KITTE (10.9%) 東京ソラマチ東京スカイツリータウン (15.4%)

(カッコ内の数字は定着率)

商業的に魅力のある施設に近接していることが挙げられる。中でも渋谷ヒカリエは主要ターミナル駅の一つである渋谷駅に接続しており，利用経験者の比率が最も高かったうえ，定着率も29.8%と3番目に高く，量質ともにもっとも優良顧客の比率が高い施設であると言える。

キラリナ京王吉祥寺は定着率が35.7%と最も高かったが，認知度と利用経験者の割合は一桁台と最も低かった。吉祥寺駅はJR中央線と京王井の頭線が乗り入れており，そこを定期的に通過する人が優良顧客となっていることが考えられるが，関東の住みたい街ランキングで常に上位に選ばれる街の中心に位置していることを考慮すると量的には課題があると言える。同様のことがMARK IS みなとみらいにも当てはまる。MARK IS みなとみらいは定着率がキラリナ京王吉祥寺に次いで2番目に高かったが，認知度と利用経験者の割合は低い値であった。新規開発がつづくみなとみらい（MM）21地区に立地することを考えると，キラリナ京王吉祥寺と同様に，量的にはまだ伸びる余地があると考えられる。

利用経験者が少ないのは，先行する認知度が低いためである。認知度が低いのは開業前の広告・広報活動を通じた情報の露出が不十分であり，話題性を十分に高めることに失敗したことが原因として考えられる。とりわけMARK ISみなとみらいは，「Orbi（オービィ）」という世界初のテナントがアンカー施設となっている[6]。しかしその詳細が事前に十分に伝わっていたかは疑わし

く，実際に現地を確認してみても施設内外でのアンカー施設のプレゼンスが十分とは言えない印象を受けた。こうした新規性のある施設に関する情報を十分に発信することを通じて新規顧客を増加させることにより，MARK IS みなとみらいは真の勝ち組に変貌する可能性を秘めていると考えられる。

一方で，リーセンシー，フリークエンシーともに低い点で"負け組"に分類される施設は，KITTE，三井アウトレットパーク木更津，酒々井プレミアムアウトレットモール，東京ソラマチ東京スカイツリータウンの4施設であった。

KITTE は東京駅に近接するが，認知度，利用経験者の比率は環境が類似する渋谷ヒカリエの半分以下であり，定着率も10.9%と11施設中10位であった。KITTE はもともと郵便局という利用者が目的を持って訪れる傾向にある施設を商業施設に改良したものである。現地を確認してみても，立地の利便性が重視される商業施設として見た場合，勝ち組の施設と異なり，周辺の集客力のある施設との連携が弱い印象を受ける。調査結果は同じ大型の施設とはいうものの，郵便局として機能する立地がそのまま商業施設としても通用する立地とは単純に言えないことを示唆している。

同じ千葉県内に立地する2つのアウトレットパークは定着率がともに14%台で拮抗している。千葉県在住の利用者の比率が高いことから，大型の施設に期待される広域からの集客が十分にできておらず，商圏の広がりが限定的なことが分かる。また，酒々井プレミアムアウトレットモールの利用者の56.7%が三井アウトレットパーク木更津を，三井アウトレットパーク木更津の利用者の41.3%が酒々井プレミアムアウトレットモールを，それぞれ併用しており，限られた市場で顧客のアウトレットモールの利用機会を激しく奪い合っていることが明らかとなった。

東京ソラマチ東京スカイツリータウンは，他の施設の利用者で併用する人の割合が非常に高かったものの，定着率は15.4%にとどまった。観光地としての意味合いも強いため他の商業施設と同列に扱うべきではないのかもしれないが，開業当初は話題性があったため一度は行ってみたもののリピートされていない施設の典型的な例と考えられる。

これまでの大型商業施設は施設の規模を大型化し，そのテナントミックスにより魅力を高めれば顧客を遠方からでも集めることができるという考え方に基

づき，立地を主体的に創造してきた。しかし，首都圏の大型商業施設の利用実態調査を通じて，限られた領域に複数の大型商業施設の開発が進めば，単に施設の規模が大きく，希少性のあるテナントがあるという理由だけで，広域からの集客，さらには，顧客の常連化が達成できるとは限らないということが考察できた。このことは，大型商業施設も利用者にとっての"立地の利便性"が，利用する施設を選択する際の判断基準としての重要性を増していると言い換えることができる。また，開業前はもちろんであるが，開業後も新たな情報を継続的に発信していくことも，施設そのものの認知度を維持・向上するためには必要である。消費者は記憶した事柄を容易に忘却するものであり，何の刺激もなければ認知度は低下する。周囲に新たな商業施設が次々と開業すれば尚更である。

今後は，"出店機会のある土地に大型の店舗を建てて，そこに目新しいテナントや人気のあるテナントを総花的に入居させれば顧客は来てくれる・来つづけてくれる"という考え方ではなく，大型商業施設といえども，"消費者が利用する際の利便性が高く，施設そのものが継続的に利用されるような'好立地'を注意深く選定し，どのような顧客にリピートして欲しいかを継続的にアピールしなければ顧客は来ない・来つづけてはくれない"という考え方への方針転換が求められていると言えよう。

（加藤　拓）

注
1） Boone and Kurtz（2013）など。
2） 一般社団法人日本ショッピング協会（2014）に基づく。
3） 顧客満足度を高め，既存顧客を維持することの企業業績面でのメリットに関しては，Reichheld and Sasser（1990），Fornell（1992），Anderson（1996），Boone and Kurtz（2013）などに詳述されている。
4） 全ての対象施設が調査時点で開業後1年が経過しており，一部には（一社）日本ショッピング協会の定義に当てはまらないと考えられる施設も含まれている（イケア立川，ビックロなど）。
5） RFMについてはStone and Jacobs（2007），Kumar, V. and B. Rajan.（2009）に詳述されている。もともとはメールオーダーやカタログ販売などのダイレクト・マーケティング業界で用いられていた指標である。
6） （株）セガと英国放送協会BBCのグローバルなネイチャーブランドであるBBC World wide Limitedの専門知識・映像制作力を融合した共同プロジェクトで"大自然超体感ミュージアム"であり世界第一号である（一般社団法人日本ショッピング協会『SC JAPAN TODAY』，No. 464,

2013 年 12 月号)。

参考文献

Anderson, E. W. (1996), "Customer Satisfaction and Price Tolerance," *Marketing Letters*, Vol. 7, No.3, pp.265-274.

Boone, L. E. and D. L. Kurtz (2013), *Contemporary Marketing 2013 Edition*, South-Western Cengage Learning.

Fornell, C. (1992), "A National Customer Satisfaction Barometer: The Swedish Experience," *Journal of Marketing*, Vol. 56, No.1, pp.6-21.

Ganesan, S. (2012), *Handbook of Marketing and Finance*, Edward Elgar.

Kumar, V. and B. Rajan (2009), "Profitable Customer Management: Measuring and Maximizing Customer Lifetime Value, " *Management Accounting Quarterly*, No. 10, Vol. 3, pp.1-19.

Reichheld, F. F. and W. E. Sasser, Jr. (1990), "Zero Defections: Quality Comes to Services", *Harvard Business Review*, (September-October), pp. 105-111.

Stone, B. and R, Jacobs (2007), "Successful Direct Marketing Methods (8th Edition)," McGraw-Hill Education.

一般社団法人日本ショッピング協会 (2014),『SC 白書 2014:「体験＝コト」消費社会と SC』, 2014 年 5 月 19 日。

第 3 部

揺らぐ環境政策の行方

第 9 章

地球温暖化対策と日本の対応

はじめに

　自然エネルギーを中心とする「ソフト・エネルギー・パス」[1]が提唱されてから，既に 40 年近く経過している。日本は二度の石油危機を経験に，化石燃料依存から原発依存へエネルギー政策を転換させていった。化石燃料からの脱却は同時に地球温暖化対策への貢献も大きく，かつては 2020 年までに 1990 年比で 25％削減，2050 年に 80％削減という，大いなる目標を示してきた。しかし 2011 年の東日本大震災以後，短期的には再び化石燃料依存に逆戻りした。一方 2012 年より，ソフト・エネルギー的な政策も遅ればせながら始動しつつある。

　経済が最小の費用で最大の便益を追求することである以上，一国の経済活動においてエネルギーコストは重要な要素となる。他方，地球温暖化防止問題では温暖化のコスト（高温多雨，海面上昇，異常気象の出現など）がエネルギー価格に明示的に参入されていないため，国民的・世界的合意の形成が難しい。加えてシェールガスの登場などによる化石燃料価格の低下傾向は，温暖化防止の努力を足踏みさせてしまう。

　将来の日本の地球温暖化対策およびエネルギー政策はいかにあるべきか。本章はそれを検討するための予備的考察として，近時の状況と政策を整理検討する。以下，第 1 節で京都議定書発効（2005 年）以後の国際状況を整理し，第 2 節で日本における温室効果ガスの排出状況を確認する。続く第 3 節で日本の温暖化対策を論評する。

第1節　地球温暖化対策の国際動向

　21世紀に入り，温暖化対策は新たな局面を迎えた。例えば京都議定書[2]の附属書Ⅰ国の温室効果ガス排出量は，1990年では全世界の43%であったが，2005年には28%に低下し，2010年では全世界の1/4程度である。これは附属書Ⅰ国以外（アメリカや途上国など）も含めた全地球的な温暖化対策の必要性を示すものであり，その後，京都議定書第2約束期間も含めて議論が進められていった。

　京都議定書が発効した2005年，気候変動枠組条約第11回締約国会議（COP11）がモントリオールで開催され，京都議定書の運用ルールを確定するとともに，2013年以降の温暖化対策が議論にのぼった。COP11では，京都議定書第1回締約国会合（COP/MOP1）で京都議定書の運用ルールを確定するとともに各種委員会の設置などが決定された。また京都議定書以後の温暖化対策に関しては，アメリカや途上国など全ての国が参加する「長期的協力に関する対話」を開始することが決定した。

　その後，数次のCOPを経て，2011年に南アフリカのダーバンにおいて，気候変動枠組条約第17回締約国会議（COP17），京都議定書第7回締約国会合が行われ，①「強化された行動ためのダーバン・プラットホーム特別作業部会」の設置，②京都議定書第2約束期間の設定に向けた合意，③カンクン合意実施のための決定などが合意[3]された。①は地球温暖化対策に関する新たな枠組を構築する作業部会であり，遅くとも2015年中に作業を終えて，法的効力を有する合意を2020年から発効させる作業の道筋を合意したものである。②は削減目標の設定をCOP18（2012年，カタールのドーハ）で行うとともに，日本，ロシア，カナダは第2削減期間に不参加となった。③のカンクン合意は2010年メキシコのカンクンにおいてCOP16が行われ，「緑の気候基金」，先進国と途上国による各国独自の自主的な削減目標の設定と報告，などコペンハーゲン合意をさらに具体化させたものであり，カンクン合意実施のための細目の検討と合意がなされた。

続く 2012 年にはドーハで COP18 が開催され,「ドーハ気候ゲートウェイ」が採択された。その主な内容は, ① 第 2 約束期間を 2013 年から 8 年間とするなどの京都議定書の改正と採択, ② 2015 年までに 2020 年以降の国際的枠組を決めること, ③ 途上国への資金・技術支援の基盤整備, ④ 気候変動に関する長期資金提供への合意, である[4]。

2013 年にはワルシャワで COP19 が行われた。その主な内容は, ① 温暖化対策に関する 2020 年以降の枠組は 2015 年の COP21 で決定すること（ワークストリーム 1）, ② 全ての国が COP21 までに自主的削減目標を提出すること（ワークストリーム 2）, ③ 先進国は途上国に資金援助を継続する, ④ 温暖化による「損失と被害」に対処する専門組織「ワルシャワ国際メカニズム」を新設, などであった[5]。また日本は温室効果ガスの削減を, 2020 年に 2005 年比で−3.8％にするという暫定目標を提示した。

2014 年 12 月にペルーのリマで, COP20 が開催された。会合では「気候行動のためのリマ表明」が採択され, 2020 年以降の枠組作成に向けて各国が提出する約束草案を提出する際の事前情報（基準年, 期間, 対象範囲など）等の決定がなされた。また, COP16 で決定された「緑の気候基金」で, 初期動員への拠出額が 102 億米ドルを超えたことを歓迎する旨が採択された[6]。

日本は 2020 年度の温室効果ガス削減目標を, 2005 年比で−3.8％と定め, 気候変動枠組条約事務局に登録した。この数値は原子力発電の再開を含めない数値であり, 今後エネルギー政策やエネルギーミックスの検討を含めて見直すとしている。他国の状況は, 2005 年比でアメリカとカナダが−17％, オーストラリアが 2000 年比で−5％, 1990 年比で EU−20％, イギリス−34％, ドイツ−40％, フランス−22.8％, イタリア−25％, ロシア−15〜25％, ニュージーランド−10〜20％等となっている[7]。他国と比較して, 日本は原発事故によるエネルギー政策再検討期にあるとはいえ, かなり控えめな印象を受ける。

世界の温室効果ガス排出量は, 2025 年頃には 1990 年の 2 倍を超えると予想されており, 途上国が削減に参加しなければ温暖化防止の意味はない。京都議定書時代のダブルスタンダードでは問題の解決は困難で, 途上国の参加をいかに実現するかが, 今後のカギを握る。地球温暖化対策に途上国が協力するためには, ① 先進国がさらなる削減努力を進め, それを背景に途上国を説得する

こと，②削減の国際技術協力を促進し，安価な削減技術を提供してゆくこと，③環境を重視しないと企業も消費者も国際的に存立し得ないという，環境重視の産業社会を伝道し，これをグローバルスタンダードにまで高めてゆくこと，などが求められている。

第2節　日本における温室効果ガスの排出状況

　日本は2012年まで，京都議定書に基づく温室効果ガスの削減を実施していた。京都議定書の基準年は1990年で，削減目標は基準年比－6％であった。1990年における日本の温室効果ガス排出量は12.7億炭素トンであり，ここから－6％すると，11.94億炭素トンになる。基準年から20年以上経過し排出量は漸増する一方，京都メカニズムの活用や森林吸収量の加算もあり，さらに2011年以降は東日本大震災に伴う原子力発電の停止が続いていることから，削減目標の実現は注視されてきた。

　2014年に発表された2012年の確報値は13.41億炭素トンであった。5年平均は12.78億炭素トン，基準年比＋1.4であるが，森林吸収量が－3.9％，京都メカニズムが－5.9％であるため，合計で基準年比－8.4％となり，削減目標は達成された[8]。2011年以降は原発の削減と火力発電の増加が生じていたが，その一方で，2008年～2009年はリーマンショックによる世界金融危機と，それに伴う円高や不況による経済停滞を経験している。日本は約束期間の温室効果ガス削減に関しては，森林吸収や京都メカニズムの活用もさることながら，景気低迷による削減期間前半の貯金が役立ったといえよう。

　第9-1図に示すとおり，2013年の温室効果ガス排出量は14億800万トンであり，前年比＋1.2％，2005年比＋0.8％，1990年比＋10.8％である。また森林等吸収源による温室効果ガスの吸収量は6100万トンである。2009年を底として排出量が漸増しているのは日本および世界景気の回復や，原子力発電停止による化石燃料利用拡大など，経済環境変化によるものである。

　日本は2011年のCOP17で2013年以降の第2削減期間からの離脱を表明し，現在はアメリカなどと同様に自主的な削減の道を歩んでいる。しかし火力

第 9-1 図　日本の温室効果ガス排出量推移

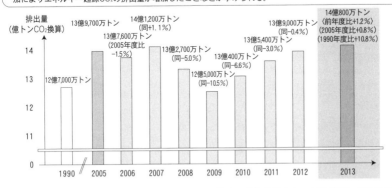

我が国の温室効果ガス排出量（2013年度確報値）
○2013年度の総排出量は14億800万トン（前年度比＋1.2％、2005年度比＋0.8％、1990年度比＋10.8％） ○前年度と比べて排出が増加した要因としては、火力発電における石炭の消費量の増加や、業務その他部門における電力や石油製品の消費量の増加によりエネルギー起源CO_2の排出量が増加したことなどが挙げられる。 ○2005年度と比べて排出量が増加した要因としては、オゾン層破壊物質からの代替に伴い冷媒分野からのハイドロフルオロカーボン類（HFCs）の排出量が増加したこと、火力発電の発電量の増加に伴う化石燃料消費量の増加によりエネルギー起源CO_2の排出量が増加したことなどが挙げられる。

（注）1　「確報値」とは、我が国の温室効果ガスの排出・吸収目録として気候変動に関する国際連合枠組条約（以下、「条約」という。）事務局に正式に提出する値という意味である。今後、各種統計データの年報値の修正、算定方法の見直し等により、今回とりまとめた確報値が変更される場合がある。
　　　2　今回とりまとめた排出量は、条約の下で温室効果ガス排出・吸収目録の報告について定めたガイドラインに基づき、より正確に算定できるよう一部の算定方法について更なる見直しを行ったこと、2013年度速報値（2014年12月4日公表）の算定以降に利用可能となった各種統計等の年報値に基づき排出量の再計算を行ったことにより、2013年度速報値との間で差異が生じている。
　　　3　各年度の排出量及び過年度からの増減割合（「2005年度比」等）には、京都議定書に基づく吸収源活動による吸収量は加味していない。
（出所）温室効果ガスインベントリオフィス編・環境省地球環境局地球温暖化対策課監修『日本国温室効果ガスインベントリ報告書　概要（確定値）』、2015年4月。

発電の増加や景気回復に伴う経済活動の活性化など、削減に向けての努力はますます困難な課題を抱えている。

第3節　温室効果ガス削減に向けた国内対策

　日本における温室効果ガス削減対策は，1998年公布の「地球温暖化対策推進法」から始まる。これは当時日本がCOP3の議長国であり京都議定書成立の推進役であったこと，欧州諸国に比べ温室効果ガス削減が遅れていたこと，などによる。推進法の下で国，地方自治体，事業者（企業など），国民に対する温室効果ガス削減を喚起するとともに，その計画および実施状況の公表（国と地方自治体は義務，事業者は努力目標）を求めた。日本は2002年に京都議定書を締結し，それに伴い具体的な京都議定書策定計画や「地球温暖化対策推進本部」の設置などの法改正を行った。2005年，京都議定書発効に伴い，「温室効果ガスの算定・公表・報告制度」を創設し，一定以上の温室効果ガスを排出する事業者に算定と報告を義務づけた。2006年には京都メカニズム実施のための温室効果ガス排出割当量や口座簿を整備した。2008年にも京都メカニズムの運用改正を行った。
　2005年4月には温室効果ガス削減の具体的実施計画を示した「京都議定書目標達成計画」が，閣議決定された。その骨子は，①企業や事業所に自主的行動計画の策定を義務づけ，②減税措置（低公害車を取得した場合の自動車取得税の軽減措置，燃料税のうちバイオエタノール部分を無税化など），③温室効果ガス削減のための国民運動（「チーム・マイナス6%」，「クール・ビズ」，「ウォーム・ビズ」，「うちエコ」（家庭でできる温暖化対策），④温室効果ガス低減技術の開発（低公害車の開発，鉄道整備の推進，高度道路交通システムの推進など），⑤公的機関の削減努力，⑥温室効果ガス排出量の算定・報告・公表，などである。温室効果ガスの目標値は2008年に改訂された。
　2010年3月閣議決定された地球温暖化対策基本法案[9]は2013年の衆議院解散で廃案となったものの，京都議定書以後の温暖化対策の方向性を示したものであった。法案の趣旨は，温室効果ガスの削減を2020年に1990年比で25%削減，2050年に80%削減とするものであり，数値目標の設定自体がその後の東日本大震災による火力発電増加などを背景に論議を呼んだ。しかし国内排出

量取引制度，炭素税導入，再生可能エネルギー利用促進など，最近の政策を先取りするものであった。

また，同年1月にはそれまでの「チームマイナス6％キャンペーン」を「チャレンジ25キャンペーン」に改組し，① クール・ビズ，ウォーム・ビズ，マイバックに代表されるエコな生活スタイルの推進，② LED・省エネ家電・エコカーなど省エネ製品の選択促進，③ 太陽光発電の採用や太陽光や風力などのグリーン電力を利用する企業を支援するという，自然エネルギーの選択，④ ビル，住宅のエコ化，⑤ カーボンフットプリント・カーボンオフセット[10]による CO_2 削減を支援，⑥ 地域社会での温暖化防止（地域の環境活動に参加，カーシェアリング，レンタサイクル，公共交通機関の利用など）の指針を示した。

従来まで日本の温暖化対策は，欧米諸国と比べ環境税や炭素税などの課税手法がほとんど導入されておらず，低減税やエコポイント，各種補助金など緩い経済的インセンティブによる政策誘導が主体となっている。期待される誘導が成功した場合，技術開発の促進，エコビジネスの振興，経済成長などが実現できるが，結果の不確実性も伴っていた。

こうした状況の中で2011年に東日本大震災が発生し，その結果，第9-2図に示すように原子力発電所が漸次操業停止され，1990年代に70〜80％，2000年代に60〜70％であった原子力発電所利用率は，原発事故以降はゼロに近い

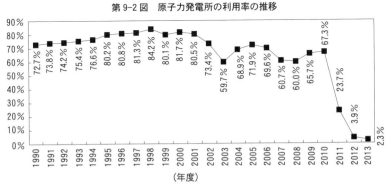

第9-2図 原子力発電所の利用率の推移

（出所）温室効果ガスインベントリオフィス編・環境省地球環境局地球温暖化対策課「2013年度（平成25年度）の温室効果ガス排出量（確定値）について」，2015年4月

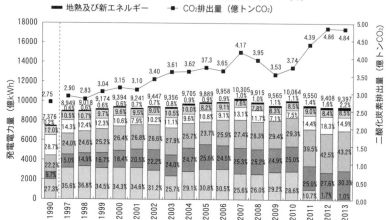

第9-3図　電源種別の発電電力量と二酸化炭素排出量

（出所）　第9-2図に同じ。

あたりまで低下していった。かわってLNGを中心とする火力発電が復活するに従って，二酸化炭素排出量も増大していった。第9-3図に示すように，発電に占める原子力の割合は最盛時に37％（1998年），2000年代を通じて概ね20％代後半〜30％代前半であったが，2011年は10.7％。2012年は1.7％，2013年は1.0％にまで低下し，2013年には再生可能エネルギーの1/2以下となっている。結果として発電におけるCO_2原単位（$kgCO_2$/kWh）も，0.4程度の数値が0.6近傍にまで上昇し，温室効果ガス削減の効率性を低下させている。

原発の安全性や環境に対する影響は重要な議論であるが，温室効果ガス削減への方向を政策的に誘導してゆくには，経済的手段の利用が望ましい。直接規制に比べ即効性や効果の確実性は劣るかもしれないが，産業・技術開発や，削減努力への経済的インセンティブが働くからである。具体的には，① 炭素税などのエネルギー消費抑制税制の導入，② 新エネルギー開発支援，③ 温室効果ガス削減費用の最小化，などである。

いずれも地球温暖化問題登場の早期から議論の俎上に上っていた政策手段であるが，日本では東日本大震災をうけて本格的な検討がされていった。

まず①は2012年度の税制改正で成立した制度であり，その概要を第9-4図

第9-4図　地球温暖化対策のための税

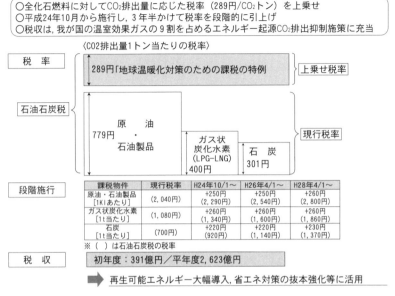

（出所）環境省「地球温暖化対策のための税の導入」。

に示す。これは課税による経済的インセンティブを活用して、化石燃料を抑制することを目的にしている。2012年10月に導入し、二度の段階的引き上げ（2014年4月，2016年4月）を行うこと，税収は再生可能エネルギー促進や省エネに利用することとされている。家計への負担は，標準的な家庭で，段階的引き上げにより，各段階で月30円程度負担増となり，最終的には月100円程度の負担増が見込まれる。その税収は2012年度（初年度）391億円，2016年度以降（平年度）2623億円と見込まれている。また環境政策の経済的手段で重要な，課税による二重配当が期待される。すなわち，①課税による消費削減効果と，②税収による省エネ対策などの実施効果の二者であり，両者の効果を併せてCO_2を2020年に1990年比で0.5～2.2％削減，量にして600万トン～2400万トン削減と推計[11]されている。

次に新エネルギー開発支援は，再生可能エネルギー固定価格買取制度が代表的であり，2011年夏に成立し，2012年7月からスタートした制度である。太

第 9-5 図 再生可能エネルギー導入量の推移

(i) 太陽光発電の累積導入量（2013年度）

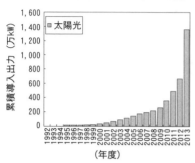

（出典） National Survey Report of PV Power Applications in JAPAN 2013 (International Energy Agency)

(ii) 風力発電の累積導入量（2013年度）

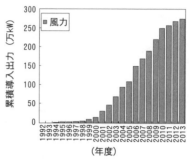

（出典） 日本における風力発電設備・導入実績（(独)新エネルギー・産業技術総合開発機構（NEDO））

(iii) 固定価格買取制度開始（2012年7月1日）後の再生可能エネルギーの累積導入出力

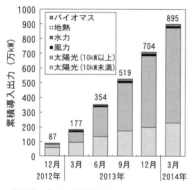

(iv) 固定価格買取制度における再生可能エネルギー発電設備を用いた発電電力量の買取実績

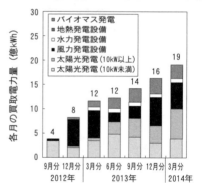

（出所） 第 9-2 図に同じ。

陽光，風力，地熱，水力，バイオマスなどが再生可能エネルギーであるが，火力発電や原子力発電に比べて発電コストが高いため，従来から利用促進が進まなかった。そこで電源種別や発電容量などに応じて 10～20 年の固定買取価格を設定し，電力料金に上乗せする方法で自然エネルギーの開発推進を図る制度が導入された。いわゆる再生可能エネルギーは 2013 年度で，発電量の 2% 程度であるが，すべて国産であるため，エネルギー自給の上昇は輸入エネルギー依存を低下させ，温暖化対策のみならず，国際収支赤字の改善も期待される。

第9-5図に再生可能エネルギー導入量を示すが,買取制度導入後では太陽光発電が圧倒的に多く,買取量も全体の過半を占める。買取価格(調達価格)は種別ごとに毎年見直されるが,いったん決定された調達価格は一定期間(10～20年間)保証される。制度導入初期において太陽光発電の調達価格が発電者に比較的有利に設定されたこともあり,太陽光発電の比率が多くなっている。しかし,かつて日本は数十年かけて原発依存度を高めていったように,エネルギー構造の変革には時間がかかる。その分,割高なエネルギーを利用することによる消費者負担も長期にわたることが想定される。

一方,温室効果ガス削減費用の最小化としては,国内排出量取引制度と二国間クレジット制度が挙げられる。そもそも排出量取引制度は,CO_2削減コストの最小化を目的とするもので,国内,国際,二国間いずれの場合でも基本構造は同じである。ただし国内の場合は排出権(クレジット)購入費用が海外に流失しないため,温室効果ガス削減のための投資が国内に発生することから,技術革新や新規事業の出現を促進する。

国内排出量取引は2005年のEUをはじめとして欧米で既に実績があるが,オーストラリアや韓国などアジア近隣諸国でも導入や検討が開始されている。日本でも2005年度から企業による自主参加型の排出量取引が開始され,公的な制度検討も2008年よりスタートしている。日本は現在も制度設計途中[12]であるが,2015年のCOP21や2020年を見据えて,制度化法制化が急がれる。また例えば都県レベルにおいても,大規模事業所を対象に「温室効果ガス排出総量削減義務と排出量取引制度」(東京都)や「目標設定型排出量取引制度」[13](埼玉県)など,先行して実施している地方自治体もある。

一方,二国間クレジット制度は,日本が2012年をもって京都議定書第2約束期間より離脱したため,CDM(クリーン開発メカニズム)を補完する制度として導入されたものである。2015年7月現在,14カ国と二国間クレジット文書の署名を行っている[14]。

日本は2010年まで原子力を中心にエネルギー供給,エネルギー安全保障,温室効果ガスの削減を実施してきたが,東日本大震災はその基盤構造に大きなインパクトを与えた。原発依存への脱却は検討されつつあるが,その速度や経済へのインパクトにおいてなお意見は分かれる。2020年の全世界的な地球温

暖化対策に向けて，日本は抜本的な制度設計が作成できるのか，そのための時間は限られている。

（小野田欣也）

注
1) エイモリー・ロビンス（1979）参照。
2) 京都議定書に関しては，小野田（2012）を参照。
3) 日本政府代表団『気候変動枠組条約第 17 回締約国会議（COP17）京都議定書第 7 回締約国会合（CMP7）等の概要』2011 年 12 月 11 日，による。
4) 「国連気候変動枠組条約第 18 回締約国会議（COP18），京都議定書第 8 回 締約国会合（CMP8）等の概要と評価」，外務省，2012 年，を参照。
5) 日本政府代表団『気候変動枠組条約第 19 回締約国会議（COP19）京都議定書第 9 回締約国会合（CMP9）等の概要と評価』2013 年 11 月 23 日，による。
6) 日本政府代表団『気候変動枠組条約第 20 回締約国会議（COP20）京都議定書第 10 回締約国会合（CMP10）等の概要と評価』2014 年 12 月 14 日，による。
7) 環境省「主要先進国における温室効果ガス排出量の推移と 2020 年目標」。
8) 温室効果ガスインベントリオフィス編・環境省地球環境局地球温暖化対策課監修『日本国温室効果ガスインベントリ報告書 概要（確定値）』，2014 年 4 月，による。
9) 環境省・報道発表資料「地球温暖化対策基本法案の閣議決定について（お知らせ）」2010 年 3 月 12 日，による。
10) カーボンフットプリント制度とは，原材料調達から廃棄やリサイクルにいたる商品ライフサイクル全体において，温室効果ガス排出量を CO_2 に換算し表示する仕組みである。それにより CO_2 をどれくらい排出しているのか，商品などに排出量を明示して購入選択時の目安にすることができる。
    また，カーボンオフセットとは，日常生活や企業活動等による温室効果ガス排出量のうち削減が困難な量の全部又は一部を，他の場所で実現した温室効果ガスの排出削減や森林の吸収等をもって埋め合わせる活動を示す。すなわち，経済活動において排出される温室効果ガスについて，排出量に見合った温室効果ガスの削減活動に投資すること等により，排出される温室効果ガスを埋め合わせるという考え方である。
11) 環境省ホームページ「地球温暖化対策のための税の導入」，による。
12) 環境省地球温暖化対策課市場メカニズム室「国内排出量取引制度について」，2013 年 7 月，による。
13) 東京都環境局のホームページ（http://www.kankyo.metro.tokyo.jp/climate/large_scale/cap_and_trade/index.html）及び埼玉県環境部温暖化対策課のホームページ（http://www.pref.saitama.lg.jp/soshiki/f02/）を参照。
14) 日本政府発表資料「二国間クレジット制度（Joint Crediting Mechanism（JCM））の最新動向」，平成 27 年 7 月。

参考文献
エイモリー・ロビンス（1979），『ソフト・エネルギー・パス』（室田泰弘・槌屋治紀訳），時事通信社。
小野田欣也（2012），「地球温暖化と新旧模索」馬田啓一・木村福成編著『国際経済の論点』文眞堂。

第10章

国際資源循環の新たな展開

はじめに

　1995年に「容器包装に係る分別収集及び再商品化の促進等に関する法律」（以下，「容器包装リサイクル法」と表記）が制定されから20年が経った。この間，日本では，循環型社会形成推進基本法のほか，家電製品や自動車等の個別の品目についての各種リサイクル法も制定され，廃棄物の排出量や最終処分量の削減のためのさまざまな取り組みが進められてきた。
　一方，アジア地域での急速な経済発展などを背景として，近年では，中古品や再生資源などの循環資源等の貿易も拡大している。かつては，経済活動のもとで生産あるいは消費されて，使用済みとなった製品・部品・素材等（以下，「使用済み品等」と表記）について，それを国内でいかに適正に処理・リサイクルするかを考慮し，リサイクル制度が整えられてきた。しかし，上述のような国際的な資源循環が活発になるにともない，国内のリサイクル制度にも影響が生じてきている。
　また，中国などの新興国においても，リサイクルに関する関心が高まるなか，拡大生産者責任（Extended Producer Responsibility: EPR）の概念に基づいたリサイクル制度が導入されはじめている。この背景には，使用済みの電気電子機器（E-waste）の不適正な処理・リサイクルによる環境汚染の問題がある。E-wasteには，金，銀，レアメタルなどの金属が含まれているが，そうした金属を得るプロセスにおいて，手解体などの単純な技術が用いられている場合があり，その結果として，周辺環境の汚染等の問題が生じているのである。

こうしたE-wasteは，国内で発生したものだけでなく，国外から運ばれている場合もあり，発生国における取り組みも重要なものとなっている。そのことを考えていくためには，国際的な資源循環と国内の資源循環との接合を考えていかなければならない。

本章では，国際的な循環資源貿易が拡大するなかで，日本の廃棄物処理・リサイクル制度との接合をどのように考えていくべきかについて考察を進めていく。その際，使用済み品等の潜在資源性と潜在汚染性の2つの性質に着目し，とくに潜在的な資源価値が国内外で異なる場合の注意点について整理を行っていく。またそのことに関連して，使用済み品等の回収ルートやアジア地域でのEPR政策についても取り上げる。

なお本章の構成は以下のとおりである。まず第1節において，日本のリサイクル制度をいくつか取り上げ，その制度のもとでの循環資源輸出の状況について整理する。ここでは，PETボトルやE-wasteについて取り上げる。つづく第2節では，使用済み品等の潜在資源性および潜在汚染性について整理する。ここでは，とくに潜在資源性が国内外で異なることによって生じうる問題について指摘する。第3節では，国際資源循環と国内資源循環をうまく接合させていくために必要な課題について取り上げる。またそのことに関連して，近年のアジア地域におけるEPR政策との関連についても取り上げる。そして第4節において研究のまとめを行う。

第1節　日本のリサイクル制度と循環資源の輸出

まず本節では，日本の現在の廃棄物処理・リサイクル制度のもとで，循環資源の輸出がどのような状況になっているかについて，いくつか例にとってみていくことにしよう。ここでは，PETボトルと家電製品，パソコンを取り上げることにする。

まずPETボトルについて取り上げる。PETボトルは容器包装リサイクル法の対象品目の1つであるが，この法律は1997年に一部施行，2000年に完全施行された。この法律のもとで，市町村は容器包装廃棄物の分別収集を行い，事

業者はリサイクル費用を支払うことで義務を果たしている。

　法律の施行後，分別収集に取り組む市町村が増え，分別収集量も増加した。具体的には，1997 年度には PET ボトルの分別収集を実施する市町村の割合は 19.8％であったが，2013 年度には 97.7％まで上昇している[1]。このほか，事業系の回収も行われており，PET ボトルリサイクル推進協議会（2014）によれば，2013 年度において国内で回収された使用済み PET ボトルは 61.8 万トンとなっている[2]。

　一方，回収された使用済み PET ボトルのうち，国内向けのものは 31.9 万トンで，残りの 29.8 万トンは海外に輸出されている。つまり回収量全体の半分弱が輸出されて，海外でリサイクルされている。回収ルート別にみると，輸出 29.8 万トンのうち，市町村回収によるものが 3.4 万トン，事業系回収によるものが 26.4 万トンとなっている。また国内向けの 31.9 万トンについては，市町村回収が 25.8 万トン，事業系回収が 6.2 万トンとなっている。つまり，市町村回収の多くは国内向けとして用いられているのに対して，事業系回収については輸出される割合が高くなっている[3]。

　2000 年代半ばごろは，市町村によって収集された PET ボトルのうち，指定法人に引き渡されず，独自処理にまわるものが半分近くあった。しかし，指定法人への円滑な引き渡しが促進されたことで，2013 年度には 20 万トンと過去最高を記録している。このように市町村によって回収される PET ボトルの多くは，指定法人を通じて，国内でリサイクルされるようになってきている。

　それでは，別の品目として，家電のリサイクルについてみていくことにしよう。使用済みの家電製品については，1998 年に「特定家庭用機器再商品化法」（以下，「家電リサイクル法」と表記）が制定され，2001 年に施行された。この法律では，エアコン，テレビ，冷蔵庫，洗濯機の家電 4 品目について，製造業者等による再商品化が行われている。なお 2009 年には，上記の 4 品目に，液晶・プラズマ式テレビと衣類乾燥機が対象品目として追加されている。

　家電リサイクル法のもとで，家電 4 品目のリサイクルが進むようになった。2014 年度の再商品化率を見ると，エアコンの 92％をはじめ，他の品目でも 70％台半ばから 80％台後半の数値を達成しており，いずれも再商品化の法定基準を上回っている[4]。

一方，使用済み家電のフローをみてみると，2012年度において家庭や事業所から排出された家電は1702万台となっているが，このうち家電リサイクル法に基づく小売業者による引き取り台数は979万台となっている。このほか不用品回収業者による引き取りは265万台と推計されている。こうした状況のもと，使用済み家電のうち，138万台が中古品として，また130万台分がスクラップとして海外に輸出されているとみられている[5]。

また使用済みのパソコンについても，同じような状況をみることができる。現在，パソコンは「資源の有効な利用の促進に関する法律」（以下，「資源有効利用促進法」と表記）の「指定再資源化製品」に指定されており，製造等事業者に再資源化義務が課されている。2013年度の実績では，デスクトップパソコンの再資源化率は78.4％，ノートブックパソコンは59.3％となっている[6]。一方，使用済みパソコンのフローをみると，2013年の排出台数は1333万台と推計されているが，そのうち中古品として235万台が，スクラップとして398万台分が輸出されているとみられている[7]。

このように家電4品目およびパソコンについて，リサイクル制度が整備され，リサイクルされる量も多くなってきているが，一部は中古品あるいはスクラップとして輸出されている。こうした使用済み品が，輸出先で適正に処理・リサイクルされていればよいのであるが，適正な技術がもちいられず，不適正な処理・リサイクルが行われると，周辺環境の汚染等の問題につながってしまう。この点について，次節以降で考えていくことにしよう。

第2節　使用済み品等の回収ルートと潜在資源性

前節で取り上げたように，日本は1990年代後半以降，廃棄物処理・リサイクルの制度を整えていくことで，個別の品目の高いリサイクル率を達成してきたが，その一方で，国内の正規のリサイクルルートに載らずに海外に輸出されているものもある。こうした状況を考えるうえで，使用済み品等の2つの性質（潜在資源性，潜在汚染性）に注目する必要がある[8]。

使用済み品等は，それが大量に回収され，リサイクルされることによって，

第10-1表　使用済み品等の資源価値

		日本	
		有償物	逆有償物
海外	有償物	a	b
	逆有償物	c	d

(資料)　筆者作成。

ふたたび素材等として利用することができる。その意味で，潜在的な資源価値があると捉えることができる。現行の日本のリサイクル制度のもとで，循環資源等の輸出が行われる背景にも，こうした資源としての側面があるからに他ならない。

　ただ，こうした資源としての価値は，市場の状況等，経済条件によって大きく左右される。具体的にいえば，使用済み品等がどの程度発生するのかという供給面，あるいは回収された使用済み品等に対する需要面の状況によって大きく異なってくる。そのため過去に有償物であったものが，現在は逆有償物として取引されることもあるし，その反対の状況もありうる。また日本では逆有償物として取引されている使用済み品等が，海外では有償物として取引されることもあるだろう。

　国際的な資源循環を考えるうえで，こうした国内外の使用済み品等の経済価値の違いに注目することは重要である。第10-1表は，使用済み品等が有償物であるか，逆有償物であるかという2つのケースについて，日本と海外それぞれについて，4つのタイプに整理したものである。

　冒頭でも述べたように，日本では，最終処分場容量の不足等の問題から，1990年代後半以降，個別リサイクル法の制定など，さまざまな形で対策を進めてきた。逆有償物であるものをいかに集め，適正に処理・リサイクルを行っていくかが，その当時の重要な目的の1つであったと言える。これは第10-1表でいうところのタイプbおよびタイプdのものについての対策をおもに進めてきたと捉えることができる。

　しかしながら，タイプbのように日本では逆有償物であっても海外では有償物の場合，回収された使用済み品等が海外に売られる可能性もある。このと

き，使用済み品等の海外における資源価値が十分に高ければ，正規の回収ルートとは別の形で自主的な回収ルートができてしまう可能性すらあるだろう。

このように使用済み品等の資源価値が高い場合には，新たな回収ルートが構築されてしまう可能性があり，それが回収・処理ルートの不透明化につながってしまうおそれもある。使用済み品等がどのように回収され，それがどのような処理がなされたかが不透明になることは，回収されたものが不適正に処理・リサイクルされてしまうことにもつながりかねず，新たな問題として考えていかなければならない。

また使用済み品等の海外での需要が高まることは，国内における資源価値に影響をもたらす可能性もある。なぜならば，回収されたものが国内の処理ルートにまわらなければ，その少ない回収量に対して，国内のリサイクル業者の需要量が相対的に大きくなるためである。実際，使用済みPETボトルに関しては，指定法人ルートで落札される際の価格が，2000年代前半までは逆有償取引であったのに対し，現在では有償取引になっている[9]。このように日本国内で発生した使用済み品等に対する国際的な需要の大きさによって，逆有償物として取引されていたものが，有償物として取引される，つまりタイプbからタイプaになることも起こりうる。

このように考えると，日本で発生した使用済み品等が海外において有償物となるケース，つまりタイプaおよびタイプbに該当する場合に，正規の回収ルートではない，非正規のルートができてしまう可能性がある。非正規のルートに載ってしまうと，使用済み品等が不適正に処理・リサイクルされてしまう可能性もある。つまり，使用済み品等の潜在汚染性が顕在化してしまうことにつながってしまうのである。

潜在汚染性の顕在化を防ぐためには，適正な処理・リサイクル技術を確保することも重要であるが，同時に不適正な処理・リサイクルのルートに載らないようにすることも進めていかなければならない。どちらか片方だけでは取り組みとしては不十分であり，両方の取り組みを並行して進めていく必要がある。

第3節　国内資源循環と国際資源循環

　前節では，使用済み品等の資源価値が国内外でどのような関係になっているかという点に着目し，その観点から非正規の回収ルートおよび潜在汚染性の顕在化について整理を行ってきた。本節では，そうした点を踏まえて，国内資源循環と国際資源循環をつなげるために必要な取り組みについて考察を行っていく。

　先にも述べたように，潜在汚染性の顕在化を防ぐためには，適正な処理・リサイクル技術を確保することと，使用済み品等が適正な回収ルートに載ることが重要である。この点に関して，近年の中国の例をとって考えてみることにしよう[10]。

　中国では，2011年にテレビ，冷蔵庫，洗濯機，エアコン，パソコンの5品目を対象とする家電リサイクル制度をスタートさせた。この制度は，使用済み家電を適正に解体処理できる事業者に対して補助金を付与する仕組みとなっている[11]。それまでは，インフォーマルセクターによる単純な技術をもちいた解体処理等も見られ，それによる周辺環境の汚染等の問題が深刻化していた。中国では，家電リサイクル制度を整えるとともに，モデル事業や工業園区の開発などによって，静脈産業のフォーマル化を進めている。

　中国の家電リサイクル制度では，解体業者に対して補助金が付与されているものの，使用済み家電の回収業者に対する補助金はなく，解体業者による買い取りが行われている。回収業者は個人企業も多く，非常に多くの主体が回収を行っている状況である。このように，中国では処理・リサイクルにおいてのフォーマル化が進められているものの，回収ルートについては，まだインフォーマルな主体によって行われていると捉えることができる。

　そうした背景のもと，補助金を得る資格をもつフォーマルな解体業者が使用済み家電の確保に苦労していたり，また使用済み家電の買い取り価格が上昇しているなどの状況も見られている。現状ではインフォーマルな解体業者もまだ残っており，そうした業者が使用済み家電を集めているため，フォーマルな解体業者の使用済み家電の調達を難しくしていると捉えることができる。適正な

処理・リサイクルを進めていくうえで，回収ルートもフォーマル化し，回収業者から適正な解体業者に使用済み家電がうまく引き渡される仕組みを整えていく必要がある。

このように，使用済み品の適正な処理・リサイクルを進めていくうえで，適正な回収ルートを整え，維持することが重要である。このことは，国内の資源循環を国際的な資源循環と接合する場合にも同様である。日本のリサイクル制度を国際的な資源循環にうまくつなげていくためには，使用済み品等の回収ルートの強化が重要になってくるだろう。この点に関して，PETボトルの場合と家電の場合とでは，異なる状況が見られている。本節の最後で整理してみよう。

PETボトルに関しては，指定法人への円滑な引き渡しが促されたことにより，近年，市町村が回収し指定法人ルートに引き渡される量が増加している。家庭から排出されるPETボトルは，もともと一般廃棄物であり，分別収集が行われる前から，市町村による収集の枠組みのなかにあった。また飲料容器の場合，財を購入してから廃棄物になるまでの時間が短く，排出行動も繰り返し行われるため，排出者にとって適正な回収ルートに排出することが比較的容易であると考えることができる。

これに対して，家電製品の場合には，財の購入から不要になるまでの時間が長く，排出の機会もそれほど頻繁にあるわけではない。そのようななか，回収ルートを新たに構築したとしても，排出者がそうした適正な回収ルートに関する情報を入手し，適切な行動にうつすことについて，容器包装に比べて注意が行き届かない可能性がある。つまり，意図せずに正規の回収ルート以外に載せてしまう可能性があるのではないだろうか。排出時に処理料金を支払う必要がある場合には，非正規の回収ルートに載せてしまう可能性がさらに高くなるかもしれない。

そのようなことを考えるならば，適正な回収ルートを強化するためには，排出者にとって排出時の負担感のないものであることが重要であろう。これは排出時の料金支払いだけでなく，排出者が適正な回収ルートを容易に認識でき，取引費用等もそれほど高くないといった要素を考慮して，検討を進めていく必要があるだろう。

第 4 節　まとめ

　本章では，日本国内の資源循環と国際的な資源循環とを接合していくための方策について考察を進めてきた。日本では，廃棄物処理・リサイクル制度を整えることで，高いリサイクル率や最終処分量の削減などを達成してきたが，現行制度のもとで，一部の循環資源が輸出されることで，国内外に影響をもたらしている。この背景には，使用済み品等の資源としての価値が，国内外で異なっており，そのことが使用済み品等の新たなルートの構築につながってしまう可能性があるためである。

　とくに，E-waste の問題のように，潜在汚染性の高いものが，海外で安易な技術のもとで処理・リサイクルされることにより，周辺環境を汚染してしまう可能性を考えると，国内資源循環と国際資源循環をうまく接合していかなければならない。

　潜在汚染性の顕在化を防ぐためには，使用済み品等の適正な処理ないしリサイクル技術の確保が重要である。その点において，多くの文献で指摘されているように，日本の優れた技術が大きな貢献の可能性を持っている。ただ，そうした技術面での協力だけでなく，適正な回収ルートの構築およびその強化のために，どのような貢献ができるかを考えていくことも重要であろう。

（斉藤　崇）

注
1）　環境省（2015a）図表 1 より。
2）　PET ボトルリサイクル推進協議会（2014）6-8 ページより。
3）　PET ボトルリサイクル推進協議会（2014）の数値に基づいて計算すると，事業系回収による国内向けと輸出は合計 33.6 万トンとなるのに対し，輸出量は 26.4 万トンであるので，回収量の 8 割が輸出されていることになる。
4）　環境省（2015b）によると，エアコン 92%（法定基準 80%），ブラウン管式テレビ 75%（同 55%），液晶・プラズマテレビ 89%（同 74%），電気冷蔵庫・電気冷凍庫 80%（同 70%），そして電気洗濯機・衣類乾燥機 88%（同 82%）となっている。
5）　産業構造審議会・中央産業審議会（2014）4 ページ，図表 2 より。
6）　環境省資料「資源有効利用促進法に基づく自主回収及び再資源化の各事業者等による実施状況の公表について」より。

7）産業環境管理協会（2015）86 ページより。なお推計は一般社団法人パソコン 3R 推進協会によるものである。
8）使用済み品等の潜在資源性および潜在汚染性に関する詳細な説明は，Hosoda（2007）および細田（2008）を参照されたい。また斉藤（2015）では，この2つの性質と使用済み品等の回収システムの構築可能性の関係について整理を行っている。
9）PET ボトルリサイクル推進協議会（2014）7 ページによれば，2000 年度の平均落札単価は 71.4 円/kg となっており，再生事業者による PET ボトルの引き取りに対してお金が支払われていたことを意味する。これに対し，2014 年度は－59.5 円/kg と再生事業者が使用済み PET ボトルを買い取る状況になっている。
10）中国の家電リサイクル制度については，細田・染野（2014）や染野（2014），細田（2014），斉藤他（2015）などの文献がある。本節の記述は，これらの文献のほか，筆者の中国での実地調査などを参考にしている。
11）補助金の資格を得るためには，適正な処理施設があるかどうかなどについて，省政府による厳しい審査を経なければならない。この点については，斉藤他（2015）に詳しい説明がある。

参考文献

環境省「資源有効利用促進法に基づく自主回収及び再資源化の各事業者等による実施状況の公表について」http://www.env.go.jp/recycle/recycling/recyclable/jokyo.html（アクセス 2015 年 3 月 27 日）．
環境省（2015a），「平成 25 年度容器包装リサイクル法に基づく市町村の分別収集及び再商品化の実績について（お知らせ）」環境省報道発表資料 2015 年 3 月 9 日，http://www.env.go.jp/press/100571.html（アクセス 2015 年 9 月 25 日）．
環境省（2015b），「平成 26 年度における家電リサイクル実績について（お知らせ）」環境省報道発表資料 2015 年 6 月 23 日，http://www.env.go.jp/press/101129.html（アクセス 2015 年 9 月 25 日）．
斉藤崇（2015），「アジアにおける国際資源循環と拡大生産者責任」馬田啓一・小野田欣也・西孝編著『国際関係の論点』文眞堂．
斉藤崇・澤田英司・佐藤一光（2015），「資源循環政策としての家電リサイクルシステム」『環境経済・政策研究』第 8 巻 第 1 号，環境経済・政策学会．
産業環境管理協会（2015），『リサイクルデータブック 2015』http://www.cjc.or.jp/data/pdf/book2015.pdf（アクセス 2015 年 9 月 25 日）．
産業構造審議会・中央環境審議会（2014），「家電リサイクル制度の施行状況の評価・検討に関する報告書」http://www.meti.go.jp/press/2014/10/20141031004/20141031004.html（アクセス 2015 年 9 月 25 日）．
染野憲治（2014），「中国の静脈産業と循環経済政策」『環境法研究』第 2 号，信山社．
PET ボトルリサイクル推進協議会（2014），「PET ボトルリサイクル年次報告書 2014」http://www.petbottle-rec.gr.jp/nenji/2014/（アクセス 2015 年 9 月 25 日）．
細田衛士（2008），『資源循環型社会』慶應義塾大学出版会．
細田衛士（2014），「国際資源循環の課題と展望」『安全工学』第 53 巻 第 1 号，安全工学会．
細田衛士・染野憲治（2014），「中国静脈ビジネスの新しい展開」『経済学研究』第 63 巻 第 2 号，北海道大学．
Hosoda, E. (2007), "International Aspects of Recycling of Electrical and Electronic Equipment: Material Circulation in the East Asia Region," *Journal of Material Cycles and Waste Management*, Vol.9 No.2.

第 4 部

保護主義との闘い

第 11 章

メガ FTA の潮流と日本の新通商戦略

はじめに

　企業による国際生産ネットワークの拡大とサプライチェーンのグローバル化に伴い，これまでの枠を超えた 21 世紀型の貿易ルールが求められている。そのルールづくりの主役は今や WTO（世界貿易機関）でなく，メガ FTA（自由貿易協定）だ。

　メガ FTA の中で最も先行しているのは TPP（環太平洋パートナーシップ）交渉である。TPP の登場でアジア太平洋地域はメガ FTA の主戦場となった。米主導の TPP を警戒した中国は，対抗策として RCEP（東アジア地域包括的経済連携）の実現に向けた動きを加速させている。メガ FTA の動きはアジア太平洋地域にとどまらない。EU の巻き返しによって，日本と EU の FTA 交渉と米 EU 間の TTIP（環大西洋貿易投資パートナーシップ）交渉も相次いで始動した。

　日本の通商戦略にとって今が正念場である。TPP，RCEP，日 EU・FTA など，日本が参加する 3 つのメガ FTA 交渉が軒並み重要な局面に差し掛かっている。日本のメガ FTA 戦略はワンセットで捉えなければならない。そもそも日本の TPP 交渉参加が，中国や EU を刺激し RCEP や日 EU・FTA の交渉開始につながった。TPP 交渉の成否は他のメガ FTA 交渉にも影響する。

　本章では，TPP，RCEP，日 EU・FTA，TTIP を中心にメガ FTA 交渉の現状と課題を検証し，メガ FTA がもたらす新たな通商秩序と WTO の将来を展望しつつ，日本が目指すべき 21 世紀型の通商戦略について論じたい。

第1節　加速するWTO離れ：ポスト・バリ合意に暗雲

2001年に始まったWTOのドーハ・ラウンドが迷走している。当初，農業，鉱工業，サービス，貿易円滑化，ルール，知的財産権，開発，環境の8分野を対象に交渉が行われたが，先進国と途上国の利害対立が解けず度々決裂，ついに膠着状態に陥った。このため，2011年12月の第8回WTO閣僚会議（ジュネーブ）で，全分野の包括合意を断念，部分合意を目指すことになった。

これを受けて，2013年12月にインドネシアのバリで開かれた第9回WTO閣僚会議で，ドーハ・ラウンドの3分野（貿易円滑化，農業の一部，開発）に限ったバリ・パッケージ合意が成立した。だが，アゼベドWTO事務局長が一旦は直前の一般理事会で部分合意の失敗を宣言するほど，交渉は難航した。

農業分野が最大の争点となった。揉めたのは食糧備蓄のための農業補助金の扱いである。2014年に総選挙を控えていたインドは，補助金で食糧を備蓄して貧困層に配給する措置について，貧困対策の一環としてWTO農業協定の対象外とするよう要求，協定違反だと主張する米国と激しく対立した。結局，2017年の閣僚会議までは特例として現状維持を認め，WTO紛争解決の対象にしないという「平和条項」を盛り込むことで玉虫色の決着となった。

貿易円滑化の交渉は，通関手続きを簡素化し，透明性を高めることを目指したものである。途上国が貿易円滑化の履行に際して先進国から資金や技術の支援を受ける代わりに，法的拘束力のある義務を負うかどうかが焦点となった。2013年11月にLDC（後発途上国）グループが貿易円滑化の支援負担や義務協定で大筋合意を発表，これが難航する交渉の潮目を変えた。

LDCグループが妥協した背景には，バリ合意が成立しなければWTO離れとFTAへのシフトが一段と加速し，FTAに参加できない途上国が完全に取り残されることへの危機感があった。メガFTA交渉が進むなかで，途上国の間でWTOによるマルチの成果を望む声が高まった。

バリ合意は，WTO発足後初の協定となる貿易円滑化協定について全加盟国の合意を得たという点で画期的なものだった。アゼベド事務局長は「WTOは

生き返った」と閣僚会議の成功を自画自賛し，ドーハ・ラウンドの再活性化に向けた機運が高まることへの期待も膨らんだ。しかし，それもつかの間，それに冷や水をかけるような事態が起きた。

　貿易円滑化協定を 2014 年 7 月末までに一般理事会で採択する予定であったが，土壇場になって農業補助金の扱いを蒸し返したインドの反対で，採択を断念したからだ。5 月に発足したインドのモディ新政権は，「2017 年までの暫定措置」を受け入れたシン前政権の方針を撤回し，採択の見返りに農業補助金の恒久化を強硬に要求し，説得に応じなかった。

　調整の末，ようやく 11 月下旬に採択の運びとなったが，WTO 加盟国は部分合意すら容易には実現できなくなったことに，危機感を強めている。特定の国が強硬な主張を続けると合意が危うくなる「全会一致の原則」に基づく WTO 交渉の難しさが，改めて浮き彫りとなった。

　2015 年 12 月にケニアのナイロビで開かれる第 10 回 WTO 閣僚会議を前にして，ポスト・バリ合意に再び暗雲が漂い始めた。バリ合意では，ドーハ・ラウンドの残された交渉分野に関する作業計画を 2014 年 12 月までに作成することも決めたが，インドの「反乱」で延期となり，新たな期限とされた 2015 年 7 月末までに計画を作成することができるかどうかに注目が集まっていた。しかし，各分野における各国の利害対立を調整しきれず，結局，7 月末の計画づくりは断念，今後の交渉で前進を図ることになった。

　ドーハ・ラウンドの行方が不透明さを増すなか，主要国は通商戦略の軸足を WTO からメガ FTA へとシフトさせている。この流れはそう簡単には変わらないであろう。通商秩序の新たな力学は，TPP，RCEP，日 EU・FTA，TTIP など，メガ FTA を中心に動き始めている。

第 2 節　21 世紀型の貿易ルールとメガ FTA

　メガ FTA 締結に向けた動きの背景には，サプライチェーンのグローバル化がある。企業のグローバル化が進むなか，今や原材料の調達から生産と販売まで，サプライチェーンの効率化が企業の競争力を左右する。これが「21 世紀

型貿易」の特徴である[1]）。21世紀型貿易は，企業による国際生産ネットワークの進展によって，貿易と投資の一体化が進み，これまでの枠を超えた新たな貿易ルールを必要としている。この結果，企業の国際生産ネットワークの結びつきを妨げる政策や制度はすべて貿易障壁となった。ルールの重点は，国境措置（on the border）から国内措置（behind the border）へシフトしている。

サプライチェーンの拡大に伴い，二国間FTAの限界も明らかとなってきた。二国間FTAでは，サプライチェーンが展開される国の一部しかカバーされない。サプライチェーンをカバーするために複数の二国間FTAを締結しても，「スパゲティ・ボウル」と呼ばれるようなルールの不整合が起きてしまう。

二国間FTAごとに原産地規則が異なれば，企業にとっては使い勝手が悪いものになる。メガFTAによって原産地規則が統一され，かつ，域内での「累積」が認められれば，原産地証明が容易となる。これにより，企業が域内全域にサプライチェーンを拡げることが可能になる。

サプライチェーン全体をカバーするには，メガFTAが必要だ。メガFTAへの参加によって，企業はサプライチェーンの範囲を拡げることが可能となり，まさに網の目のように国際生産ネットワークの拡大が容易となる。サプライチェーンの効率化という点からみると，「地域主義のマルチ化」が進み，二国間FTAを包含する広域のメガFTAができ，ルールが収斂・統一されていくことのメリットはきわめて大きい。

第3節　土壇場で決着したTPP交渉

アジア太平洋の新通商秩序を目指して2010年3月に始まったTPP交渉は，2015年10月，12カ国により21分野（30章で構成）について大筋合意に達した。TPPは「21世紀型のFTAモデル」と位置付けられ，高度で包括的なFTAを目指したものである。

TPP交渉は，関税撤廃のほか，「WTOプラス」（WTO協定に先行して）のルールづくりを目指し，サービス，投資，知的財産権，競争政策，政府調達，

環境などのほか，従来のFTAには存在しない分野横断的事項（規制の調和など）が交渉分野に含まれた。交渉は5年半にもわたったが，とくに難航した分野は，物品市場アクセス，原産地規則，政府調達，知的財産権，競争政策，投資，環境の7つである。

第11-1表　TPP交渉の21分野

(1)物品市場アクセス（工業，繊維・衣料品，農業）	×	(11)商用関係者の移動	
(2)原産地規則	×	(12)金融サービス	
(3)貿易円滑化		(13)電気通信サービス	
(4)SPS（衛生植物検疫）		(14)電子商取引	
(5)TBT（貿易の技術的障害）		(15)投資	×
(6)貿易救済（セーフガード等）		(16)環境	×
(7)政府調達	×	(17)労働	
(8)知的財産権	×	(18)制度的事項	
(9)競争政策（国有企業改革）	×	(19)紛争解決	
(10)越境サービス		(20)協力	
		(21)分野横断的事項	

（注）　×：難航した分野
（資料）　日本経済新聞より，筆者作成。

物品市場アクセス分野では，原則として100％の関税撤廃を目指したが，日本に限らず，輸入自由化の難しいセンシティブ品目を抱えている交渉参加国は多い。最終的に一部の品目について撤廃猶予の期間設定や関税割当（一定の輸入枠までは無税，枠の上限を超えると高関税を賦課）などの例外的な措置を認める方向で，交渉の着地点を探った。

一方，TPPのルールづくりでは米国と他の参加国の対立が先鋭化した。知的財産権の分野では，TRIPS協定（知的所有権の貿易関連側面）プラスを狙う米国が，映画などの著作権の保護期間を70年に延長することを要求，新興国は著作権料の負担増を懸念し反発した。さらに，米国は新薬開発を促すため医薬品のデータ保護期間を12年に延長するよう要求したが，新興国は特許が切れた安価な後発薬（ジェネリック医薬品）の製造が妨げられるとして強硬に反対，5年以下とするよう要求，結局，実質8年の折衷案で合意した。

競争政策分野では，国有企業改革が焦点となり，国有企業と民間企業の対等な競争条件の確立を要求する米国に対して，国有企業の存在が大きいベトナ

ム，マレーシアなどが反対，国有企業の一部を対象外とすることで合意した。

政府調達分野では，WTO の政府調達協定（GPA）並みか，それともそれを上回るレベルにするかが争点になった。とくに地方政府による調達も対象にするかで意見が割れた。マレーシアはブミプトラ政策（マレー人優遇措置）の存続を主張し，米国と激しく対立した。

投資分野では，米国が投資保護のために ISDS 条項（投資家対国家の紛争処理手続き）の導入を主張した。投資家が投資受入国の不当な政策によって被害を受けたとき，国際仲裁機関に提訴できるという条項であるが，米企業による濫訴を恐れる豪州などが反対，濫訴防止の条件を付けることで合意した。

環境の分野では，貿易投資の促進のため環境基準を緩和する，いわゆる「底辺への競争」の阻止を目指し，その実効性を担保するために紛争解決の対象とするか否かをめぐり米国と新興国が対立した。

原産地規則の分野では，繊維製品について締約国の原糸使用を原産地証明の条件とする「ヤーン・フォワード（yarn forward）」の採用を主張する米国に対し，中国産の原糸を輸入するベトナムが反発した。なお，日本と北米 3 カ国の間でも自動車および部品の現地調達率をめぐって対立した。

以上のように，TPP 交渉においては米国の提案・要求に新興国が反発するという対立の構図が生まれた。TPP 交渉の成否は，米国がハードルの高さをどう設定するか，どこまで柔軟な姿勢をとれるかが最大のカギとなった。

TPP 交渉が長期化した最大の原因は，日米関税協議の停滞にある。日本が聖域とした農産物 5 項目の取り扱いについては，①コメ，麦，砂糖は現行の関税を残すが，コメと麦については米国向けの無税輸入枠を拡大・新設する，②牛肉・豚肉と乳製品は 10 年以上かけて関税を大幅に引き下げるが，その代わりに輸入量が急増した際に発動する緊急輸入制限措置（セーフガード）を導入する，という方向で調整が進んだ。日米は関税率，猶予期間，セーフガードの発動条件，無税輸入枠の 4 つの変数を組み合わせた「連立方程式」を共有，解となる着地点を探った。

他方，自動車については，米国は自動車関税の早期撤廃には消極的で，事前協議において農産物も含めた全品目のうち最長の期間で撤廃することですでに決着済みであるとして，譲歩する考えはなかった。このため，日本は，米国が

自動車部品に課している関税の即時撤廃を要求，交渉は難航した。21世紀型の新たな貿易ルールづくりを先導する立場の日米が，20世紀型の関税撤廃といった次元で対立したのは情けない。

妥結の先送りが続いたTPP交渉だが，2014年11月の米議会中間選挙の結果，上下両院とも自由貿易に前向きな野党共和党が支配することになり，TPP交渉の潮目が変わった。レームダック（死に体）に陥ったオバマ政権だが，皮肉にも，TPPに後ろ向きの与党民主党に代わって共和党の協力を取り付けて，TPP交渉に不可欠とされた通商交渉の権限を大統領に委ねるTPA（貿易促進権限）法案を，上下両院とも際どい採決であったが2015年6月下旬に可決させた。これによりTPP交渉の合意内容が米議会によって修正される恐れがなくなり，交渉参加国は最後のカードを切れるようになった。

TPA法案の成立を追い風に，最大の懸案事項であった日米の関税協議も決着の見通しがつき，TPP交渉の年内妥結への機運が高まるなか，2015年10月，12カ国は米アトランタで閣僚会合を開いた。想定外の「伏兵」の登場で，医薬品のデータ保護期間や乳製品の関税撤廃などをめぐり交渉は土壇場までもつれたが[2]，難産の末，大筋合意にこぎつけた。

米国の政治日程を考えると，2016年の米大統領選の予備選が本格化する前に，TPP交渉を決着させる必要があり，レガシー（政治的業績）が欲しいオバマにとっては，最後のチャンスであった。TPP交渉が漂流すれば，中国が一帯一路構想とAIIB（アジアインフラ投資銀行）をテコにアジア太平洋の覇権争いで勢い付くとの警戒心も，米国を大筋合意へと突き動かした。

第4節　同床異夢のRCEP交渉：前途多難

2012年11月の東アジアサミットで，RCEPの交渉開始が合意された。これを受けて，RCEP交渉は2013年5月に開始，2015年末までの妥結を目指している。RCEP交渉開始が合意された背景には，TPP交渉の進展がある。アジア太平洋地域における広域FTAがTPPを軸として実現される可能性が高まり，米主導のTPPに警戒心を抱く中国が，これに対抗して東アジア広域FTA

第11-2表　RCEPの原則と交渉分野

■RCEPの8原則
　①WTOとの整合性確保，②「ASEAN+1」FTAよりも大幅な改善，③貿易投資の円滑化・透明性確保，④参加途上国への配慮，柔軟性，⑤既存の参加国間FTAの存続，⑥新規参加条項の導入，⑦参加途上国への経済技術支援，⑧物品・サービス貿易，投資及び他の分野の並行実施
■交渉分野（今後追加の可能性あり）
　①物品貿易，②サービス貿易，③投資，④経済技術協力，⑤知的財産権，⑥競争，⑦紛争処理，⑧その他

（資料）経済産業省。

の実現を加速させようと動いた。

　2011年8月，日中両国が共同で，東アジアの広域FTA構想に関する提案を行った。それは，中国と日本がそれぞれ支持するASEAN+3とASEAN+6の枠組みを「ASEANプラス」という形で棚上げし，膠着状態にあった広域FTAの交渉を開始させようという狙いがあった。

　日中共同提案を受けてASEANが動いた。ASEANが2011年11月のASEAN首脳会議で打ち出したのが，RCEP構想である。それは，ASEAN+3とASEAN+6の2構想をRCEPに収斂させ，ASEAN主導で東アジア広域FTAの交渉を進めていくことを表明するものであった。

　ASEANは，「ASEANの中心性（centrality）」を確保することによって，東アジア広域FTAの中にASEANが埋没しないようにしてきた。「ASEAN+1」FTAを周辺6カ国との間で締結する一方，ASEAN経済共同体（AEC）の実現を打ち出したのも，東アジア広域FTAの構築においてASEANが「運転席に座る」ことを目指したためであった。

　RCEPの大枠は，8つの原則と8つの交渉分野から成る。TPPと異なり，参加国の事情に配慮してある程度の例外を認めるなど，自由化には柔軟に対応する方針であり，レベルは相当に低くなるだろう。ASEAN+6の間の経済格差は大きく，交渉が本格化すれば利害対立は避けられない。関税撤廃では自由化率の目標設定の段階で早くも躓き，自由化に消極的なインドを外した先行合意案も一時は浮上するなど，16カ国によるRCEP交渉は前途多難の様相を呈

し，2015年末を目標とした妥結も越年となった。

さらに，RCEPの限界も指摘されている。ASEANを議長国とするRCEPがAECを超える，言い換えれば，AECよりも深化した統合体になることは難しい。他方，RCEP交渉の推進力と期待されたのが，TPP交渉である。TPPとRCEPへの参加国が重複するなかで，RCEP交渉のテコとなるはずのTPP交渉の停滞によって，交渉スピードは大幅に鈍ってしまった。

第5節　日EU・FTA交渉の気になる温度差

日本は，EUとのFTA締結に向けた事前協議（scoping exercise）を終え，2013年4月から日EU・FTA交渉を開始，2015年11月までに13回の交渉会合が開催されたが[3]，2015年中の交渉妥結は困難となった。

韓国に先を越された日本は，EUとのFTA交渉に前向きである。EUが自動車に10％，家電に14％と高関税を課しているため，日本はこれらの関税を撤廃させたいからだ。一方，EUが関税撤廃を求めているチーズやバターといった乳製品は，日本がTPP交渉でも重要5項目として関税を守る方針の農産物で，簡単には譲れない。ワインの関税については，日本は7年かけて撤廃したい考えだが，EUは即時撤廃を主張している。

工業製品に対する日本の関税はほぼゼロであるため，EUの関心は，主として自動車，化学品，電子製品，加工食品，医療機器，医薬品などの分野における非関税障壁の撤廃と，政府調達（鉄道など）への参入拡大に向けられた。

中でも，鉄道が大きな焦点となった。EUは，JRの3社（東海，東日本，西日本）が資材の調達方式を見直し，EUの鉄道メーカー（仏アルストム，独シーメンスなど）からの輸入を増やすよう求めた。これに対して，日本はJR各社を完全民営化しており，政府調達のルールの対象外だと主張，JR各社の対応に任せる姿勢だ。自動車では，軽自動車の優遇策是正，日本特有の技術基準や認証手続きの国際基準への調和などが要求された。

このほか，食品の「地理的表示」（geographical indications：GI）をめぐっても対立した。GI制度は，仏・シャンパーニュ地方の「シャンパン」な

ど地名に由来する名称を勝手に使用しないようにするものである。日本もEUの要求に応じて、GI制度の導入(2014年6月、「農林水産物名称保護法」成立)を決めたが、EUはもっと厳格な制度を要求している。

TPPに対抗して米国との間でTTIP交渉を開始したEUは、対米交渉を優先、対日交渉への盛り上がりはいま一つだ。EUは、TPP交渉で日本がどこまで譲歩するかを見極めながら交渉を進める考えであった。TPP交渉の決着はEUを焦らせ、EUを前向きにさせるだろう。

第6節　TTIPは西欧の復権をもたらすか

米国とEUは環大西洋のメガFTAを目指して、2013年7月にTTIP交渉を開始した。交渉会合は15年10月までに11回を数える。当初、妥結まで2年としていたが、交渉は長期化の危険も孕んでいる。

米国や日本とのFTA交渉に後ろ向きだったEUが、なぜ方針転換したのか。米国がアジア重視に舵を切り、日本も交渉参加を表明するなどTPP交渉の予想以上の進展で、EUがメガFTAの潮流から取り残されることへの危機感と焦りがあったからだ。

TTIP交渉を提案したのはEUだが、それは米国にとっても渡りに船だった。第1に、ドーハ・ラウンドが失速状態に陥ったなか、米国もメガFTA締結競争の流れに敏感に反応した。TPP交渉を主導する米国には、TTIP交渉をまとめることで、環太平洋だけでなく環大西洋までをカバーする新たな通商秩序の枠組みを構築する狙いがあった。

第2に、米国もEU同様、経済成長の活路を輸出拡大に見出そうとした。「ゲームチェンジャー」と呼ばれるように、成長戦略としてのTTIPに期待が高まった。欧州債務危機後の緊縮財政で思い切った内需拡大策がとれないEUは、TTIPをテコに欧州経済の再生を図ろうとした。一方、リーマンショックの後遺症から立ち直るために輸出倍増を打ち出したオバマ政権も、TTIPをTPPと並ぶ米通商政策の2本柱に位置づけた。

しかし、TTIP交渉の行方については楽観できない。米欧間の関税率は約4

第11-3表　TTIPの交渉分野

1．市場アクセス 　①物品貿易，②関税率，③サービス，④サービスと投資，⑤投資保護，⑥公共調達 2．規制項目・分野 　①規制調和，②貿易の技術的障害（TBT），③衛生植物検疫措置（SPS）， 　④分野別協議（繊維，化学，医薬品，化粧品，医療機器，自動車，情報通信技術， 　　エンジニアリング，農薬） 3．協力のルール・原則・方法 　①エネルギー／原材料，②貿易と持続可能な開発／労働と環境，③原産地規則， 　④競争法，⑤知的財産権／地理的表示（GI），⑥紛争解決，⑦中小企業， 　⑧貿易救済措置，⑨税関と貿易円滑化

（資料）　ジェトロ「通商弘報」（2014年7月16日）。

％で，すでにかなり低い。このため，交渉の焦点は，関税撤廃よりも非関税障壁の撤廃（規制問題）に当てられた[4]。ISDS条項のほか，食の安全や自国文化の保護などをめぐる米欧の対立によって，交渉は難航が予想される。

2013年6月のEU貿易相会合では，ハリウッド映画などの流入を警戒するフランスが，文化保護の観点から映像や音楽分野を交渉対象から外すよう要求した。交渉開始にはEU加盟国の全会一致が条件のため，とりあえず同分野を交渉対象とせず棚上げとした。米国はこれに強く反発している。

TTIP交渉の最大の争点は食の安全だろう。EUは，遺伝子組み換え作物の安全性が保証されていないとして，SPS協定（衛生植物検疫措置の適用）第5条で定められている「予防原則」に基づき，米国からの新規の遺伝子組み換え作物について輸入規制をしている。米国は，このEUの措置を「偽装された保護主義」であり，WTO協定に違反すると批判しているが，EUはTTIPによって規制を緩めるつもりはない。

規制問題の完全な解決は容易でない。現実的な対応として，問題の終結に向けて両者が継続的に努力を続ける形で，TTIPは「生きた協定（living agreement）」を目指すのではないか。

TTIP交渉による影響は極めて大きい。米国とEUの狙いは，TTIPによって環大西洋の貿易や投資を拡大させることだけではない。TTIPは，台頭する中国を意識した米欧のメガFTA戦略といってよい。TTIP交渉で21世紀型の

貿易ルールについて米欧が合意すれば，中国の国家資本主義（政府が市場メカニズムに積極的に介入）にも影響が及ぶのは必至である。TTIP は，TPP とともに中国に対する大きな圧力となろう。

一方，日本にとっても TTIP の影響は小さくはない。21 世紀型の貿易ルールを全てカバーし，事実上のグローバル・スタンダードとなる可能性が大きいからだ。日本が蚊帳の外に置かれた形で貿易ルールができることは避けたい。日本が米欧の動きを牽制できるかどうか，そのカギを握るのが TPP と日 EU・FTA だろう。

第 7 節　メガ FTA 時代の WTO：その新たな機能

21 世紀型貿易のルールづくりを目指したドーハ・ラウンドは，失速状態に陥った。このため，新しいルールは TPP，TTIP などメガ FTA を中心に，WTO の外で作られようとしている。

だが，WTO 加盟国のすべてが FTA を締結できるわけではない。FTA を締結していない国との紛争処理は，WTO を活用するしかなく，FTA だけでは不十分である。したがって，WTO の役割は決して終わらない。メガ FTA の潮流から取り残される途上国にとって WTO は必要な枠組みであるが，WTO の失速が不安を生んでいる。メガ FTA 間の隙間に埋もれてしまう途上国への対応を忘れてはならない。

他方，メガ FTA はグローバルな貿易システムを自動的に保証するわけではなく，さまざまな弊害を生む危険がある。サプライチェーンの効率化を進める企業にとって，メガ FTA ごとにルールがバラバラでは困る。貿易システムの分極化は避けねばならない。メガ FTA の間でルールの調和が必要だ。その調整の場は WTO しかないであろう。

メガ FTA がいくつも躍り出たことで，逆に，再びグローバルなルールとそれを支える多国間の枠組みとしての WTO の存在意義が再認識されるならば，WTO にとってはチャンスである。WTO 復活のカギは，メガ FTA 間の調整という WTO の新たな役割にかかっている[5]。

調整の形態としては，複数のバリエーションがある。ITA（情報技術協定），TISA（新サービス貿易協定）など，WTO 加盟国の一部，有志国が参加する「プルリ協定」（pluri-lateral agreement）のような形をとる可能性がある。また，バリ・パッケージの合意のように，WTO 加盟国すべてが特定分野について部分合意し，マルチの協定としてまとめることも考えられる。

　WTO の将来は，21 世紀型貿易に十分対応できずこのまま脇役に退くのか，それとも，主役として 21 世紀型貿易の新たなルールづくりに創造的に関わっていくことができるのか，WTO は今まさに剣が峰に立っていると言えよう。

第 8 節　21 世紀型の通商戦略：日本の課題

　企業による国際生産ネットワークの構築とサプライチェーンのグローバル化が加速するなか，日本は 21 世紀型の貿易ルールの確立に向けた取り組みが求められている。最後に，21 世紀型貿易のルール・メーカーを目指す日本の新たな通商戦略について，その具体的な課題をまとめておこう。

　第 1 に，メガ FTA 時代における WTO の新たな役割を見据えて，メガ FTA だけではなく WTO の復活をも主導することが，日本が目指すべき 21 世紀型の通商戦略である。日本は「21 世紀型の重層的通商政策」に積極的に取り組み，メガ FTA と WTO を通じた 21 世紀型貿易のルールづくりで，イニシアティブを発揮すべきである。

　第 2 に，TPP，RCEP，日 EU・FTA，TTIP の 4 つのメガ FTA のうち，日本は 3 つのメガ FTA に関与している。21 世紀型貿易のルールづくりで，地政学的に主導性を発揮しやすい立場にある。日本企業の強みを活かせるよう，日本は主体的にルールづくりに取り組むべきだ。米欧間の TTIP に対しても，TPP と日 EU・FTA を通じて，日本は牽制できる立場にある。言い換えれば，TTIP を見据えながら，TPP と日 EU・FTA に関与していく姿勢が肝心である。

　第 3 に，日本のメガ FTA はワンセットで捉えなければならない。そもそも日本の TPP 交渉参加が，中国や EU を刺激して RCEP や日 EU・FTA の交

渉開始につながった。しかし，TPP交渉の停滞は，他の交渉を足踏みさせた。TPP大筋合意によって，他のメガFTA交渉に弾みがつくことへの期待が膨らんでいる。日本は，TPPをテコにメガFTAの交渉で主導性を発揮するというシナリオを強力に推し進めるべきだ。

第4に，アジア太平洋地域がメガFTAの主戦場となっている。FTAAP（アジア太平洋自由貿易圏）の実現に向け，TPPとRCEPの2つのメガFTAが併存している。米中の角逐が懸念されるなか，日本は地政学的な利点を生かして，TPPとRCEPが融合してFTAAPにつながるよう，「アジア太平洋の懸け橋」としての役割を目指すべきである。

第5に，TPPだけでなく，TTIPや日EU・FTAの交渉にも中国は警戒を強めている。それらが，中国の国家資本主義とは相容れない21世紀型貿易のルールづくりを目指しているからだ。中国をいかにして21世紀型貿易のルールに組み込むかが，日米欧の共通課題である。

第6に，複数のメガFTAの同時進行によって，複数の貿易ルールが混在する状況が予想される。その弊害に対応すべく，将来的には，WTO協定の一部としてグローバルなルールにしなければならない。メガFTA間の調整役としての役割をWTOが果たせるよう，日本はWTOを積極的に支えるべきだ。具体的には，グローバルなルールづくりに向けて，ITAやTISAなど，WTOにおける有志国による分野別のプルリ協定への取り組みも積極的に進めるべきである。

（馬田啓一）

注
1） Baldwin（2011）。
2） 7月にもハワイで閣僚会合を開いたが，医薬品のデータ問題を人質に乳製品の輸入拡大を求めたニュージーランドの強硬姿勢によって，合意は先送りとなった。「日本経済新聞」2015年8月2日付。
3） EUは，交渉開始から1年後に日本の市場開放に向けた姿勢が不十分と判断した場合，交渉を打ち切る方針を示していたが，2014年6月，日本とのFTA交渉の継続を決定した。「日本経済新聞」2014年6月26日付。
4）「雇用と成長に関する高級作業部会」（HLWG）の最終報告書（2013年2月）が，TTIP交渉の争点を説明している。
5） 馬田（2015）。

参考文献

石川幸一 (2015),「RCEP の意義と課題」石川幸一・馬田啓一・国際貿易投資研究会編著『FTA 戦略の潮流：課題と展望』文眞堂.

馬田啓一 (2014),「TPP 交渉と日本の通商戦略」石川幸一・馬田啓一・渡邊頼純編著『TPP 交渉の論点と日本』文眞堂.

馬田啓一 (2015),「WTO の将来：悲観と楽観」馬田啓一・小野田健也・西孝編著『国際関係の論点：グローバル・ガバナンスの視点から』文眞堂.

木村福成 (2012),「TPP と 21 世紀型地域主義」馬田啓一・浦田秀次郎・木村福成編著『日本の TPP 戦略：課題と展望』文眞堂.

田中友義 (2015),「日 EU・EPA 交渉の経緯と争点」石川幸一・馬田啓一・高橋俊樹編著『メガ FTA 時代の新通商戦略：現状と課題』文眞堂.

安田啓 (2015),「TTIP（米 EU・FTA）交渉の現状と展望」石川幸一・馬田啓一・国際貿易投資研究会編著『FTA 戦略の潮流：課題と展望』文眞堂.

Baldwin, R. (2011), "21st Century Regionalism: Filling the Gap between 21st Century Trade and the 20th Century Rules," Centre for Economic Policy Research, *Policy Insight*, No.56.

Petri, A.P. and M.G. Plummer (2012), "The Trans-Pacific Partnership and Asia-pacific Integration: Policy Implications," Peterson Institute for International Economics, *Policy Brief*, No.PB12-16, June.

Schott, J. and C. Cimino (2013),"Crafting a Transatlantic Trade and Investment Partnership: What can be done," Peterson Institute for International Economics, *Policy Brief* 13 (8).

第 12 章

日本の農業政策をめぐる政策過程と農協改革

はじめに

わが国の政策意思決定システムは，自由民主党（自民党）による一党優位政党制が長く続いたこともあって，独特のシステムが制度化されてきた。農業政策に関する政策過程においても，多くの研究者やジャーナリストが指摘しているように，農林族・農林水産省（農水省）・全国農業協同組合中央会（JA全中[1]）の政策ネットワークが，農政鉄の三角形を構築してきた[2]。農政鉄の三角形は，兼業農家の戸数の維持を政策形成の目的とし，政府から大きな補助と規制による保護を受けて来た[3]。

かつてカルダーは，自民党が大きく議席を減少させる可能性のある危機的状況において政策転換が図られ財政出動がなされたサイクルを「危機と補助金」と呼んだ[4]。ウルグアイ・ラウンド交渉においてコメのミニマム・アクセスを日本が受け入れた後，6兆円ともいわれる対策費が組まれたのが自民党，社会党，新党さきがけが政権に復帰した後の出来事であったことからも危機と補助金のサイクルをみることができる。潜在的な野党投票者を懐柔することで与党としての地位を維持してきたといえる。その結果，財政問題が考慮されることもなく，米価引き上げや農産物の自由化反対などが議論される。たとえ財政問題を考慮すべきであるという主張がなされたとしても，農林部会や農林水産委員会のなかでは，それは農業の重要性を知らない弱腰の姿勢であると非難されるのである[5]。自民党システムは，蒲島が指摘するように「経済成長を進めながら，その成長の果実を，経済発展から取り残される農民などの社会集団に政治的に分配することによって，政治的支持を調達しようとするシステム」

ということができた⁶⁾。しかし，こうした仕組みが調整を複雑にし，政策の決定費用を高め，問題を先送りすること，政策決定に時間がかかること，大胆な政策転換を困難にするという問題を生じさせた。

ところが，近年，自民党の支持組織ともいえる JA の集票力が落ち，それとともに農政の転換が模索されるようになった。1980 年に JA 出身の候補者は 230 万票を獲得していたが，2013 年の参議院選挙では 34 万票に減少した⁷⁾。そうした中で，2012 年 12 月に発足した第二次安倍政権は，産業競争力会議，規制改革会議を通じ市場経済を重視する経済政策を進め，環太平洋経済連携協定（TPP）交渉に参加するとともに日本再興戦略で成長戦略の方針を示した。農業については「攻めの農林水産業」を掲げ，農地中間管理機構設立，米制度改革，JA 改革，農業委員会改革などを進めた。そして，2015 年 2 月 9 日，政府・自民党と JA 全中は，農協改革法案などの骨格について合意し，8 月 28 日，参議院本会議において農協法改正案が与党の賛成多数で可決し，同改正法が成立した。1955 年，河野一郎農林大臣が農協から信用事業を分離しようとして挫折して以来，タブー視された JA 改革が 60 年ぶりに政治の議題に上がったといえる⁸⁾。本章では，これまで困難を極めた農協改革がいかにして浮上し，改革への道筋がつき，農協改正法が可決したのか，日本の農業の特徴と JA の政策過程への関わりを概観しながら考察する。

第 1 節　日本の農業の特徴

　農業は，各国が国内保護の維持を訴えつづけている部門であり，農業団体は，政策意思決定過程に極めて大きな影響力を持つ利益団体である。ほとんどの先進国において，農業部門の経済に占めるシェアが縮小するのにともない，農業保護の水準を引き上げてきた⁹⁾。強力なロビー活動と地方に有利な選挙制度に助けられ，農家はその戸数を上回る政治力を発揮してきた¹⁰⁾。OECD 加盟国の関税率平均が，工業部門で 5% なのに対して，農業部門は 60% と依然として高いままである¹¹⁾。日本も例外ではない。農業保護の指標の一つである生産者支持評価額（PSE）で各国を比べてみると，第 12-1 図に示すように，

第 12-1 図　先進国における PSE の比率

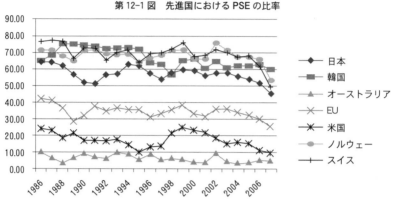

(注)　PSE は，農産物の関税・管理価格による内外価格差×生産量と補助金等財政支持額の計。
　　　 EU：1986〜94 年 12 カ国，1995〜2003 年 15 カ国，2004 年以降 25 カ国。
(出所)　Agricultural Policies in OECD Countries: At a Glance 2008 より筆者作成。

日本の数値は高い。そのため，農産物貿易自由化に向けての交渉では，日本国内での調整が一つの課題となる。

日本経済における農業の比重は，第 12-1 表に示すように，1960 年当時，対 GDP 比で 9%，就業人口比で 27% あったが，その後急速に低下し，1980 年代までにそれぞれ 3% 以下，9% と縮小した。現在の日本農業は，出荷額でみると（2008 年の農水省の発表），8 兆 4662 億円の農産物を生産し，4 兆 4295 億円の付加価値を生み出す産業である。この生産活動を担っているのは，252 万戸の農家の 260 万人の農業就業者である[12]。日本経済全体に占める農業の比重は年々低下している。2008 年の日本農業は，付加価値では日本経済の 1%，総就業人口では 4% を占めるに過ぎない[13]。

第 12-1 表　GDP に占める農業総生産および総就業人口における農業就業人口

	1960	1970	1980	1990	2000	2005
農業総生産(10 億円)	1,493	3,293	6,242	7,854	5,522	4,881
対 GDP 比率(%)	9.0	4.4	2.5	1.7	1.1	1.0
農業就業人口（万人）	1,196	811	506	392	288	252
対総就業人口比率(%)	26.8	5.9	9.1	6.2	4.5	4.0

(出所)　農林水産省『農業白書付属統計表』より筆者作成。

日本農業において最も重要な農産物は、いうまでもなくコメである。第12-2図に示すように、1955年時点でコメは、農業総産出額の52.0％を占めていた。その後、コメの比重は低下し、1980年で30.0％に低下し、2005年では23.1％となっている。

総農家数をみると、第12-3図に示すように、1986年には430万戸あった。その後、減少はしているものの、2004年でも293万戸の農家が存在する。そのうち水稲作付をしていた農家は、1986年で356万戸あった。これは総農家

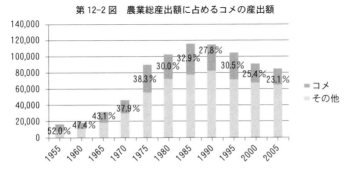

(出所) 農林水産省『生産農業所得統計』より筆者作成。(注記) ％は、農業総産出額におけるコメの割合を表す。

(出所) 農林水産省『農業構造動態調査報告書』より筆者作成。％は、総農家数に占める水稲作付農家数の割合を表す。

数の，82.2%を占める。ところが，2004年になると，これが160万戸になり，54.8%まで低下した。それでも，大半の農家が稲作をしていることが伺える。

　第一次産業の従事者や生産高の比率が減少する一方，第二次産業や第三次産業の比率が相対的に拡大するといった産業構造の変化に合わせて，農業に投下されていた資源が，他産業にスムーズに移転するならば，残る農業資源の限界生産性は高く維持され，他産業に匹敵する報酬を確保し，農業は産業として自立することが可能である[14]。1961年に制定された「農業基本法」は，日本経済が成長を遂げる中で，農業経営規模を拡大させることにより，零細性という構造問題を解決できると期待し，食生活の変化に農業を対応させる狙いを持って策定された[15]。すなわち，「農業基本法」は，規模の拡大，コスト・ダウンなどによる生産性の向上，需要の伸びが期待される農産物へシフトする選択的拡大，安定政策としての価格政策，農工間の所得格差の是正を目的としていた。

　しかし，日本の農家1戸当たり農用地面積は零細で，2ヘクタールにも届かず，農家1戸当たりの物的要素賦存で見る限り，土地利用型農業に比較優位性は見いだせない。また，水稲作付農家の7割は1ヘクタール未満の経営であり，0.5ヘクタール未満の農家も4割を超える。これらの農家のほとんどは，赤字経営か黒字であってもわずかな額である。

　また，日本の農家の特徴として，専業農家（世帯員のなかに兼業従事者が一人もいない農家）が22.6%と極めて少なく，65歳以下の男子のいる専業農家は日本の全農家の9.5%にすぎない。他方，日本の農家に占める第二種兼業農家（兼業所得の比重の高い農家）は，61.7%である。第二種兼業農家は，役所，JA，工場，建設業などに従事しており，農業からの収入はあくまで副収入である。

　稲作中心で山岳地域が多い韓国と比較すると，日本では第二種兼業農家の数が圧倒的に多い。日本では高度成長期に農村に工場が進出する一方で建設業が雇用機会を提供したため，農家が在宅勤務のまま兼業化し，農村地域に居住しつつ農業を維持できた。しかし，韓国では，工業化に伴い，人口が都市に流出したため，農村地域に留まった農家は専業が多かった。農家戸数のうち，日本では専業農家が約2割であるが，韓国は7割に近い[16]。

日本の農家に占める割合の大きな兼業農家は，主としてコメの生産に従事している。兼業農家の生産額シェアは，野菜18％，牛乳5％に対して，コメは62％である。コメは第二種兼業農家が従事しやすい体制が，JAのシステムにより構築されてきたのである。

「農業基本法」で，生産性の向上が掲げられてからも，日本の農業は，小規模な土地を多くの兼業農家で維持するという土地利用型で，平均規模が零細なままとどまっていた。このような非効率な仕組みによって農業が維持されてきたことから，しばしば世論の批判の対象となった。

ただ，鈴木は，次の3つの理由から，日本における「農業悪玉論」は誤りだと主張する[17]。第一に，日本は欧米諸国以上に国内の価格支持政策に決別し，平均関税は12％で，EUの20％やタイの35％と比較すると低いということ。第二に，国際的にも，現在の農業の構造で十分であり，規模拡大や効率化などを進めなくてもこのままの姿を維持すればよいということ。第三に，果樹や野菜，一部の畜産など国際競争力が育っている分野もあるということである。

では課題はというと，コメをはじめとする重要品目である。旧食料管理制度の下では，コメの流通は政府が管理していた。政府によって保護されたコメの価格は，国際市場価格から大きく乖離していた。これは，戦後の高度経済成長期に，政府が政策的に国内農産物価格を引き上げてきたことに由来する[18]。高度経済成長が始まる1950年代中ごろまでは，日本の農産物の内外価格差は決して大きくはなかった。しかし，高度経済成長に伴い，鉱工業部門は生産性が向上し，労働費が上昇し，農業者所得との格差が拡大した。政府は，これを放置しておくわけにはいかなくなり，政府が決定していたコメをはじめとする政策価格を引き上げることにより，農工間所得格差の拡大を防ごうとしたのである[19]。

こうした措置は，産業間不均衡成長が著しい場合，政治的社会的安定を確保するために，やむをえなかったとも言える。市場に任せて放置すれば，農工間所得格差は拡大し，農村に不満が生じ，社会不安を引き起こす可能性すらあった。価格政策による農業保護の導入は，農村の社会的厚生水準を高めるための産業調整費用とみなすこともできるであろう[20]。

しかし，高度経済成長期が終わり産業調整圧力が減じた低成長期に入ってか

らも，農業保護は，維持・拡大された。大内によると，「生産者側の米価引き上げ要求はいちじるしく強くなったし，与野党を問わず農民票をあてにする政治勢力はそれに同調した」という[21]。自民党農林族，JA，農水省の3者の利害が一致した結果，農業政策に強い影響力を及ぼす農政政策ネットワークが形成された[22]。その結果，わが国では，農政政策ネットワークのそれぞれの利益確保および組織維持のために，高米価が維持されてきたといえる。

一度拡大した内外価格差を縮小するために抜本的な構造改革を必要としたが，農業者は内外価格差を実感しておらず，保護されているという意識がなかった。産業調整圧力は減じたが，先進国となった日本の食料消費は伸び悩んだ。実際，コメの消費は減少に転じ市場での食料価格は低迷し，農業は相対的に縮小を余儀なくされた。そうした状況に危機感を抱いたJAをはじめとする農業団体は，農林族に働きかけ，さらなる政策価格の維持，さらには上乗せを要求するようになる。農家の家計を維持するために政府も，政策的に農産物の価格を上昇させた。

第2節　JA全中の政策意思決定システムへの関わり

JAは，行政を補完する農業協同組合法（農協法）に裏付けされた，「制度としての農協」としてつくられた[23]。制度としての農協は，総合農協，全戸加入，三段階制という特徴を持っていたが，この三つの特徴は相互に関連している。農協は，農産物の販売事業のみならず，貯金の受け入れや貸し付けを行う信用事業，肥料・資材などの購入を行う購買事業，そして組合員を対象に各種保険事業を行う共済事業の四大事業を営んでいる[24]。全ての事業を兼営し，全ての作物を扱うことを建前とする総合農協は，タイプの異なる多くの農家を一つのJAに加入させるには最も適した形態であることから，一定の地域をゾーニングして全農家を網羅的に組織するJAが生まれた。このような多彩な事業を展開するJAは，小規模兼業農家にとっても都合がよい[25]。小規模兼業農家は，別の仕事をする傍ら農業も営んでいるため，農資材購入，販売やマーケティングなどの経営管理の一切を担ってくれるJAの存在は，多少のコスト

高はあっても，便利な存在なのである[26]。

　農協制度の特徴は，これら末端の単協の上に上部団体があり，縦の段階組織を通じて，全国的に一つの組織にまとめ上げられていることである[27]。換言すると，総合農協の連合組織が都道府県を単位として作られ，さらに全国連合組織がつくられると，市町村，都道府県，国という行政と同様の三段階システムが形成され，それぞれの段階ごとに行政とJAが連動することによって，農業行政が末端まで浸透していくのである。

　このような「制度としての農協」は，農水省が，小規模な兼業農家を存続させることを目的とした補助金を配分する正統性ともなったし，様々な農水省の介入主義を温存させることにもなった。すなわち農水省が，その存立を確立するための予算獲得手段であったともいえる。また，JAは，効率的経営を目指す大規模農業経営者のための存在ではなく，小規模な兼業農家を守るための存在となっていく[28]。ここからJAと農水省のお互いの利害の一致がみられ，間接的・直接的な関係も伺うことができる。

　JA全農や共済などからなるJAグループの独立的な総合指導機関と位置づけられたのは，JA全中である。神門は，JAという組織について，「崩壊しつつある伝統的農村集落構造を保護し，農村部随一の票田の維持に努める団体」と論じている[29]。先述のように，JAは農協法の下に立ち上げられ，事業面を通じて政府と深いつながりがある。新規事業の開拓ですら，農協法の一部改正を必要とするなど政府とは一心同体である。さらに，JAの県連・単協組合長で議席をもつものは，ほとんどが自民党などの保守系議員によって占められており，物的・人的にも自民党と深いつながりをもっていた[30]。松下圭一は，自民党の集票行動について，自民党組織の末端を担うのが，農村や都市にある部落会・町内会であることはいうまでもないと述べている[31]。すなわち，自民党は，選挙によって専任される地方議会議員の他に，有給もしくは無給の名誉職としてあてがわれる多数の役職に，地域の有力者を任用することで自治会の組織化を図ったと言える。JAの組合長が，地方社会において首長とならぶ役職と位置づけられていたことを鑑みると，自民党と地域に根付くJAの関係をみて取ることができる。

　JAの頂点に立つJA全中は，総合指導機関として営農指導を行うだけでな

く，農林族や農水省に対して農政運動を基礎とする積極的な政策提言を展開した[32]。それに対して，農林族議員は集票や献金の面での貢献を期待し，その見返りに，JA全中に有利となる政策を推進した。農政運動とは，農業団体，つまりJA全中に代表される農業団体が，単協の組合員の要求に基づいて，政府・国会などへの陳情・要請運動を行い，解決をはかろうとするものである[33]。80年代までの農政運動は，主に米価の値上げを要求する米価運動であった。米価運動は，農水省の諮問機関である米価審議会前後に運動の最大のピークをむかえる。堀内巳次・元JA全中会長は，1980年代までの農政運動が有効性を発揮できたのは，農政運動の高まりのなかで政府・自民党が，反政府・反自民の気運の増大を警戒して，選挙対策のために手を打ったからであると述べている[34]。しかし，1986年に，関税および貿易に関する一般協定（GATT）においてウルグアイ・ラウンド交渉が開始されると，その軸が農産物の貿易自由化へと議題が移っていき，農政運動の方向性が米価の価格交渉から国際的な圧力に抵抗するための運動へと変化し，その手法も変容した[35]。

　農産物の自由化をめぐっては，ウルグアイ・ラウンド交渉以前にも，米国からのかんきつ類や牛肉の交渉（日米農産物交渉）がなされた[36]。そして1988年に，牛肉・オレンジを3年後，オレンジ果汁を4年後に自由化すること，自由化までに牛肉を毎年6万トン，オレンジを2万2000トン増枠するといった内容で決着した。JA全中は，これら農産物の貿易自由化の阻止のために，3000万人署名運動，米国政府・米商工会議所などと折衝，政府・国会へ要請，10回余の大集会の開催などの運動を展開した。ウルグアイ・ラウンド交渉では，コメの貿易自由化がアジェンダに設定されたため，JA全中は，市場開放阻止を掲げた。1988年10月に，米市場開放阻止対策中央本部委員会が設置され，コメ市場開放阻止のために，JA全中は，①農業者の結集，②国民各層を巻き込んだ国民運動，③世界の農業者との連帯による運動の展開，の三つの基本方針を決めた[37]。「農業者による農政運動組織の強化」も必要であるとの考えから，1989年6月に「農協運動を基礎として，全国の農業者が結集し，選挙や国会などの政策決定の場で，一定の政治的影響力を行使し，農業者の農政上の課題を解決するための農政運動組織」を趣旨とした「全国農業者農政運動組織協議会（全国農政協）」が設立された[38]。

JAの農政運動は，基本的には大会および陳情・要請運動という形をとっており，その陳情・要請先はもっぱら政府・与党自民党に焦点を合わせていたことに変わりはない。山田・元JA全中専務理事も，自民党の農林部会や農林水産物貿易調査会において，JA全中の考え方を理解してもらい，国会や委員会において反映してもらうことが，JA全中としての最大の利益，すなわちコメを含む一部農産物の関税を維持するために，最も効率のよいアプローチであると述べている[39]。農林部会や農林水産物貿易調査会には，農水省や貿易関係の各省の官僚も控えているため，JA全中の意見を聞いた農林族議員が，その場で直接指示を出したり，方向性を示し，即座に意見が反映されたという。このように農林族議員と，農水省，JA全中の三者による政策ネットワークが，国会とは異なる政策意思決定の場において中心的役割を果たしてきた。もちろん，各政党のなかには，農業保護に批判的な声も存在した。しかし，法案の成立を左右するのは自民党の農林部会や農林水産物貿易調査会であり，農業と関係の深い選挙区の出身の農林族である。したがって，票を維持するために議論が他の対立する経済的利益を考慮しながら行われることは想定しにくい。

第3節　第二次安倍政権における農協改革

　先述のように，近年，自民党の支持組織ともいえるJAの集票力が落ち，それとともに農政の転換が模索されるようになった。そうしたなかで，2012年12月に行われた衆院選において，自民党は民主党から3年ぶりに政権を奪還し，安倍晋三首相が第二次安倍政権を発足させた。安倍首相は就任と共に「三本の矢」からなる「アベノミクス」を打出した[40]。三本の矢は「金融緩和」，「財政出動」，「成長戦略」から構成されている。アベノミクスの成否を分けるのは成長戦略の成果次第といわれ，その大きい柱の一つに上がっているのが農業再生であった。そのため，それを達成させるうえで農業改革やこれまで保護されてきた農産物を自由化する可能性の高いTPPは試金石であると受け止められてきた。他方でJA全中は医師会なども巻き込みTPP交渉に反対する一大反対運動を展開した。TPP交渉参加後も，多くの農産物について，関税撤

廃の例外とするよう政府・自民党に迫り，交渉の進展をブロックしようと試みた。

　第二次安倍政権は，発足直後の2013年1月に官邸に日本経済再生本部，産業競争力会議を設置し，市場経済を重視する経済政策を進め，農業については「攻めの農林水産業」を掲げた。2013年6月に，「日本再興戦略」を公表し，農林水産業については成長産業化，農業・農村所得倍増などが盛り込まれた[41]。本来，食料・農業・農村に関わる問題は，食料・農業・農村基本法に基づき，中長期的に取り組むべき方針を定める「食料・農業・農村に関わる基本計画」に基づき進められるが，安倍政権では，産業競争力会議および規制改革会議など官邸を中心に進められた。

　参院選後の2013年8月22日には，規制改革会議に農業ワーキンググループ（WG）が設けられ，9月10日開催された初会合では「農業者・消費者に貢献する農協の在り方」が検討項目として上った[42]。農業WGでは，JA全中をはじめ，農協の全国組織であるJA全農や地域農協，農業生産法人などからヒアリングがなされ，11月26日に「農政における農業協同組合の位置づけ，事業・組織の在り方，今後の役割などについて見直しを図るべきである」と記した「今後の農業改革の方向について」を公表した[43]。

　2014年1月22日のダボス会議における安倍総理のスピーチでは，「既得権益の岩盤を打ち破るドリルの刃になる」と発言がなされ，安倍首相の農政改革に対する意気込みが表明された[44]。そうした中で，自民党では，農林水産戦略調査会と農林部会に設置された2014年3月13日に西川公也を座長とする「農業委員会・農業生産法人に関する検討PT」，14日に森山裕を座長とする「新農政における農協の役割に関する検討PT」が初会合を開催し，農業団体組織に関する議論が本格化した。会合に先立ち森山座長は「農協がいかに新農政のなかで役割を果たしていくかは大変大事。農協は民間の自主的な組織であることも十分配慮しながら議論を重ねていくことが大事」と論じている[45]。他方で，2014年5月14日に規制改革会議・農業WGから公表された「農業改革に関する意見」では，農協中央会制度の廃止，農業会議・全国農業会議所制度の廃止，全農の株式会社化などが論じられ，農業関係者に激震が走った[46]。

JA 全中は,「グループの解体につながる」として国会議員への働きかけや全組合長・会長会議を緊急開催するなどの運動を展開しJA 全中としての改革案を提示した[47]。また，5 月 21 日に行われた自民党の農業委員会・農業生産法人に関する検討 PT と新農政における農協の役割に関する検討 PT の合同会合には約 100 名が参加し WG 案に反対した[48]。自民党案の特徴は，規制改革会議の急進的な考え方を押し戻し，JA グループの自主的な判断を尊重することにあった。規制改革会議は，そうした意見を受け入れた「規制改革に関する第二次答申」をまとめ，安倍首相に提出した[49]。6 月 24 日に開催された農林水産業・地域の活力創造本部において安倍首相は「農協法に基づく現行の中央会制度は存続しない」と論じ[50]，規制改革会議の答申に基づく農業委員会・JA・農業生産法人の見直しを取り入れた「骨太の方針」「新成長戦略」「規制改革実施計画」を閣議決定するとともに，「農林水産業・地域の活力創造プラン」の改訂を行い，次期通常国会に提出する関連法案改正の準備にとりかかることになった[51]。

 規制改革会議の答申を受けて，JA 全中は 7 月に総合審議会を立ち上げ，JA 改革と中央会改革の二つの専門委員会で自己改革案を検討するとともに，大学教授，ジャーナリスト，企業関係者，農業者などからなる「JA グループの自己改革に関する有識者会議」を設置した[52]。両専門委員会の検討を経て，11 月に中間とりまとめが発表されたが，JA 改革については，JA の創意工夫，買取販売方式，生産資材価格引き上げ，農産物輸出 10 倍増，農業所得増大，地域活性化など活力創造プランの内容が多く取り込まれ，5 年間を自己改革集中期間とするとした。中央会改革については，中央会を農協法上の組織と位置付け，農協法から中央会の統制的事項を削除して「新たな中央会にする」とした。この自己改革案に対し，9 月の内閣改造で就任したばかりの西川公也農水相は「政府の考え方とずれがある」と指摘し，また，菅義偉官房長官も「政府・与党と方向性が合っているか疑問」と述べている[53]。また，12 日，規制改革会議農業 WG は，JA グループからのヒアリングを踏まえ「自己改革案に対する意見」を発表し，農協法からの JA 全中の規定廃止や，一般社団法人化，監査機能の見直しなどを提言した。

 通常国会における農協改革の関連法案の提出に先立ち，2015 年 1 月 6 日，

西川農水相は定例記者会見において、JA全中監査義務を廃止する意向を表明した[54]。農協法を所管する大臣として、監査権の廃止を明言するのは初めてであった。また安倍首相は、「農業を成長産業に変えていくために、全力投球できるようにしたい。中央会には脇役に徹していただきたい」と述べ、政府の改革案に反発するJA全中をけん制する発言をした[55]。

そして、2015年2月9日、政府・自民党とJA全中は、国会に提出する農協改革の関連法案などの骨格について合意した[56]。その内容は、①JA全中を2019年までに一般社団法人とする、②JA全中が全国監査機構の下に行っている監査制度を全中から分離し、公認会計士法に基づき監査法人を新設し、預金量の200億円以上の農協は新たに監査法人か一般監査法人を選択し、公認会計士の監査を受ける、③都道府県農協中央会は連合会化を意図する、④農協法第7条の目的に農協が「農業所得の増大に最大限の配慮をしなければならない」とし、「事業の的確な遂行により高い収益性を実現し、事業から生じた収益をもって、経営の健全性を確保しつつ事業の成長発展を図るための投資又は事業分量配当に充てるよう務めなければならない」とした。その後、4月3日に農協法改正案は閣議決定され国会に提出され、2015年8月28日、参議院本会議において農協法改正案が与党の賛成多数で可決し、同改正法が成立した。約60年ぶりに農協制度の抜本改革が実現した。

おわりに

これまでタブー視された農協改革が60年ぶりに農協制度の抜本改革として実現した。この背景には、安倍首相の執念である「戦後レジームからの脱却」、新自由主義に依拠した安倍政権のアベノミクス「成長戦略」の推進、その具体化に当たって邪魔な「岩盤規制」と認識している戦後民主主義の創り出した農業委員会、農協、農地制度などの農業・農村の制度的枠組みの解体に向けた取り組みがあると考えられる。

そうした中で、農協改革が実現した背景には、官邸主導による政策決定システムが大きいと考えられる。すなわち、本来であれば、農業政策は、食料・農

業・農村基本計画が基盤となり、議論の場は農水省の食料・農業・農村審議会であった。しかし、第二次安倍政権では、農業政策の議論の場として官邸の規制改革会議と産業競争力会議が中心になり進められ、農協改革を政策アジェンダに載せ、農協法改正法案はその場で議論されたものが骨格となっている。

また、2014年9月に行われた内閣改造では、農林水産相に農協改革の検討プロジェクトチームの座長を務めた西川公也が起用され、その座長に菅義偉官房長官と近い吉川貴盛前農水副大臣が充てられ、さらに農協改革の急先鋒とされる農林水産戦略調査会長に林芳正前農水相が起用され、農協改革断行の姿勢が打ち出された。こうした布陣を敷いたことで、党内からの反発が大きかったとはいえ、政府・自民党が一枚岩になって農協改革を進めたことが大きかったと言える。

制度的に改変された農協が、今後の日本農業にいかに寄与するかが重要な課題といえよう。

（三浦秀之）

注
1) JAは、1992年に農協という名称からJA（Japan Agricultural Co-operative）に変えている。1992年までは農協系統という名前が使われていたが、本章においては1992年前の農協においても本章全体の一貫性を維持するためにJAという略称を用いる。なおJA全中は後述するようにJAにおける政策活動をする機関である。
2) 山下（2009）、本間（2010）、神門（2006）など参照。
3) 八田・髙田（2010）、4ページ。
4) Calder（1989）
5) 元農水大臣経験者インタビュー。
6) 蒲島（2004）。
7) 山下（2014）。
8) 山下（2014）。
9) Anderson and Hayami（1986）, p.176.
10) Olson（1965）。
11) OECD（2003）。
12) 農林水産省『農林水産基本データ集』2010年11月1日を参照。
13) 経済成長すなわち1人当たり実質所得水準の上昇に伴って、国民経済における農業の地位が低下し、農業の比重が製造業へ、さらにサービス業へと移動していく現象は、「ペティ＝クラークの法則」と呼ばれる。すなわち、一国の経済は資本蓄積が進むにつれて工業部門が拡大するにつれ、家計消費に占める飲食費支出割合は低下する。そうすると、農産物の需要も「エンゲル法則」により所得が増えるほどには増えないことになる。したがって、農業は工業部門が拡大すると、相対的に縮小する傾向にある。

14) 本間 (2010), 19 ページ。
15) 山下 (2009), 35-37 ページ。
16) 深川 (2002), 191-213 ページ。
17) 鈴木 (2005), 18 ページ。
18) 本間 (2010), 7 ページ。
19) 山下 (2004), 41 ページ。
20) 逸見 (1981)。
21) 大内 (1997), 168 ページ。
22) 三浦 (2001), 18-46 ページ。
23) 武内・太田原 (1986) を参照されたい。
24) その他にも JA によってガソリンスタンド，結婚式場や病院なども営まれ，地域におけるゆりかごから墓場まで的な機能を果たしている。
25) 本間 (2010), 185 ページ。
26) 小規模兼業農家と JA の関係については，神門 (2006), 93-97 ページを参照されたい。
27) 本間 (2010), 186 ページ。
28) 本間 (2010), 185 ページ。
29) 神門 (2004), 42 ページ。
30) 風戸 (1975), 194 ページ。
31) 松下 (1961), 515-523 ページ。
32) Olson (1965) は，集団の大きさと政治力の大きさを明らかにし，集団が小さくなるほど政治力が強まるとしている。JA は政治活動を効率的に行うのに十分小さな産業であったため，団結した行動をすることができた。そのため政治家も票読みをすることがたやすく当てにする存在となる。
33) 風戸 (1975), 194 ページ。
34) 元 JA 全中会長 (1987-1993 年) 堀内巳次氏インタビュー，2009 年 4 月 26 日。
35) Ibid.
36) 日米オレンジ交渉などの詳細については，草野 (1983) を参照されたい。
37) 農業協同組合制度史編纂委員会 (1997), 687-696 ページ。
38) 元 JA 全中会長，堀内巳次氏インタビュー，2009 年 4 月 26 日。
39) 山田俊男インタビュー，2009 年 11 月 13 日。
40) 首相官邸『第 183 回国会における安倍内閣総理大臣施政方針演説』2013 年 2 月 28 日。
41) 首相官邸『日本再興戦略-Japan is back』2013 年 6 月 14 日。
42) 内閣府『第 1 回農業ワーキング・グループ議事概要』2013 年 9 月 10 日。
43) 内閣府『今後の農業改革の方向について』2013 年 11 月 26 日。
44) 首相官邸『世界経済フォーラム年次会議冒頭演説〜新しい日本から，新しいビジョン〜』平成 26 年 1 月 22 日。
45) 『農業協同組合新聞』2014 年 3 月 18 日。
46) 内閣府『農業改革に関する意見』2014 年 5 月 14 日。
47) JA 全中『JA グループの組織に対する攻撃をはねのけ自らの意思に基づく改革の実践に関する決議』2014 年 6 月 2 日。
48) 日本農業新聞，2014 年 5 月 22 日。
49) 内閣府『規制改革に関する第 2 次答申』2014 年 6 月 13 日。
50) 首相官邸『農林水産業・地域の活力創造本部』2014 年 6 月 24 日。
51) 首相官邸『農林水産業・地域の活力創造プラン』2014 年 6 月 24 日。

52) JA 全中『JA グループの自己改革に関する有識者会議』2014 年 9 月 5 日。
53) 朝日新聞, 2014 年 11 月 8 日。
54) 朝日新聞, 2015 年 1 月 6 日。
55) 朝日新聞, 2015 年 1 月 16 日。
56) 日本経済新聞, 2015 年 2 月 9 日。

参考文献

逸見謙三 (1981),「農業の調整問題」関口末夫編『日本の産業調整』日本経済新聞社。
大内力 (1997),「農業基本法 30 年—農政の軌跡」小倉武一編『砂漠にバラを探せ』食糧・農業政策センター。
風戸伊作 (1975),「現段階における農政運動と農民運動」大原勇三・白川清・三輪昌男『現代農業と農民運動』時潮社。
蒲島郁男 (2004),『戦後政治の軌跡:自民党システムの形成と変容』岩波書店。
草野厚 (1983),『日米オレンジ交渉』日本経済新聞社。
神門善久 (2004),『日本農業の国際化と政治・農協の変革』RIETI Discussion Paper Series。
神門善久 (2006),『日本の食と農—危機の本質』NTT 出版。
鈴木宣弘 (2005),『FTA と食糧—評価の論理と分析枠組』筑波書房。
武内哲夫・太田原高昭 (1986),『明日の農協』農業漁村文化協会
農業協同組合制度史編纂委員会 (1997),『新・農業協同組合制度史 (第 3 巻)』財団法人協同組合経営研究所。
八田達夫・髙田眞 (2010),『日本の農林水産業』日本経済新聞社。
深川博史 (2002),「WTO 体制下の国際農業政策と韓国農政の転換」『経済学研究』68 (4/5)。
本間正義 (2010),『現代日本農業の政策過程』慶應義塾大学出版会。
松下圭一 (1961),「地域民主主義の課題と展望」『思想』(1961 年 5 月号) 岩波書店。
三浦秀之 (2001),「農産物貿易自由化をめぐる政策意思決定システムの変遷—自民党政権下の変化に注目して—」『法政論叢』(第 47 巻第 1 号) 日本法政学会。
山下一仁 (2004),『国民と消費者重視の農政改革』東洋経済新報社。
山下一仁 (2009),『農協の大罪「農政トライアングル」が招く日本の食糧不安』宝島社新書。
山下一仁 (2014),「農協改革事始め—タブーが 60 年ぶりに政治議題に」『金融財政ビジネス』(2014 年 7 月 3 日) 時事通信社。
Anderson, Kym and Yujiro Hayami (1986), *The Political Economy of Agricultural Protection*, Allen & Unwin.
Calder, Kent E. (1989), *Crisis and Compensation: Public Policy and Political Stability in Japan, 1949-1986*, Princeton University Press.
OECD (2003), *Tariff Building, Unused Protection and Agricultural Trade Liberalization*.
Olson, Mancur (1965), *The Logic of Collective Action*,. Harvard University Press.

第 13 章

FTA 利用促進政策の現状と課題[1]
―韓国の事例と日本への示唆―

はじめに

環太平洋経済連携協定（TPP），東アジア地域包括的経済連携（RCEP），あるいは日 EU 経済連携協定など，近年，日本はメガ FTA 交渉に積極的に取り組んでいる。他方，FTA の潜在的ユーザーがその利用方法や経営戦略上の価値を正しく理解していない場合，あるいは利用時に無視できない取引コストに直面する場合，FTA の利用は進まず，そこから得られる貿易拡大効果やその他の経済的利益の規模も限定的なものとなる。FTA の利用に際して企業が直面する取引コストの例としては原産地規則の遵守コストがあげられるが，それ以前の問題として，FTA の利用方法や効果に関する情報を探索・理解するためのコスト，とりわけ FTA 特恵関税制度を利用した場合に達成可能な節税額を正確に把握するためのコストなどもこれに該当する。

2014 年における日本の FTA 利用率の状況を確認しておくと，輸入サイドの利用率は 42.2％と比較的高く，かつ近年上昇傾向にある。他方，輸出サイドの利用率は 29.9％に留まっており，政策的にユーザーを拡大させる余地がまだ残されているように思われる[2]。また，FTA を利用していない企業が「利用しない主な理由」としてあげた理由のうち，「FTA の制度や手続きを知らないため」を選択した企業の割合は大企業（11.2％）との比較において中小企業（24.3％）において顕著に高く，とりわけ中小企業による FTA の利活用をさらに促進するための方策についても検討が望まれている。こうした課題が徐々に明らかになるにつれ，近年，日本においても「発効した FTA の利用者の裾野

をいかに広げるか」という政策課題に関する議論が開始されている。たとえば平成26年版通商白書では，FTAの利用促進に関する特集がはじめて組まれ，FTA関連情報を十分に入手・把握できないことにより潜在的なユーザーがFTAを利用できていない可能性について指摘がなされた[3]。

　そこで本章では，かつて日本と同様にFTA利用率の低迷の問題に直面しながらもFTA利用促進政策を網羅的かつ迅速に展開し，利用率向上という意味において一定の成果をあげた韓国の取り組み事例を紹介し，日本への政策的示唆を提示する。本章で論ずる「FTAの利用促進政策」とは，FTAの潜在的ユーザーが直面しうる各種取引コストを軽減させるための政策パッケージを指している。後述するとおり，韓国政府はとりわけ輸出サイドのFTA利用率向上を重要政策課題として位置づけ，2010年7月の『成長動力創出のためのFTA活用支援総合対策』，2013年6月の『中小企業のFTA活用促進のための総合対策』，および2014年5月の『FTA成果点検および活用内実化方案』においてFTA利用促進のための施策を立案，実施してきた。また，FTA戦略の全体像を描いた「新政府の新通商ロードマップ」（2013年6月）および「新FTA推進戦略」（2015年4月）では，FTA利用促進に関する具体的な政策目標が設定されている。こうした一連の政策パッケージにおいては，省庁間および中央・地方政府間で連携をとりつつ，企業の規模別，FTA利用ステータス別，産業別の支援策が提供され，韓国におけるFTA利用率は極めて高い水準にまで上昇している。また近年は，輸出企業と輸入国税関との間で生じうる通関時のトラブルを事前に回避するための制度，あるいは輸出企業が原産地証明書を取得する際に書類の提供などで協力している下請け企業の負担軽減を目的とした制度の実施にも力を入れている。このように韓国におけるFTA利用促進政策は，新規利用企業を量的に拡大させて利用率の向上を目指すだけのフェーズから，利用経験のある企業やその周辺企業がさらに安心してFTAを活用できるようにするための環境構築を目指すためのフェーズへと移行しつつある。

　本章の構成は次のとおりである。第1節では韓国におけるFTA利用率の状況を概観し，つづく第2節では同国政府が導入した一連のFTA利用促進政策の詳細について整理を試みる。第3節では，結語として韓国の政策をめぐる総

括を行ったうえで，日本に対していくつかの政策的な示唆を提示する。

第1節　韓国におけるFTA利用率の状況

　チリとの間で初めてのFTAを締結した2003年2月以降，韓国は積極的にFTAネットワークを構築してきており，2015年8月現在，12の国と地域（チリ，シンガポール，EFTA，ASEAN，インド，EU，ペルー，米国，トルコ，豪州，カナダ）との間でFTAを発効させ，また4カ国（コロンビア，ニュージーランド，ベトナム，中国）との間でFTAの署名に至っている。その結果，韓国の貿易総額に占めるFTA締結相手国との貿易の割合は2010年から2014年にかけて15.7％から41.3％にまで上昇した[4]。これに韓国最大の貿易相手国である中国とのFTAを含めた場合，その割合は62.94％に達する[5]。

　制度としてのFTAネットワークが量的・質的な発展を遂げるにつれて，韓国では実際にFTAを利用する貿易企業の数も大幅に増えたほか，FTAの効果に対する企業の認識や評価も高まっている。たとえば，韓国貿易協会の国際貿易研究院が実施したアンケート調査によると，回答企業（1000社）の60.6％がFTAを利用した経験があると回答しており，（単純比較は出来ないものの）前述の日本における利用率よりも高い水準となっている。また，利用企業の79.2％がFTAの経済的効果を享受していると回答しており，具体的な利用メリットとしては輸出拡大・費用節減・売上増加（47.7％），有利なビジネス環境の創出（20.7％），企業の認知度向上など間接的な効果（15.6％），新規取引先の開拓（9.7％）などが認識されている[6]。韓国政府が発表した公式の統計においても，輸出サイドの平均FTA利用率は2014年に69％に，輸入サイドの平均FTA利用率も2013年に69％に達している[7]。ただし，韓国政府によるFTA利用率の定義は，FTA特恵関税が利用可能な品目の輸出（輸入）総額のうち実際にFTA特恵関税を利用して行われた輸出（輸入）額の割合である。すなわち，韓国のFTA利用率は企業数ベースでは約6割，FTA特恵関税が利用可能な品目に限定した場合の貿易額ベースでも全FTA平均で約7

割にまで到達しているのである。

　次に，FTA別の利用率を確認しておく（第13-1表）。2014年9月時点での輸出サイドの利用率に注目すると，ペルー（89.3%），EU（85.5%），EFTA（81.2%），チリ（80.7%）とのFTAが80%以上の高い水準を実現している一方，ASEAN（38.3%）やインド（56.6%）とのFTAは低水準に留まっている。輸入サイドの利用率は，チリ（97.6%）とのFTAが最も高く，続いてペルー（89.7%），ASEAN（72.6%），インド（68.7%），EU（67.4%），米国（65.7%）の順となっている。またFTA利用率は，とりわけ輸出サイドにおいて上昇傾向のFTAが多いことも確認できる。

　FTA利用企業の「絶対数」に着目すると，数のうえでは輸出サイドよりも輸入サイドに利用企業が多いこと，およびFTA別にみると，EU，米国，ASEANとのFTAの利用企業が多い（第13-2表）[8]。具体的には，2012年に韓EU・FTAを利用した輸出企業と輸入企業の数はそれぞれ7514社と2万6937社（大企業と中小企業の双方を含む），韓米FTAを利用した輸出入企業数はそれぞれ7216社と1万9109社であり，多くの企業がFTA特恵関税を実際に利用していることがうかがえる。

　次に，企業規模別のFTA利用状況を確認しておく。絶対数で見ると中小企業のユーザーが多いが（第13-2表），利用率に注目すると韓国でもすべての

第13-1表　韓国のFTA利用率

(単位：%)

FTA	2012年		2013年		2014年（9月迄）	
	輸出	輸入	輸出	輸入	輸出	輸入
チリ	75.4	97.9	78.9	98.5	80.7	97.6
EFTA	84.9	61.9	80.3	41.8	81.2	41.0
ASEAN	34.8	72.5	36.4	74.1	38.8	72.6
インド	36.5	53.9	43.2	61.4	56.6	68.7
EU	84.0	67.6	85.6	68.6	85.5	67.4
ペルー	77.8	92.0	91.9	97.9	89.7	89.3
米国	69.4	63.7	77.0	68.3	76.3	65.7
トルコ	-	-	69.4	69.4	71.7	64.2

（注）　1）ASEANへの輸出におけるFTA利用率は，シンガポールを除いて算出された。
　　　 2）輸入におけるFTA利用率は，課税保留を除いて算出された。
（出所）　関税庁・国際原産地情報院（2014）『FTA貿易レポート』第9号，203頁。

第13-2表　FTA利用企業数

(2012年, 単位：社)

FTA	輸出		輸入	
	大手企業	中小企業	大手企業	中小企業
チリ	12	165	39	675
EFTA	43	770	100	2,901
ASEAN	121	3,607	123	8,678
インド	57	564	58	2,070
EU	177	7,337	344	26,593
ペルー	45	516	6	206
米国	175	7,041	297	18,812

(出所)　関税庁・国際原産地情報院 (2013)『FTA貿易レポート』第1号, 84-85ページ。

FTAにおいて中小企業が大企業を下回っている (第13-3表)。同様の傾向は, 前述の韓国貿易協会のアンケート調査においても確認することができ, FTAの利用実績のある貿易企業の割合は年間売上高100億ウォン以上の企業で71.7％であったのに対して, 100億ウォン未満の企業については56.5％にとどまっていた。なお, 中小企業による利用率もFTAごとに格差が生じており, たとえば韓ASEAN・FTAの場合は29.6％に留まっているものの, 韓EU・FTAの場合は76.4％と極めて高い利用率を実現している (第13-3表)。

第13-3表　企業規模別のFTA利用率 (輸出)

(2013年11月, 単位：％)

	チリ	EFTA	ASEAN	インド	EU	ペルー	米国	トルコ
大手企業	82.7	95.6	57.7	48.9	84.3	98.1	84.5	73.1
中小企業	70.6	67.9	29.6	35.4	76.4	56.3	69.2	66.6

(出所)　関税庁報道資料 (2013年12月24日)。

最後に, 産業別にFTA利用率を確認しておく (第13-4表)。2013年における輸出サイドの統計によると, FTA横断的に「鉄鋼・金属製品」の利用率 (78.2％) が高く, 続いて「ゴムおよび革製品」(76.3％),「機械類」(73.8％),「化学工業製品」(67％) の順となっている。一方,「農林水産物」における利用水準は38.7％と低いほか,「雑製品」(46.9％),「電子・電気製品」(50.2％),

第 13-4 表　産業別の FTA 利用率（輸出）

(2013 年 1～9 月，単位：%)

FTA	農林水産物	鉱産物	化学工業製品	ゴム・革製品	繊維類	生活用品	鉄鋼金属製品	機械類	電子電気製品	雑製品
チリ	29.9	97.6	77.0	84.8	61.0	18.1	62.9	82.6	54.9	46.3
EFTA	81.1	90.1	84.9	68.9	73.6	59.8	67.2	86.6	51.5	60.4
ASEAN	22.4	53.3	57.9	28.2	13.3	9.6	75.0	30.1	8.2	10.7
インド	10.3	1.6	65.1	51.3	12.6	3.8	87.7	15.1	19.3	12.9
EU	52.7	57.1	75.5	90.7	86.6	85.3	70.8	89.6	76.0	77.4
ペルー	11.7	100.0	39.4	52.6	56.4	67.2	51.2	97.6	97.0	4.8
米国	53.0	85.6	71.6	83.2	71.9	67.4	78.5	81.2	61.4	65.0
全体	38.7	65.3	67.0	76.3	50.5	56.7	78.2	73.8	50.2	46.9

（出所）関税庁・国際原産地情報院（2013）『FTA 貿易レポート』第 3 号，94 ページ。

「繊維類」（50.5％）等の分野においても FTA 利用率は相対的に低い。

第 2 節　韓国政府の FTA 利用促進政策

　本節では，韓国政府が実施した 3 つの FTA 利用促進政策，すなわち 2010 年 7 月の『成長動力創出のための FTA 活用支援総合対策』，2013 年 6 月の『中小企業の FTA 活用促進のための総合対策』，および 2014 年 5 月の『FTA 成果点検および活用内実化方案』に関する概要について整理を試みる。また，韓国における省庁再編に伴う FTA 所管部署の変更が当該政策の方向性や実施に与えた影響についても指摘を行う。

1．2010 年の FTA 活用支援総合対策

　韓国で最初の FTA 利用促進政策は 2010 年 7 月，企画財政部主導で策定された。当時は外交通商部の通商交渉本部が FTA 交渉を含むすべての通商交渉を担当する一方，FTA 関連の各種国内対策は企画財政部内の FTA 国内対策本部が担当するという分業体制が構築されていた。韓 EU・FTA 発効を目前に控えていた当時，企画財政部は低調な FTA 利用率の向上を目的とし，他の関連部署と共同で『成長動力創出のための FTA 活用支援総合対策』（2010 年

7月19日,以降「FTA対策」)を策定したのであった。同対策では,2011年までにFTA利用基盤を構築すること,および2013年までにFTA利用率を先進国の水準[9]に引き上げることが目標として設定された。具体的に推進すべき政策課題としては,制度改善,情報提供拡大,企業の利用能力向上,対外協力と広報強化,および支援体制整備の5つの項目が挙げられ,それぞれの課題解決のために多様な施策が実施された(第13-5表)。無論,企画財政部およびその傘下の関税庁が重要な役割を担うことになり,全38施策のうち33の施策が両機関により担当されることとなった。以下,2010年のFTA対策で導入された主要な施策について概観しておく。

(1) 原産地証明書の発給申請手続きの簡素化

　FTA対策が策定された1カ月前の2010年6月に実施された企画財政部の調査によると,企業のFTA利用を阻害する最も大きな要因として「原産地証明書の取得に係る手続きの煩雑さ」が挙げられていた。そこでFTA対策では,制度改善の一環として,企業が原産地証明書を取得する際に求められる書類の省略・簡略化が実施され,企業負担の軽減が目指された[10]。たとえば輸出企業は,輸出品目と輸出先が従前と同じであれば,原産地証明発給を申請する際に証拠書類の提出義務が一部免除されることとなった。また,従来は税関と商工会議所においてそれぞれ異なる発給申請書が使用されていたが,申請書様式が統一化されることとなった。

(2) FTA関連情報提供の拡大と貿易企業向けアラートシステムの導入

　次に,情報提供拡大の取り組みとして,FTA相手国のHS番号や輸入税率等を簡単に照会できるシステム,およびFTA特恵関税適用品目の自動通知システムが構築された。とりわけ最も細かい桁数のHS番号は各国で標準化されていないため,韓国企業がFTA締結相手国のHS番号や関税率を迅速かつ確実に把握することは必ずしも容易でない。またHS番号に関する正確な情報提供は,輸出先税関における原産地証明書の不受理や通関トラブルを防止するうえで非常に重要である。こうした課題を解決すべく,現在では関税庁のFTAポータルサイト「Yes, FTA」および後述するFTA貿易総合支援センターの

第13-5表　FTA対策（2010年）の主要内容

課題	施策	内容
制度改善	原産地証明書発給の簡素化	・原産地立証書類提出の省略 ・申請書様式の統一
	認定輸出者の指定拡大	・認定輸出者の早期指定 ・関係省庁の協力
情報提供の拡大	FTA総合支援ポータルの改編	・FTA利用に関するQ&Aサービスの追加 ・ウェブ講座コンテンツの追加制作
	FTA特恵税率適用品目の確認	・相手国HS番号との連携システム構築 ・FTA特恵税率適用の自動通知システム構築
	国内説明会の充実	・地域・業種別，企業実務家向け，中小企業向け，農産品・食品輸出企業向け，韓EU・FTA向けの説明会開催
	統合貿易情報システム構築	・FTA締結国の統合貿易情報システム構築
企業の利用能力向上	専門コンサルティング	・中小企業に対するコンサルティング実施
	人材育成	・FTA実務家向けの教育課程運営 ・FTA別および産業別の実務マニュアル配布 ・大学にFTA講座開設・支援
	原産地管理プログラムの普及	・原産地管理システムのダウンロード実施 ・原産地管理システムの運営主体変更
対外協力・広報の強化	FTA履行・追加自由化の協議	・履行協力の推進 ・追加自由化の協議推進
	FTA相手国税関職員の教育	・ASEAN税関職員の研修プログラム実施 ・途上国税関職員の研修プログラム実施 ・原産地検証のMOU締結 ・税関職の派遣および税関行政組織の拡大検討
	相手国企業への取り組み	・海外見本市で広報資料配布 ・海外バイヤー向けの広報媒体に広告 ・海外バイヤー向けの現地説明会
	国内企業への広報	・広告やドキュメンタリーの制作 ・成功事例発表会の開催 ・FTA博覧会の開催
支援体制の整備	政策協議・調整の強化	・FTA活用支援政策協議会の活性化
	地域FTA活用支援センター	・地域FTA活用支援センターの設置

（出所）　韓国政府資料より著者作成。

ウェブサイト上において，貿易企業が FTA 別に相手国と韓国の特恵税率や原産地認定基準に関する情報を容易に検索・確認することが可能となった。

また，韓国関税庁は独自の取り組みとして，FTA 特恵関税適用品目の自動通知システムを開発し，輸出時に有利な FTA 特恵税率が適用され得ることを輸出申告者に対して自動的に知らせるサービスを提供しはじめている。韓国ではすでに，各 FTA の特恵税率および原産地決定基準等の情報はすべてデータベース化され，関税庁の電子通関システム（UNI-PASS）と連動している。輸出企業が関税庁の EDI を使って輸出の申告を行うと，当該輸出品目の MFN 税率・FTA 特恵税率・原産地決定基準等の情報がポップアップ形式で自動的に通知される仕組みが導入されたのである。輸出企業は，簡単かつ即座に MFN 税率と FTA 特恵税率が比較可能であり，今後 FTA を利用した場合の節減効果も実感できるのである。

(3) 原産地管理システムの開発と普及

企業の利用能力向上のための施策としては，企業が輸出品目の原産地を容易に管理するためのシステムの開発と普及に力点がおかれた。例えば，関税庁が開発した FTA-PASS は，原産地認定・証明書発給・書類保管等の原産地管理業務が電子的に処理されるソリューションとして，クラウド型（https://www.ftapass.or.kr）と PC インストール型[11]の 2 種類が無料で配布された。政府機関に自社情報が開示されることを懸念する企業を配慮し，現在では FTA-PASS の運営主体が関税庁から国際原産地情報院[12]に変更されている。また韓国貿易協会が 100％出資した韓国貿易情報通信（KTNET）でも，現在 FTA-PASS と類似の FTA-Korea（https://fta.utradehub.or.kr）が提供されている。

(4) 地域 FTA 活用支援センターの設置

最後に，FTA 利用を支援するための体制整備として，地域 FTA 活用支援センター（以降「地域 FTA センター」）が設置された。地域 FTA センターでは，中央政府と自治体が協力し，地方の中小企業に対するコンサルティング・説明会開催・教育・情報提供等の支援業務が行われている[13]。各自治体は，

管内のパートナー機関（たとえば商工会議所）を選定し，同機関との協力体制のもと，地域FTAセンターの運営を開始している[14]。センターの予算は，各自治体と産業通商支援部により賄われている。

2．2013年の中小企業向け総合対策

2013年2月の新政権発足に伴い，韓国では同年3月に政府組織が大幅に再編された。特に通商政策の分野では，従来の外交通商部にかわり知識経済部が通商交渉を担当することとなり，名称もそれぞれ外交部と産業通商資源部に変更された。また，FTA関連の国内対策や支援業務についても従来の企画財政部から産業通商資源部に所管がうつり，現在では産業通商資源部傘下の通商条約国内対策委員会[15]および同じく産業通商資源部第1次官の下に設置されている貿易投資室がそれぞれの業務を担当している。こうした組織再編の結果，それ以降のFTA利用促進政策の方向性も変わり，特に中小・下請け企業に対する支援策の強化に重点が置かれることとなった。

政府組織の再編から3カ月後の2013年6月，中小企業によるFTA利用率が相対的に低い状況を踏まえ，産業通商資源部は『中小企業のFTA活用促進のための総合対策』（以降「FTA総合対策」）を策定・発表した。当時行われた韓国政府の調査によると，中小企業のFTA利用率が大企業のそれと比較して相対的に低いことに加えて，輸出企業との比較において下請け企業がFTAを戦略的に利用するインセンティブが小さく，また原産地を管理することの重要性に対する認識が不十分であることも明らかになった。こうした状況に鑑み，FTA総合対策では，利用者目線にたったワンストップ支援体制の構築，および企業のFTA利用ステータスに応じた支援体制の構築が推進戦略として策定された。以下ではその概要を紹介する。

⑴　利用者目線に立ったワンストップ支援体制の構築

利用者目線に立ったワンストップ支援体制の構築では，以下の4つの施策が重点的に取り組まれた。

　㈦　「FTAコールセンター1380」の導入

第一に，FTAの利用をめぐる疑問や苦情について相談するための窓口とし

て，FTA貿易総合支援センター内に「FTAコールセンター1380」が導入された。FTA貿易総合支援センター（以降「FTA支援センター」）とは，米韓FTA発効に向けてFTA国内支援の司令塔として設置された官民共同組織であり，6つの政府機関（産業通商資源部，企画財政部，安全行政部，農林畜産食品部，関税庁，中小企業庁）と民間機関（韓国貿易協会，KOTRA，大韓商工会議所，韓国産業団地公団，中小企業振興公団，KTNET）によって共同で運営されている。主な業務は，輸出中小企業のFTA利用に必要な支援（原産地規則・FTA特恵関税・書類作成等に関する教育，相談，コンサルティング，情報提供等）やFTA関連情報発信等である。

　FTA利用に関心や疑問がある企業および個人は，1380に電話することでFTA関連の各種情報について専門家から無料でコンサルティングを受けることができる。コールセンターには分野別・協定別の専門家が待機しており，原産地証明書の発給方法をはじめ，品目分類，FTA特恵関税，原産地認定基準，認証輸出者等に関する専門的なアドバイスを得ることができる。電話相談による対応が困難な場合，FTA支援センターの専門家が直接企業を訪問，無料でコンサルティングを提供している。コールセンターは2013年6月24日から本格的な運用を開始，1年間で相談件数が累計1万922件（1日平均45件）に達し，これまでにFTA支援センターの専門家が直接訪問した企業も1183社にのぼる[16]。また，同センターはFTA関連情報を提供するウェブサイト「FTA強国Korea」でも電子掲示板を使った相談サービス（http://fta.go.kr/main/community/1380）を提供しており，2015年3月17日時点で1167件の相談が寄せられている。

　(イ)　FTA支援センターの組織拡大および地域FTAセンターとの連携強化

　第二に，FTA支援センターの組織拡大および地域FTAセンターとの連携強化が模索された。2014年9月時点で，FTA支援センターには約35名のスタッフ（韓国貿易協会職員8名，公務員8名，関連機関職員5〜6名，関税士10名，その他事務補助員等）が常住している。スタッフの数は年々増加しており，各地域FTAセンターの専門スタッフを合わせた人数は2013年の24名から2014年には70名に増え，2015年には140名までに増加する予定である。現在，FTA支援センターは，各自治体の地域FTAセンターと協力関係を構

築し，関税士の派遣や資料提供等を行っている。

　(ウ)　FTA 活用促進協議会の発足

　第三に，FTA 利用促進政策の司令塔として「FTA 活用促進協議会」を発足させ，関連機関との調整や連携を強化することが決定された。同協議会は，産業通商資源部をはじめとする 12 の政府機関と 12 の民間関連機関が参加し，FTA 利用促進や輸出拡大に向けた政策立案および調整を行っている。2013 年 5 月 24 日に開催された第 1 回の協議会会合では，前述の FTA 総合対策の推進が表明された。なお，2010 年の FTA 対策においても政策調整のための「FTA 活用支援政策協議会」が発足，FTA 利用促進事業の司令塔としての役割を果たしてきたが，FTA 国内対策および支援業務が企画財政部から産業通商資源部に移管されたことにともない，企画財政部主導の「FTA 活用支援政策協議会」は産業通商資源部主導の FTA 活用促進協議会に継承されたのである。

　(エ)　FTA 利用状況を通商交渉に反映させる体制の確立

　最後に，FTA の利用状況を評価し，その結果を将来の FTA 履行協議および新たな通商交渉に反映するという方針が示された。2013 年の政府組織再編により通商交渉部門が産業通商資源部に移管された背景としては，従来の外交部主導型の通商政策立案では国内産業の現状よりも外交的な考慮が強く働いてしまうことに対する懸念が存在していたことも挙げられる。そこで 2013 年の FTA 総合対策では，通商交渉と国内産業政策との連携強化や融合を目指し，企業の FTA 利用状況や利用上の課題を FTA 履行協議や通商交渉の場にフィードバックさせることとなった。

(2)　企業の FTA 利用ステータスに応じた支援策

　次に，企業の FTA 利用ステータスに応じた利用促進支援策について概観する。現在，韓国政府は，企業の FTA 利用状況を初歩段階（FTA を利用するインセンティブが少なく，FTA 利用実績もほとんどない状況），利用準備段階（FTA を利用する意思と実績はあるが，社内体制が十分整っていない状況），実行段階（FTA を十分利用している状況）の 3 つに分けたうえで，それぞれ異なる支援策を展開している。

　(ア)　初歩段階企業への支援策

初歩段階の企業への支援策としては，FTA利用に関する認識の向上を目的とし，経営者に対する教育・研修プログラムの実施や国内下請け企業に対する多様なインセンティブの付与が盛り込まれた。実際，中小企業の経営者の中には，FTA利用についてさほど大きな関心を抱いていない経営者も少なくない。そこで，経営者への啓蒙を目的とし，教育や情報提供の機会を拡大させる一方，FTAのビジネスモデルを発掘し，紹介する事業が実施された。たとえば，関税庁は中小企業の経営者向けに季刊誌の『FTA貿易レポート』を配布し，産業通商資源部は関連機関と共同で「FTA活用事例コンテスト」を毎年開催している。さらに国内下請け企業への支援として，原産地確認書[17]の発給に係る負担を軽減するための第3者証明制度が導入された。この制度は，地域FTAセンター等の第3者が原産地確認書の内容や事実関係を検討・証明することにより，国内下請け企業の原産地管理業務を支援すること，および下請け企業に対する大手輸出企業の過度な情報提供要求を防止することを目的としたものである。従来，大手輸出企業が下請け企業に対して，原産地証明書を取得するうえで必要十分な書類に加え，追加的な証拠書類を過度に要求するケースが生じており，これが零細な国内下請け企業にとって大きな負担となっていた。

(イ) 利用準備段階企業への支援策

利用準備段階の企業への支援策としては，社内FTA関連人材の育成，企業のFTA実務家に対する教育強化，専門家による企業訪問コンサルティングの拡大，原産地管理プログラムの改良および普及拡大などが実施された。FTA人材の育成事業としては，大学での「FTAビジネス修士課程」[18]の開設と運営，関税庁が公認した民間専門資格「原産地管理士」の拡大，実業高校に対するFTA教育支援等が挙げられる。企業コンサルティングは，FTA支援センターをはじめ，関税庁，中小企業庁，地域FTAセンター等で行われており，2013年度には計3211社に対して実施された。原産地管理プログラムの普及も徐々に進み，2013年までにFTA-PASSとFTA-Koreaの利用企業が合計1万2036社に達した。他方，原産地管理に関する知識不足やプログラムの利用難易度の問題等が指摘され，中小企業でも容易に使用できるようなExcelと連動したシステムや，ERPシステムとの連携機能も開発されている。

(ウ) 実行段階企業への支援策

実行段階の企業への支援策としては，従来FTAを利用した海外市場開拓への支援に重点が置かれてきたが，輸入国税関による検認（verification）への対応が求められるようになっていた。検認とは，FTA特恵税率の適用が申告された輸入品の原産地認定に間違いがないかを輸入国税関が検証する制度である。検認の結果，原産地証明に不備や偽造が発覚した場合，企業に一定期間のFTA利用停止や罰金といったペナルティが課される。近年，輸入国税関による検認の要請が増加傾向にあり，特恵税率の適用が認められないことによる輸出企業の損害やそれに起因する通商摩擦が懸念されはじめている。実際，2013年9月の時点で主要FTA締結国からの検認要請は375件にのぼり，とりわけ韓米FTAや韓EU・FTAにおいて相手国税関からの要請が増加している（第13-6表）。こうした状況を踏まえ，2013年3月，韓国貿易協会の中に「FTA事後検証支援センター」が設置されたほか，関税庁も類似の「FTA事後検証相談支援センター」を設置し，運営を開始している。これらのセンターでは，検認に関するセミナーやコンサルティングを提供しているほか，実際に検認が行われている企業には専門家を派遣して資料作成支援等を行っている。

第13-6表　原産地検認要請の状況

(単位：件)

	米国[1]	EU	EFTA	ASEAN	トルコ	合計
2011年	—	41	24	19	—	84
2012年	7	181	10	31	—	229
2013年	84[2]	238	7	45	1	375

(注)　1) 米国の場合は，米国の税関当局が検認を行う際に韓国税関に通報しないため，正確な数値を把握することが難しい。
　　　2) 2013年9月時点の推定件数。
(出所)　関税庁報道資料（2014年6月3日）。

3．2014年のFTA成果点検および活用内実化方案

韓国政府によるFTA利用促進政策により，中小企業のFTA利用率は徐々に改善し，様々な成功事例も見られるようになった。しかし，韓国政府の調査によれば，多くの企業が利用促進政策の存在を認知しているものの，その詳細

な内容については十分把握していないことも明らかになった[19]。また，調査対象企業の50％以上の企業が今後FTA利用促進施策を活用する意向があると回答しており，より積極的に広報活動を展開する必要性も確認された。さらに同調査では，下請け企業による自主的なFTA利用インセンティブが依然として小さく，原産地管理能力も不十分であることがわかった。実際，2014年5月時点でFTA利用頻度[20]を見ると，輸出企業の69.8％に対して，下請け企業は35.7％に過ぎなかった。

そこで韓国政府は，2014年5月に『FTA成果点検および活用内実化方案』（2014年5月29日，以降「FTA活用方案」）を策定，中小企業のFTA利用をさらに促進するための2段階対策を発表した。この「FTA活用方案」は基本的に前年度の「FTA総合対策」を踏襲しながらも，政策広報の強化，業種別支援体制の導入，および（2013年の課題と同様に）企業のFTA利用状況（初歩段階，準備段階，実行段階）に応じた利用促進支援等が推進課題として挙げられた。

(1) FTA利用促進のための広報活動の強化

FTA利用促進のための広報活動の強化としては，「FTAコールセンター1380」の認知度向上を目的とした広告キャンペーンの実施，広報パンフレットの作成・配布，およびポータルサイトにおける情報提供の強化等が行われた。現在，FTAポータルサイトとしては，既存の「FTA強国Korea」（http://fta.go.kr）が2014年3月にリニューアルされ，関税庁の「Yes, FTA」（http://www.customs.go.kr/portalIndex.html）と韓国貿易協会の「インターネットFTA 1380」（http://okfta.kita.net）も運用されている。これらのサイトでは，FTAに関する一般的な情報とともに，FTA利用に必要な情報—例えば，利用方法や手続きの流れ，韓国および相手国のHSコードと税率，原産地判断基準，原産地証明書発給，関連法令，書類様式，検認対策等—やサービス（例えばビジネスモデル，原産地判断シミュレーション等）が提供されている。

(2) 業種別の支援体制の導入

「FTA活用方案」では，従来のように全産業画一的な支援にくわえて，業種別のニーズに合わせた支援体制が初めて導入された。韓国政府は，5つの業種（① 繊維・衣類，② 電気・電子，③ 機械，④ 石油・化学，⑤ 自動車部品）に対して専門家会議を設け，それぞれの業種に特化した支援策の開発や意見聴取等に取り組んでいる。専門家会議における議論の結果は，業種別のFTA利用マニュアルの制作・配布，実務家教育の実施，e-Learningプログラムの開発等に活かされている。また，農畜水産食品分野に特化した原産地管理プログラムの開発と配布を通じて農畜水産食品の輸出拡大を支援する計画も盛り込まれた。実際，通商産業資源部は3億ウォンの予算を投入して農畜水産食品専用の原産地管理プログラムを開発[21]，韓国貿易情報通信（KTNET）を通じて「FTA-Agri」(https://fta.utradehub.or.kr) というサービスで提供している。

(3) 企業のFTA利用ステータスに応じた支援策

2013年の「FTA総合対策」と同様，2014年の「FTA活用方案」においても企業のFTA利用状況（初歩段階，利用準備段階，実行段階）に応じた支援策が導入・強化された。なかでも初歩段階企業への支援として，下請け企業のFTA利用負担を緩和することを目的とした原産地確認書の「第3者確認制度」が本格的に導入された。前述のとおり，同制度では，公信力と専門性のある機関（地域FTAセンター）が，国内下請け企業が輸出企業に提供する原産地確認書の内容を検討・確認し，その確認結果書を無料で発給するサービスが行われている。また，全国6箇所の税関においても，同様の支援策として「税関長事前確認制度」が運用されている。

第3節　評価および日本への示唆

韓国政府は2010年以降，主として輸出企業向けのFTA利用促進政策を極めて網羅的かつ迅速に実行してきた。2010年に実施された最初のFTA対策では，FTA利用率を向上させることを至上命題とし，当時の企画財政部が中心となり，実施可能な支援策が網羅的に導入された。つづく2013年のFTA総

合対策では，とりわけ中小企業の利用率を向上させることの必要性が認識され，全企業を対象とする支援に加えて，中小企業を対象とする支援，および企業のFTA利用ステータス別の支援も導入された。翌年2014年のFTA活用方案では，従来の支援策を踏襲しながらも，各産業の利用状況を踏まえた産業別支援制度が導入された。厳密な因果関係の検証は行っていないが，こうした政策を導入した後，韓国における企業のFTA利用率は極めて高い水準にまで向上した。また前述のアンケート調査によると，多くの企業がFTA利用にともなう貿易拡大やその他の経済的利益を実感している。

　無論，すべての支援策が成功しているわけではない。たとえば，人材育成の一環として行われている「FTAビジネス修士課程」は，FTAの利用に際して実際に必要となる技術や知識の習得にむけた実践的な教育をするには至っておらず，現地調査においても，その有効性を疑問視する声が少なくなかった。また，関税庁公認の専門資格である「原産地管理士」についても，受験資格の拡大や試験回数の増加といった制度変更にも関わらず，受験者および合格者数はさほど増えていないことに加えて，資格取得者に対する評価や認識も高くないのが現状である。その一方で，FTAコールセンター，地域FTAセンター，関税庁等で行われている無料コンサルティングに対する企業の評価は高く，最も成功した支援策の1つであると考えられる。実際，関税庁が2014年度にコンサルティングを提供した中小企業574社のうち，570社（99％）がただちにFTAの利用を開始し，また180社が認定輸出者として認定されるなど，数字のうえでも一定の効果は現れている[22]。

　韓国のFTA利用促進政策をめぐる今後の課題としては以下の3点があげられる。第一に，大企業と比べ，零細中小企業や下請け企業による自主的なFTA利活用が依然として不十分であるという問題である。FTAを利用する契機を調査した既存のアンケート結果を見ても，多くの下請け企業は輸出企業の要請によって受動的に対応しているケースが多い[23]。引き続き優先的な支援対象とすること，および持続的に政策広報活動を行っていくことが求められる。第二に，韓国の国会でも度々指摘されている点であるが，各政府機関が提供する支援プログラムに各種の重複が存在するという問題がある。今後，無駄のない予算執行および効率的な支援業務の実施を実現するためにも，各行政機

関の間で最適な分業体制を再検討することが求められる。最後に，近年，輸出先税関から検認要請が増加しており，原産地の認定をめぐるトラブルが発生するリスクも高まっている。こうしたなか，韓国政府は単にFTA利用企業を量的に拡大させるのみならず，これまで以上に企業が特恵関税制度を正しく，安心してFTAを利用できるような指導・支援を行うことが求められる。

最後に，日本におけるFTA利用推進政策に対する含意について若干の指摘を行いたい。本章の冒頭で強調したとおり，日本の輸出企業のFTA利用率は約3割であり，韓国と比較しても低い水準に留まっている。いかに多くのFTAを締結しようと，いかに野心的な市場開放を実現しようと，企業が実際にFTAを利用しない限り，そこから生まれる追加的な経済的利益は限定的なものとなる。従来，日本ではFTAの締結に関する政策目標は設定されていたものの，締結されたFTAの利用に関する政策目標は明示的に設定されてこなかった。たとえば「日本再興戦略 改定2014」では，FTA相手国との貿易額の比率を2018年までに70%とすると明記されているものの，締結されたFTAの利用については，「締結された協定の活用を促進し，企業の積極的な海外展開を促す」との文言は含まれているものの，具体的な数値目標は示されていない[24]。この政策課題について政府自身がコミットメントを行うためにも，日本における規模別・産業別・相手国別の企業のFTA利用実態を踏まえたうえで，利用率に関する短期的・長期的な数値目標を設定することも有効であろう。

FTAの利用促進を包括的に推進するための政策としては，企業向けFTA関連セミナーの実施，ウェブサイトを通じたFTAの利活用マニュアルの提供，電話やメールを通じた貿易投資関連のアドバイスの提供，原産地証明書発給の簡素化・迅速化に向けた取り組みなどを中心に，既に日本でも各種施策が展開されてきている。他方で，FTAの利用に関する包括的な政策パッケージの立案，企業のFTA利用を促進するための省庁間および中央・地方政府間の連携を強化するための仕組み，企業の規模別・産業別・利用ステータス別の支援を実現するための仕組み，企業の実際の利用状況に関する情報を締結相手国との間で行われる追加的自由化や履行協力推進に関する協議にフィードバックさせるための仕組み，輸出企業が電子的に輸出申告を行う際に利用可能な

FTA特恵税率に関する情報が自動的に提供されるような仕組み，輸出相手国税関との不必要なトラブルを回避しながら安心して企業がFTAを利用できるようにするための仕組み，輸出企業が原産地証明書を取得する際に下請け企業が過度な負担に直面しないようにするための支援の仕組みなどについては，日本でも導入に関する検討を開始すべきであろう。

　FTAの利用をめぐっては，専門家の間でも，「FTAの利用に取引コストが生ずるとしても，使うことが割に合わない企業は使わなければ良いだけ。多少使いにくいFTAであっても，国内企業にとって有害になることはない」という議論を耳にすることがある。しかしながら，筆者は依然としてFTAの利用環境を質的に改善し，利用者の数を積極的に増やすべきであると考える。第三国間のFTA締結による競争上の不利益（貿易転換効果）の回避・回復を目指して日本が新たなFTAを締結したとしても，利用時に大きな取引コストがかかる場合，日本企業の価格競争力は依然として回復されないという理由に加え，FTAや貿易自由化の利益を享受する企業の数が増えるということは，それ自体，地域統合や貿易自由化交渉といった通商政策をめぐる潜在的な支持者の拡大につながるという政治経済的な効果も期待されるためである[25]。

（久野　新）

注
1）　本章は，共著者および出版元の同意を得て，宋俊憲・久野新（2015）「韓国における企業向けFTA利用促進政策の現状と日本への示唆」『ERINA REPORT』No.126，環日本海経済研究所，の内容を転載したものである。本研究はJSPS科研費（25380352）の助成を受けている。本章の執筆にあたり，韓国の産業通商資源部，関税庁，FTA貿易総合支援センター，京畿道地域FTA活用支援センター，大韓商工会議所，韓国繊維輸出入組合の方々から貴重なコメントや資料を頂いた。ここに記して感謝の意を表したい。
2）　日本貿易振興機構（2015），61ページ。なお，同アンケートにおける利用率は，日本との間でFTAが発効済みである主要国および地域のいずれかの1つ以上と輸出または輸入を行っている企業数（2014年は1797社）の中で，特恵税率を利用している企業の割合と定義されている。なお，日本が締結したFTAの規定は，関税分野のみならずサービス貿易や知的財産権の分野など多岐にわたっているが，本章ではFTAの物品貿易の側面，すなわちFTAにおける特恵関税の利用問題に焦点をあてて論ずる。
3）　経済産業省（2014），289ページ。
4）　産業通商資源部報道資料（2015年4月30日）。
5）　産業通商資源部「韓・中FTA仮名参考資料」（2015年2月）2ページ。
6）　ミョン・ジンホ他（2014），4ページ。
7）　産業通商資源部報道資料（2015年3月13日）および関税庁報道資料（2014年2月25日）。

8） 関税庁・国際原産地情報院（2013），84-85 ページ。
9） ここでは参加国の FTA 利用率が 80％を上回る NAFTA の事例が示された。
10） 韓国の FTA 別原産地証明制度を見ると，シンガポール，ASEAN，インド，ペルー（発効後 5 年間）との FTA では第 3 者証明制度が，その他の FTA（チリ，EFTA，EU，ペルー，トルコ，米国）では自己証明制度が採用されている。
11） FTA-PASS は国際原産地情報院のホームページでダウンロードができる。
12） 原産地情報院は，政府機関や民間部門に正確な原産地情報を提供し，国益の保護や輸出入企業の発展に寄与することを目的としている（設立根拠法令：関税法第 233 条の 2 および関税法施行令第 236 条の 5）。
13） 現在，全国に 16 の地域 FTA 活用支援センターが設置されている（釜山，大丘，仁川，光州，大田，蔚山，京畿南部，京畿北西部，江原，忠南，忠北，全南，全北，慶南，慶北，濟州）。
14） 多くの自治体が管内の商工会議所をパートナー機関として指定している。
15） 2014 年 3 月に関連法令の改正により，FTA 国内対策委員会の名称が通商条約国内対策委員会に変更された。通商条約国内対策委員会は，産業通商資源部長官が共同委員長を務める。
16） 韓国貿易協会報道資料（2014 年 6 月 24 日）。
17） 原産地確認書とは，輸出物品の生産に使用される原材料又は最終物品を生産し供給する者が，生産者又は輸出者の要請に従って当該原材料又は最終物品の原産地を確認して作成した書類である。
18） 現在，全国 7 つの大学で開設・運営されている（ソウル大学，成均館大学，仁荷大学，忠南大学，慶北大学，釜慶大学，朝鮮大学）。
19） 産業通商資源部報道資料（2014 年 5 月 30 日）。
20） 調査対象企業の中で，原産地証明書又は原産地確認書の発給実績がある企業の割合を示す。
21） 産業通商資源部報道資料（2014 年 2 月 23 日）。
22） 関税庁報道資料（2015 年 2 月 27 日）。
23） 前掲，注 19）。
24） 首相官邸（2014）「日本再興戦略 改定 2014」。
25） Kuno Arata, (2015), p.25.

参考文献
関税庁・国際原産地情報院（2013），『FTA 貿易レポート』第 1 号。
経済産業省（2014），『平成 26 年版通商白書』。
日本貿易振興機構（2015），「2014 年度日本企業の海外事業展開に関するアンケート調査」。
ミョン・ジンホ他（2014），「貿易業界が見た韓国の FTA 10 年」Trade Focus（第 13 巻 20 号）韓国貿易協会国際貿易研究院。
Kuno Arata, (2015), "Beyond TPP Negotiation: Policy Proposals for Promoting FTA Utilization", *Social Science Japan*, Vol. 52, p.25, March 2015, Institute of Social Science, University of Tokyo.

第 14 章

外国人高度人材の日本への移動

はじめに

　2012年5月7日,法務省は,外国人高度人材[1]の在留資格等に関し,ポイント制による優遇制度を導入した。高度人材に対するポイント制による優遇制度とは,現行の外国人受入れの範囲内で,経済成長や新たな需要と雇用の創造に資することが期待される高度な能力や資質を有する外国人の受入れを促進するため,ポイントの合計が一定点数に達した者を「高度人材外国人」とし,出入国管理上の優遇措置を講ずる制度である。

　これまで日本は,外国人単純労働者については受け入れないという方針を堅持してきた。しかし,労働力人口の減少が予測される中で,1988年の第六次雇用対策基本計画以降,専門的,技術的分野の外国人労働者の受入れを積極的に推進する方針に転換し,その結果として外国人雇用の枠は広がったといえる。一方,外国人労働者受入の枠が拡大したものの,高度人材の獲得に寄与したとは言い難い。一方,目を世界に向けると,イノベーション創出の源泉となる研究者・技術者・経営幹部など高度人材の獲得競争が激化している。

　本章では,日本が世界から高度人材の受入れを拡大するため,高度人材一般を対象とし,その受入れを阻害する要因と,促進するための方策を検討する。本章の構成は以下の通りである。第1に,日本の人口の動向と労働力人口の推移を考察した上で,外国人労働者の動向を概観してみたい。第2に,高度人材をめぐり各省庁・政治家ならびに経済・労働団体などの各アクターがいかなる対応をしてきたのかを考察する。第3に,2012年5月に,高度人材に対するポイント制が導入されたが,その効果はいかなるものであるのか,ヒアリング

をもとに検証する。最後に，高度人材の受入における課題を整理する。

第1節　日本の労働力人口の推移と外国人労働者の動向

1．日本の総人口と労働力人口の推移

　終戦直後の1945年に約7200万人であったわが国の総人口は，1967年に1億人を超え，2010年の日本の総人口は同年の国勢調査によれば1億2806万人であった。増加の一途をたどってきたわが国の総人口は，2005年に初めて前年を下回り，その後一時的に回復するものの，2011年をピークに減少に転じ，総務省統計局は，2011年が人口減少社会「元年」であると言及している。国立社会保障・人口問題研究所が行った出生中位推計の結果に基づけば，この総人口は，以後長期の人口減少過程に入る。同出生中位推計によると，総人口は，2030年の1億1662万人を経て，2048年には1億人を割って9913万人となり，2060年には8674万人になるものと予測されている（第14-2図）。

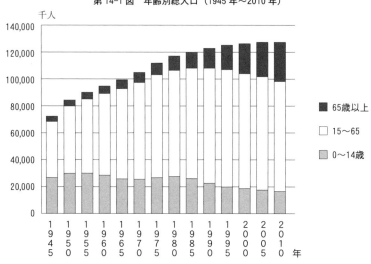

第14-1図　年齢別総人口（1945年～2010年）

（出所）　総務省統計局「日本の統計」より作成。

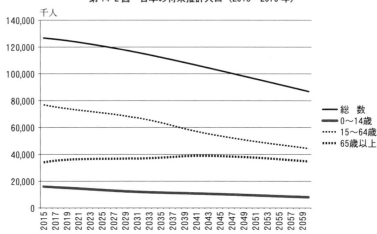

第14-2図　日本の将来推計人口（2015〜2070年）

（出所）　国立社会保障・人口問題研究所「将来推計人口」より作成。平成17年国勢調査第一次基本集計結果及び同年人口動態統計の確定数が公表されたことを踏まえた，各年10月1日の中位推計値。

　人口が増減する要因には，主に，出生と死亡による自然増減と，出国と入国による国際的な人の移動による社会増減の2つの要因がある。自然増減を見てみると，わが国の合計特殊出生率（ひとりの女性が生涯に産む平均子供数）は，第14-3図からも読み取れるように，1970年代半ば以降急速に低下し，2.00を下回った。2010年の合計特殊出生率は，1.39であり，第14-4図に示されているように，先進国の中でも著しく低い。合計特殊出生率が現在の人口規模を維持するためには（静止粗生産率）2010年では2.07必要であるとされている。

　一方で，社会増減を見ると，日本の総人口（外国人を含む）は2010年の1億2806万人から，2011年の1億2780万人へと25万9千人（0.20％）も減少している。この減少には，自然減の他に社会減少，すなわち外国人5万1千人の減少，日本人20万8千人の減少（海外転出）が含まれている。

　少子高齢化が続くなかで総人口が減少すると，労働力人口も減っていく。労働力人口[2]は，第14-5図に示されているように，第二次世界大戦後一貫して増大し，高度経済成長に大いに貢献したといわれているが，今後は，特に，第

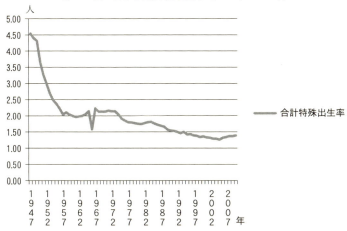

第14-3図　日本の合計特殊出生率（1947年〜2010年）

（出所）　厚生労働省統計情報部「平成22年人口動態統計」より作成。

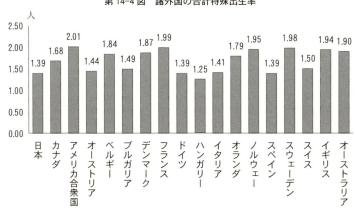

第14-4図　諸外国の合計特殊出生率

（出所）　国立社会保障・人口問題研究所「人口統計資料集2012」より作成。

二次ベビーブーム以後の出生数の減少による若年労働力の減少と，高齢者の引退の増加によって減少していく。厚生労働省の推計によれば，労働力人口は今後，2025年には6300万人になると予測されている[3]。

社会を担う中核である労働力人口の減少は，社会の活力の維持や労働力の確保という点で，障害となるおそれがある。経済成長の3大要因として，資本ス

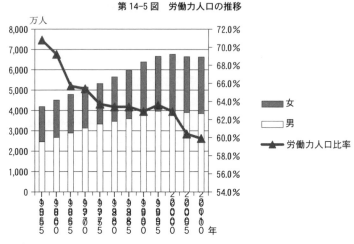

第 14-5 図　労働力人口の推移

(出所)　総務省統計局「平成 24 年労働力調査」より作成。

トックの増大，労働力供給の増大，技術進歩（全要素生産性）があげられる。経済成長の要因の一つをなす労働力人口の減少は，経済成長にマイナスの影響を与える。

　労働力人口減少に歯止めをかける処方策として長期的な視点と短中期的な視点で検討する必要がある。長期的な対策としては，出生率の向上が重要である。しかし，出生児が労働力と見なされるのには，最低でも 15～20 年かかるため，出生率向上によって短期的な労働力人口の向上は望めない。このことから，まず労働生産性を高めることによって労働力人口の減少分を補い，同時に，国内労働力，すなわち女性，高齢者，若年層の活用，外国人労働力を直接的・間接的に活用する方策を明確にすることが重要である。

2．日本の外国人労働者の動向

　日本は，戦後，外国人労働者は受け入れないというスタンスを取ってきたが，1980 年代後半のバブル景気による深刻な人手不足などを受けて，外国人の新規入国者数が急増し，外国人労働者受け入れをめぐる議論が活発化した。1988 年の第六次雇用対策基本計画において政府見解が確定するまでには，各

省庁では出入国管理について異なった見解をもっていた。外務省は国際交流の観点から外国人労働者の受入れにある程度理解を示した。通産省や建設省は日本の中小企業が人手不足のため，当面外国人労働者を受入れて，人手不足の解消に少しでも役立たせたいと考えた。ところが，労働省は，外国人労働者を受け入れると二重労働市場ができ，外国人にとっても日本人にとっても得策ではないと主張していた。結果的に，1988年に，労働省職業安定局長の私的研究会である「外国人労働者問題研究会」が外国人労働者受入れの課題や受入れの方向について提言を行い，1988年の第六次雇用対策基本計画において，専門的・技術的労働者の導入は積極的に行うが，単純労働者の導入は慎重に対処するという方針で省庁の見解がまとまった。

外国人労働者は年々増加傾向にある。厚生労働省の外国人雇用状況によると2011年10月末の外国人労働者数は68.6万人と前年同期比5.6%増となっている。しかし，第14-7，8図で示されているように，外国人労働者に関しては，日本は，他国に比べ，受入れ数も労働力人口総数に占める割合も少ない。

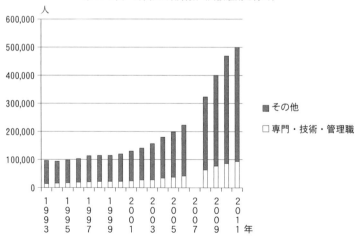

第14-6図　外国人労働者数（間接雇用を除く）

（注）2007年度は制度改正によりデータを公開してない。2007年の通常国会において「雇用対策法及び地域雇用開発促進法の一部を改正する法律」が成立したことに伴い，2007年10月1日より，事業主に対し，外国人雇用状況の届出が義務化された。
（出所）厚生労働省「外国人雇用状況の届出状況（平成5年～23年）」より作成。

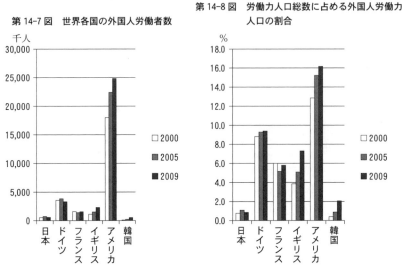

（出所）　労働政策研究・研修機構「データブック国際労働比較」より作成。

第2節　外国人労働者・高度人材をめぐる各アクターの対応

　先進国を中心に，高度人材を受け入れやすくするための制度導入あるいは改正が行われるなかで，経済界を中心に憂いが生じ，外国人高度人材の獲得に向けた提言が多様なアクターから出された。例えば，経団連は，2003年11月に，「外国人受け入れ問題に関する中間とりまとめ」を示している。ただし，この時期に活発化した論争や政策提言は必ずしも直ちに政策に反映されたわけではなかった。変化の兆しは，2005年を過ぎたあたりから見られた。政府や当時の与党政治家から現行の受け入れ態勢の欠陥を指摘する見解が相次いだ。例えば，2005年12月，河野太郎法務副大臣は，法務省内に「今後の外国人の受け入れに関するPT」を設置し，「今後の外国人の受け入れに関する基本的な考え方」を示した。法務省は，「出入国管理及び難民認定法」（入管法）に基づき（第61条の10），「出入国管理基本計画」を策定することとされている

が，1992年第一次，2000年第二次，2005年第三次に続き，2010年3月に「第四次出入国管理基本計画」が策定されてきた。「出入国管理基本計画」は第一次計画以来，単純労働者の受け入れには慎重な姿勢を示す一方，日本国内で必要とされている外国人労働者の受け入れを円滑に行うことを示している。しかし，第三次出入国管理基本計画ではその姿勢がより鮮明に打ち出され，「専門的，技術的分野における外国人労働者の受け入れの推進」，「高度人材の受け入れ促進」が明記された[4]。むろん，外国人労働者の受け入れに慎重姿勢のグループもある。日本労働組合総連合会（連合）は，慎重姿勢を崩さない。

　政府では，第三次出入国基本計画の基本方針に則り，外国人労働者の受け入れに関する規制の見直しが行われた。例えば，「規制改革・民間開放推進3カ年計画」（2004年3月19日閣議決定および2005年3月25日閣議決定（改定））に基づき，2006年3月に実施された在留資格「医療」資格要件の見直しでは，① 日本国内の大学で医学の課程を修了していること，② 在留期間は大学卒業後6年以内とすること，③ 業務形態は「研修」であること，④ 業務を行えるのは医師の確保が困難な地域に限ること，などの制限が撤廃された。

　2007年9月に，内閣府の経済財政諮問会議労働市場改革専門調査会において，労働市場に悪影響を与えないことを確認したうえで新たな在留資格での外国人労働者の受け入れについて検討すべきとの考えを示した「労働市場改革専門調査会第二次報告」が提言された。さらに，2008年7月，中川秀直元官房長官を会長とした外国人材交流推進議員連盟は，50年間で人口の10％にあたる1000万人規模の移民受入れを提唱する「人材開国！日本型移民政策の提言」を示した。一方，民間アクターは，例えば日本経団連が，2008年10月の「人口減少に対応した経済社会のあり方」において，「日本型移民政策」の検討が必要との認識を示した。こうしたなかで，政府は「経済財政改革の基本方針2008」において高度外国人材の受入れを重要な課題と位置付け，「高度人材受入推進会議」を設置した。同会議からは，「高度人材受入推進会議報告書」が出された。ここでは，ポイント制導入等による外国高度人材受入れ促進が提唱された。

　2009年8月に民主党に政権交代後，政府は，新成長戦略の中で，「在留高度外国人材の倍増を目指す」方針を明確化した。2009年12月30日，「アジアの

架け橋国家」として成長する国を目指し，アジア市場一体化のための国内改革，日本と世界とのヒト・モノ・カネの流れ倍増を掲げた「新成長戦略（基本方針）」が閣議決定された。同基本方針では，外国籍学生の受入れ拡大，研究者や専門性を必要とする職種の海外人材が働きやすい国内体制の整備を行うことが掲げられた。また，同戦略では，外国語教育や外国人学生・日本人学生の垣根を越えた協働教育をはじめとする高等教育の国際化を支援するほか，外国大学との単位相互認定の拡大や，外国人教職員・外国人学生の戦略的受入れの促進，外国籍人材学生の日系企業への就職支援等を進めるとした。これらの施策によって，在留高度外国人材の倍増，わが国から海外への日本人学生等の留学・研修等の交流を30万人，質の高い外国籍学生の受入れを30万人にすることを目指すとしている。2011年10月21日に閣議決定した「新成長戦略－元気な日本復活のシナリオ」では，外国人高度人材の受入れを，わが国の経済成長に貢献度が高い施策の一つとして検討することとされていたほか，同年12月23日に閣議決定した「日本再生の基本戦略～危機とフロンティアへの挑戦～」では，速やかに実施することとされた。結果的に，優秀な海外人材をわが国に引き寄せるため永住許可要件の緩和などの優遇措置を提供するポイント制が，2012年5月7日から開始された。

第3節　高度人材に対するポイント制導入による効果と課題

1．高度人材の獲得競争

　政府は，高度専門外国籍人材の受入れ倍増，留学生の30万人受入れの方針を明示しているが，外国人労働者数は各国と比較すると微増で，高度人材のプールである専門的・技術的分野の就労目的での在留資格を持つ外国人登録者数は，第14-9図にみられるように，約20万人で，2010年末と比べ3.4％減少し高度人材の獲得・活用は進んでいない。高度人材からみた日本の労働市場の魅力が低いことが獲得・活用が進んでいない大きい要因と考えられる。IMDの調査によると，高度人材にとって日本の労働市場の魅力度はOECD平均よりも大幅に低く，OECD加盟国34カ国中，24位にランクされている。

他方で，企業における外国人高度人材のニーズは高い。2007年に経済産業省グローバル人材マネージメント研究会によって行われた調査によると，「求める人材が日本人だけでまかなえるか?」という質問に対して，大企業では中間管理層の56%，経営層の28%，また，海外展開企業では中間管理層の64%，経営層の35%が，もはや日本人だけではまかなえないと回答している。さらに，経団連が2009年に調査した「外国人受け入れに関するアンケート」の調査結果によると，「今後どのような人材を採用したいか」という質問に対して，海外法務・経理などの専門知識を持つ人材，国際貿易・投資，開発設計デザイン，研究開発，将来経営を担う幹部候補生などを回答する企業が多く，高度人材の要因と見合うような人材へのニーズが多いことが分かる。

2．高度人材に対するポイント制による出入国管理上の優遇制度の概要

高度な能力や技能を持つ外国籍高度人材の受入れを促進し，日本の技術革新や経済成長につなげることを狙い，2012年5月よりポイント制が導入された。高度人材に対するポイント制とは，現行の ① 学術研究活動，② 高度専門・技術活動，③ 経営・管理活動の3つの就労可能な在留資格の範囲内で，経済成

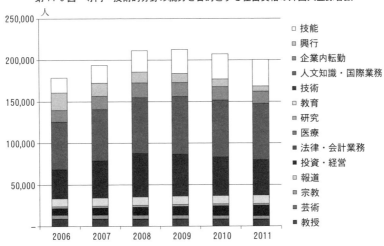

第14-9図　専門・技術的分野の就労を目的とする在留資格の外国人登録者数

(出所)　法務省「登録外国人統計」より作成。

第14-10図　大卒人材の地域間移動の状況

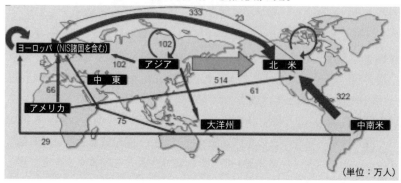

（参考）B.Lindsay Lowell Trends in International Migration Flows and Stocks, 1975-2005, OECD SOCIAL, EMPLOYMENT AND MIGRATION WORKING

第14-11図　高度人材から見た労働市場の魅力度

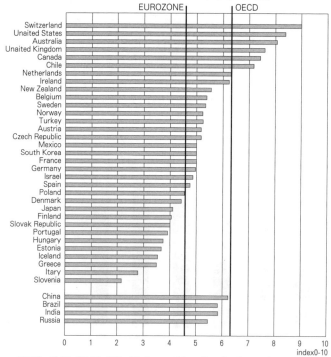

（出所）IMD (2011) "World Competitive Yearbook 2011".

第14章 外国人高度人材の日本への移動　193

第14-12図　求める人材が日本人だけでまかなえるか？

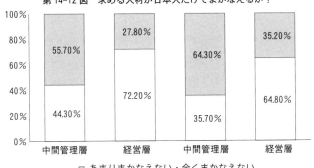

■ あまりまかなえない・全くまかなえない
□ 十分まかなえる・おおむねまかなえる

（注）　大企業は従業員規模1000人以上の企業，海外展開企業は，海外売上高比率30％以上の企業
（出所）　経済産業省グローバル人材マネジメント研究会「報告書のポイント」

第14-13図　今後どのような人材を採用したいと思いますか？

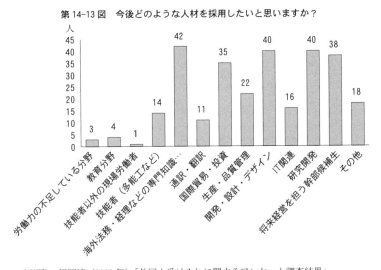

（出所）　経団連（2009年）「外国人受け入れに関するアンケート調査結果」

長やイノベーションによる新たな需要と雇用の創造に資することが期待される高度な能力や資質を有する外国人を，学歴，職歴，年収，研究実績などの項目ごとのポイントで評価，その合計が一定点（70点）以上に達した者を「高度

外国人材」に指定し，出入国管理上の優遇措置を講じる制度である。

　日本の入管法（出入国管理及び難民認定法）では，就労目的で在留が認められているのは，いわゆる「専門的・技術的分野」に限られており，技術，人文知識，国際業務，法律・会計業務，投資・経営，医療，研究，教育など，12の在留資格がある。このうち「興行」を除く11分野の外国人は，19万人に達しており，その倍増が目指されている。ポイント制のより具体的な内容をみると，優遇措置の対象となる分野は，11分野中，① 学術研究活動，② 高度専門・技術活動，③ 経営・投資活動の3分野と幅広い在留資格が対象となっている。また，① 学術研究活動，高度専門・技術活動では，自らが起業するケースも含まれること，② 高度専門・技術活動には，自然科学分野だけでなく，人文科学分野も含まれること，③ 経営・投資活動は，外資系企業の経営・管理活動しか認められていないが，高度人材に指定されると，日本企業でも同様の活動ができる等の点で，柔軟な制度設計となっていることは高く評価される。また，優遇措置の内容についても，① 在留資格の変更や資格外活動許可を得なくとも，複数の在留資格にまたがる複合的な活動ができる，② 最長「5年」の在留資格が付与される，③ 永住許可要件の緩和（10年→5年），④ 入国・在留手続きの優先処理，⑤ 配偶者の就労，⑥ 親の帯同，⑦ 家事使用人の帯同など，幅広く認められており，諸外国の制度に比しても魅力ある制度設計となっている。

3．高度人材に対するポイント制の活用実態

(1)　自動車メーカーのA社

　現在，A社は，220名前後の外国人社員を雇用している。外国人社員の内訳は，① 留学生の新卒採用，② A社の海外現地法人からの出向，③ 海外の提携会社らの出向，④ 日本に住む外国人の中途採用などが主である。外国人社員は，マーケティング，セールス，プランニング，ファイナンスなどの部署で採用され，新卒留学生以外のほとんどが，課長以上の管理職である。一方，エンジニアや生産・技能系には上記部署に比べ外国人社員は少ない。A社では，評価の側面においては，現地法人からの出向者に対しても特別な対応は行っていない。また，採用においてもポジションに必要な能力を満たす人材であれ

ば，外国人でも日本人でも区分はない。

　外国人社員を雇用するうえで，一人当たりの外国人受け入れの労務コストが高く，さらに日本には外国人を受け入れるインフラ（ビザ，在留資格，社会保険，住居など）が整っていないなどの課題もあり，人事部門がサポートしなければならないという。また，日本の公的制度が英語で簡易に説明されている資料がないという指摘もある。

　A社では高度人材に対するポイント制を活用している社員はまだいない。存在自体は認知されているものの，現段階では，ポイント制が，制度単体として，外国人高度人材の獲得にあたって企業が抱える課題に応え得るものとの認識はなく，それぞれの企業がさまざまなサポートを提供することで外国人受け入れに対処せざるを得ないという現状である。

(2) 総合家電メーカーのB社

　現在，総合家電メーカーのB社では，280名程度の外国人社員を雇用している。新卒・中途をあわせた国内採用では，外国人が約10%を占めている。中途採用では約7〜8割が技術職として雇用され，日本人同様，即戦力エンジニアとして活躍している。また，最近では，海外業務拡大や新興国進出に伴い，グローバル人材の採用ニーズが増加傾向にある。B社では，外国人社員が新卒から役員まで幅広く存在しており，新卒や中途で採用された外国人の中にも管理職を担っている社員が増えている。

　B社では，日本人と外国人の雇用形態を区別しない方針を掲げている。B社の外国人社員の多くは日本語が堪能であり，日本社会にも比較的抵抗が少ない社員が多いが，さらなる多様性溢れる風土づくりに向けて，社内情報の英語発信，生活・就労の不安の解消を目的とした社内メンター制度，一般的な教育カリキュラムに加えて外国人サポートカリキュラムを実施し，外国人社員に配慮した組織設計を推進している。B社では，事業のグローバル化に伴い，現地採用を含めて，今後も積極的に外国人社員を採用していく考えを示している。B社では多くの外国人社員を抱えているが，現在，ポイント制を活用している社員はいない。

(3) 証券会社のC社

現在，C社では，米，印（主にIT），英，中の国籍順に，合計約40カ国からおよそ350名の外国人社員を雇用している。大半がホールセール部門に所属し，フロントオフィス（エクイティ，債券部門等）が約30％，バックオフィス（IT，ファイナンス部門等）が約70％という内訳になる。外国人社員の大半が中途採用で，200名弱が管理職以上である。

金融業界では，ニューヨークやロンドンのような世界の金融センターから，優秀な人材や取引手法が日々出ており，日本企業は，その基準に追いつくためにも，外国人のニーズが高い。C社では，グローバルな一体運営を進め，国籍・性別を問わない，適材適所による人事方針のもとに採用が進められているため，日本人と外国人の区分はない。アジアの金融センターである香港やシンガポールと比べ，日本の労働法は硬直的で，運用が難しいと感じている。

C社では，現在，社員10名（家族を含めると30名）が，高度人材に対するポイント制による優遇制度に申請している。C社人事担当者によると，ポイント制のメリットとして，メイド帯同に係るビザ申請において使えることに加えて，申請者の両親を呼ぶことができる点，永住許可要件が10年から5年に緩和された点を指摘する。一方で，問題点として，永住許可要件の緩和について，日本に転勤してくる場合は大いにメリットがあるが，すでに5年以上日本に住んでいる外国人にとってはメリットがない。例えば，既に永住権を持っている外国人が，メイド帯同に係るビザ申請のために当該制度を申請すると，いったん永住権を放棄することになり，再取得するのに5年間かかってしまう問題点を指摘する。さらに，通常のビザ申請に比べ，提出書類が多く，事務負荷が大きい。特に過去の勤務先が合併・破たんした場合に職務証明を取り寄せるのに時間を要し，ビジネスの喫緊性を優先して，実務的には，通常のビザを取得し，その後当該制度を申請するケースが多いという。また，導入についての政府からの発表が遅くその内容も十分ではなかったため，準備に時間を要し，タイムリーな社内周知が行えなかった。

おわりに

　本章では，世界から外国人高度人材の受入れを拡大するため，受入れを阻害する要因と，促進するための方策を検討してきた。わが国では，1988年の第六次雇用対策基本計画以降，外国人労働者受入の枠が拡大したものの，高度人材の獲得に寄与したとは言い難い。ケーススタディからも読み取れるように，高度人材に対するポイント制の運用面において，課題が残っているといえよう。第1に，政府によるポイント制の周知不足が指摘できる。多くの外国人が就業している企業でさえも，制度の有益性を疑問視する声が目立った。また，制度自体を認識していない企業もまだ多く存在しているようである。第2にポイント制度の運用改善である。入国管理に関する諸手続は，特段，外国人受入れのネックにはなっていないとする企業が多かったが，さらなる手続きの簡素化，ポイント制導入前までの滞在期間も考慮，永住許可要件の年数短縮，配偶者の就労や，親の帯同，家事使用人の帯同などの年収要件緩和など優遇措置の強化を図っていく必要がある。第3に，ポイント制の成立にあたり内閣府，厚労省，経産省，文科省などが，個別で検討し，施策実行しており，各省庁，各施策が個々に進行しており，縦割りであるという点である。各省に跨る手続き・相談窓口，海外事務所などがそれぞれに存在し，一本化されていないため，手続きや相談，情報確認が非常に煩雑で，利用者志向ではない。省庁横断型の組織の構築の必要性が重要である。第4に，ポイント制だけでは高度人材を呼び込むことは難しく，日本での就業を促す環境が欠けているという点である。以上の点がポイント制の課題として指摘できる。ヒアリングでは，既存のシステムで対応できているため，特にポイント制はあまり必要ではない，外国人人材は適材適所で必要なときに確保できれば良いという指摘も多かった。そもそもポイント制がどのような企業に対して，いかなる目的のために，どのような人材を確保するためにつくられたシステムなのか明確なメッセージを発する必要がある。

（三浦秀之）

注

1) 2009年5月29日,高度人材受入推進会議によって出された「高度人材受入推進会議報告書」によると高度人材とは「国内の資本・労働とは補完関係にあり,代替することが出来ない良質な人材」であり,「我が国の産業にイノベーションをもたらすとともに,日本人との切磋琢磨を通じて専門的・技術的な労働市場の発展を促し,我が国労働市場の効率性を高めることが期待される人材」と定義される。
2) 労働力人口とは,15歳以上の者で,就業者及び就業したいと希望し,求職活動をしているが仕事についていない者(完全失業者)の総数をいう。
3) 労働力人口の推計は,厚生労働省「職業安定局推計」による。
4) 「専門的,技術的分野における外国人労働者」とは,「大学卒業程度,実務経験10年以上又は一定の資格等を有するものであってこれらを活かして就労するもの」とされ,実際には「特定活動の一部も含まれると考えられるが,統計上は上記の在留資格14種とされていることが多い。河野太郎法務副大臣が法務省内に設置した「今後の外国人の受け入れに関するプロジェクトチーム(PT)」の「今後の外国人の受け入れに関する基本的な考え方」では,「高度人材」は「専門的,技術的分野の外国人労働者の中でも,特に高度な人材」とされている。なお,経済産業省 (2006) は,統計上在留資格14種から「興行」を除いたものを「高度人材」としている。

参考文献

安里和晃 (2011),『労働鎖国ニッポンの崩壊』(編著) ダイヤモンド社。
井口泰 (2001),『外国人労働者新時代』筑摩書房。
経済産業省グローバル人材マネージメント研究会 (2007),『グローバル人材マネージメント研究会報告書』。
厚生労働省 (2008),『企業本社における外国人社員の活用実態に関するアンケート調査』。
国立社会保障・人口問題研究所 (2012),「女性の人口再生産に関する主要指標:1925－2010年」『人口統計資料集 2012 年』。
国立社会保障・人口問題研究所 (2012),『日本の将来推計人口 (平成24年1月推計)』。
下平好博 (1999),「外国人労働者―労働市場モデルと定着化―」稲上毅・川喜多喬『講座社会学6 労働』東京大学出版会。
首相官邸・高度人材受入推進会議 (2009),『高度人材受入推進会議報告書』。
首相官邸 (2009),『新成長戦略 (基本方針)―輝きある日本へ―』(平成21年12月30日)。
首相官邸 (2010),『第176回国会における菅内閣総理大臣所信表明演説』(平成22年10月1日)。
首相官邸 (2011),『野田総理大臣記者会見』(平成23年11月11日)。
宣元錫 (2009),「動き出した韓国の移民政策」『世界』(2009年11月号) 岩波書店。
総務省統計局 (2012)『人口減少社会「元年」はいつか?』。
日本経団連 (2003),『活力と魅力溢れる日本をめざして』。
日本経団連 (2009),『外国人受け入れに関するアンケート』。
法務省・今後の外国人の受入れに関する PT (2006),『今後の外国人の受け入れに関する基本的な考え方』。
安田聡子 (2007),「外国人高度人材のグローバル移動とイノベーション」『中小企業総合研究第6号』日本政策金融公庫。

第5部

日米中関係の将来

第 15 章

21世紀の日米同盟と中国の台頭―対立と協調

はじめに―冷戦後の日米同盟の強化

　冷戦の終結後，日米同盟は強化された。背景には，東アジア地域で「3つの危機」（北朝鮮核開発疑惑，沖縄少女暴行事件，台湾海峡危機）が起こったことで，クリントン政権がアジア政策を見直したことがある。それまで，1期目のクリントン政権は，アメリカ国内経済の再生にビームのようにフォーカスしていた。「平和の配当」の議論の延長で，「同盟不要論」まで展開されていたのである。しかし，冷戦後，ヨーロッパ地域の多国間同盟である北大西洋条約機構（NATO）と，アジア太平洋地域の「ハブ・アンド・スポークス」の基軸である日米同盟は，存続し，むしろ強化された。

　1996月4月に，ビル・クリントン大統領と橋本龍太郎首相は，「日米安全保障共同宣言」で，日米安全保障条約を再定義した。日米同盟を，日本と極東の防衛のためだけでなく，アジア太平洋地域の秩序の安定に資するものとして位置づけたのである。1997年9月には，日米防衛協力ための指針（ガイドライン）が見直された。その後，1999年5月には，「周辺事態法」関連立法が国会で可決された。日本政府の見解としては，「周辺」とは地理的概念ではなく，たとえば，朝鮮半島や台湾海峡を常に含むわけではない，と説明された。抑止力を高めるために，あえて"あいまい"にされたのである。「あいまい戦略」である。

　この間，2期目のクリントン政権は，米中接近を図り，「関与（engagement）」政策をとった。米中両国は，21世紀に向けて「建設的かつ戦略的なパートナーシップ」を目指すことで合意した。これに対して，日中関係は，

「善隣友好」の関係にとどまった。日米関係では、「ジャパン・パッシング（素通り）」が懸念された。1998年6月下旬から7月にかけての9日間、訪中したクリントン大統領が同盟国の日本と韓国を立ち寄らなかったからである。ただし、注目すべきことは、クリントン政権の1期目の最後に、日米同盟が強化された上で、2期目に対中関与が本格化したことである。アメリカとしては、戦略的な手順をきちんと踏んでいる。日本としては、必要以上に卑屈になる必要はなかったのである。

では、21世紀の日米同盟は、中国の台頭を受けて、いかに進展してきたのか。21世紀の国際秩序にとって、最も大きな地殻変動となるのは、中国の台頭である。これに対抗するのが、日米同盟である。大国間関係の相対的な力関係が大きく変化するため、アメリカ中心の単極の構造から、国際システムは双極化もしくは多極化に向かうことになる。さらに、無極に向かうとか、近代が終焉して、「新しい中世」へと向かうという議論もある[1]。

以下では、まず、テロ後の日米同盟のさらなる強化を見る。次いで、中国の台頭と海洋進出の動きを踏まえたい。その上で、アメリカの政策対応と日本の政策対応をそれぞれ考察する。

第1節　テロ後の日米同盟のさらなる強化

2001年9月11日の同時多発テロ攻撃後、日米同盟は、さらに強化された。特に小泉政権下では、アフガニスタン戦争時には、「テロ特措法」で、海上自衛隊がインド洋上へ派遣された。イラク戦争後には、「イラク特措法」で、陸上自衛隊がイラクへ派遣された。またこの間、アメリカ軍の「変革（transformation）」にともない、グローバルな規模で米軍基地が「再編（realignment）」された[2]。沖縄基地の問題は残ったが、在日米軍基地も「再編」の例外ではなかった。ミサイル防衛（MD）をめぐる日米協力も、着々と進んだ。北朝鮮の弾道ミサイルが当面の脅威だが、中国の弾道ミサイルが潜在的な脅威である。

日米防衛協力をより容易にするために、日米両軍の相互運用性（Interoperability）を高める努力も進められた。

　こうした日米同盟のさらなる強化の背景には，ジョージ・W・ブッシュ大統領と小泉純一郎首相の間の個人的な信頼関係があった。1980年代のロナルド・レーガン大統領と中曽根康弘首相の「ロン＝ヤス」関係が想起された3)。「ロン＝ヤス」関係以上であった，という意見もある。W・ブッシュ大統領が，首脳会談の合間に，エルビス・プレスリーの物真似をする小泉首相に，親近感を抱いていたことは，よく知られている。

　しかし，その後，日本の政権は，ほぼ1年あまりで，交代していったため，日米同盟の強化は思うように進展しなかった4)。第一次安倍政権，福田政権，麻生政権，鳩山政権，菅政権，野田政権という流れである。特に民主党への政権交代後は，鳩山政権で沖縄の普天間基地の県外移転問題をめぐって，日米同盟が「漂流」した。ただし，菅政権では2011年3月の東日本大震災を受けて，日本の自衛隊とアメリカ軍が「トモダチ作戦」で密接に連携した5)。

　また，野田政権では，2012年9月の尖閣諸島の国有化をめぐって，日中関係が冷え込んだ。中国では，激しい反日デモが展開され，日本のショッピング・モールが群衆に襲撃され，日本車が路上でひっくり返された（中国の胡錦濤政権は，反日デモの民衆の不満が，共産党政権への批判へと転化することを恐れていたと思われる）。こうして，日中両国の世論は，にわかに冷え込み，日中対立が決定的となった6)。

第2節　中国の台頭と海洋進出

　21世紀に入り，中国の台頭は著しいペースで進んだ。2001年12月に，中国が世界貿易機関（WTO）に加入したことが大きかった。2010年代に入り，国内総生産（GDP）で日本を抜いて，世界第二の経済大国となった。それにともない，軍事力の拡大が図られてきた。アメリカと日本としては，その不透明な軍拡に反対してきた。特に中国は，「接近阻止・領域拒否（A2AD）」の能力を高め，米軍の動きを牽制する能力に注力してきた。アメリカにとって，特に命中精度の高い対艦弾道ミサイル（ASBM）のDF-21D（東風21D）の開発が脅威と

なる。アメリカ軍の空母群が，中国の近海に容易に近づけなくなるからである[7]。

　サイバー攻撃も，官民で取り組んでいると見られている。人工衛星破壊実験も実施された。もし戦争となった場合，国防総省のコンピューターが深刻なサイバー攻撃を受け，人工衛星まで破壊されたならば，アメリカ軍のスムーズな軍事展開に大きな支障が出ることになる。21 世紀のアメリカ軍は，コンピューターと人工衛星を介して，密接に連携しつつ，軍事行動を展開するからである。

　さらに，地政学的にランド・パワーの中国は，高度経済成長のおかげで，シー・パワーとしての能力を向上させる余裕が生じた。中国は海洋進出を積極的に展開するようになった。そのため，ベトナムやフィリピン，日本など，近隣諸国との摩擦が生じている。中国は，日本列島から沖縄，台湾，フィリピンとベトナムへとつながる第一列島線へと海洋進出を進めている。当面は，第一列島線までの近海で，海洋進出を試みると見られている。しかし，中長期的には，伊豆・小笠原諸島からグアム・サイパン島を含むマリアナ諸島群へと至る第二列島線まで海洋進出を図る，と想定される[8]。中国の高官はすでにアメリカ側に対して，「太平洋には，米中両国が共存できるスペースがある」という趣旨の発言をして，西太平洋からアメリカを排除し，太平洋をアメリカと二分する構想をアメリカ側に伝えている[9]。

　また中国は，中東地域とアフリカからインド洋を経由して，マラッカ海峡を通るシーレーン（海上交通路）の防衛にすでに乗り出している。「真珠の首飾り」戦略として知られる。アメリカのシーレーン防衛とぶつかるのである[10]。包囲される形のインドも警戒感を抱いており，「ダイヤモンドのネックレス」戦略を進めている。「真珠よりもダイヤモンドの方が固い」というわけである[11]。もし戦争になった場合，マラッカ海峡が封鎖されたならば，中国経済は"窒息"してしまう。そのため，中国は，軍事政権のミャンマーに接近し，ミャンマー西部ヤカイン州のチャウピュ港から中国の雲南省昆明までを陸上のパイプラインで結んだ。「マラッカ・ジレンマ」を克服する動きである[12]。

　経済的には，中国は，アメリカが主導する環太平洋経済連携協定（TPP）に対抗して，地域包括的経済連携（RCEP）の締結を試みている。ただし，TPP は 2015 年 10 月にようやく大筋合意したが，RCEP は，インドの消極的

な姿勢もあり,国際交渉が難航している。中国にとっては,中国がすぐに加盟できない高度なルールを設定するTPPは,中国を封じ込める動きと映るに違いない[13]。

　中国が主導して,アジア・インフラ投資銀行(AIIB)が,2015年6月に創設された。創設国は57カ国のうち50カ国が署名し,フィリピンなど7カ国が署名を見送った。イギリスをはじめ,ドイツ,フランス,イタリアなど西ヨーロッパの同盟国が,AIIBに加盟したことは,アメリカのオバマ政権を苛立たせた。AIIB創設の署名は見送ったが,南シナ海で領有権問題を抱えるフィリピンまで,AIIBの加盟に関心を抱いている。こうして,AIIBが当初の予想以上の成果を残せたのは,2000年に中国など新興国の発言力を増大させる国際通貨基金(IMF)改革が決定されたにもかかわらず,アメリカ議会の反対で,まったくIMF改革が進展しないことへの,各国の苛立ちが背景にあった。また,2008年9月のリーマンショック後,中国は,アメリカが衰退の道を辿りつつあると認識し,比較的に早く回復した中国の経済への自信を深めていたことも背景にある。

　AIIBの創設は,アメリカと日本がこれまで主導してきたアジア開発銀行(ADB)とIMFを軸とした既存の国際秩序に挑戦する動きである。アメリカと日本は,中国が主導するAIIBは,「融資基準など,ガヴァナンスが不透明である」として加盟を見送った。国際社会でアメリカと日本は孤立化した形だが,おそらく無理に慌てる必要はないであろう。しばらく様子を見る余裕が必要である。融資基準が公正なADBと,融資基準が柔軟なAIIBで,しばらく,2つの枠組みが併存していくのではないか,と思われる。

　BRICSの新開発銀行(BRICS銀行)も,2015年7月に立ち上がった。BRICSとは,ブラジル,ロシア,インド,中国,南アフリカの新興国の集まりである。アメリカ主導の単極の国際システムに対抗して,首脳会談を開催するなど,外交の動きを活発化させてきた。アメリカや日本とも戦略的対話を図るインドの立ち位置は微妙である[14]。2014年3月のロシアによるクリミア半島の併合後,ウクライナ情勢をめぐってヨーロッパ地域で孤立化するロシアは,東のアジアに目を向け,中国への接近を強めている。エネルギー協力など,経済協力がまとまった[15]。

AIIBとBRICS銀行で，中国は，アジア地域のインフラ整備でイニシアティブを発揮し，商機を掴みたいところであろう。「一帯一路」というスローガンの下，中国は，「陸と海のシルクロード」構想を推し進めようとしている。中国からヨーロッパまでつながる経済成長ベルトを構想しているのである[16]。この背景には，中国国内の経済で内需がなかなか拡大しない状況下で，外需に新たな活路を目指す思惑がある。2015年7月の人民元の切り下げは，そのための措置である。また同じ時期，上海の株が暴落したことは，見方によっては，厳しく統制されてきた中国経済が市場に反応するようになった兆候でもある。また中国は，2015年3月，李克強首相は，全人代で，GDP成長率7%前後を目指す「新常態（坂を上り峠を越える重要な段階）」を打ち出した[17]。

　2012年11月に国家主席に就任した習近平は，「中国の夢」を語っている。かつての中国の勢力圏を回復することを企図しているのであろうか。中国のナショナリズムの行方も不透明である[18]。「中国のナショナリズムは脆い」と，『ファイナンシャル・タイムス』誌のジェフ・ダイアーは論じている[19]。また，鄧小平以来の「韜光養晦（能力を隠して外に表さない）」の路線から，逸脱するのであろうか[20]。

　習政権は，アメリカに対して，「新型の大国関係」を締結することを提唱している。オバマ政権は，正式には，これに応じる姿勢を見せていない。ただし，スーザン・ライス国家安全保障問題担当の大統領補佐官は，「経済分野では検討してもよい」という発言を繰り返している。

第3節　オバマ政権の政策対応

　こうした中国の台頭と海洋進出を受けて，日米同盟は，さらに強化されてきた。まず，アメリカのオバマ政権の政策対応を見てみたい。時期は，若干さかのぼる。

　オバマ政権としては，政権1期目の当初は，中国との戦略的な対話を深めることで，国際秩序を安定化させることを図っていた。2009年7月半ばには，ヒラリー・クリントン国務長官が，「マルチ・パートナーの世界」演説を行い，

中国やロシア，インドと戦略的な対話を深めることを明らかにした。その直後の7月下旬には，米中間で「戦略・経済対話（SED）」を2日間開催し，安全保障と経済，環境の問題を集中協議した。ところが，2009年12月のコペンハーゲンでの国際連合気候変動枠組み条約締約国会議（COP15）で，李首相をはじめ中国側が非妥協的な姿勢を見せた直後から，米中関係はぎくしゃくし始めた。その後，チベットやGoogle撤退，台湾へのハイテク兵器売却などの問題で，米中両国は対立を深めた[21]。

2011年7月にハノイで開催された第17回東南アジア諸国連合（ASEAN）地域フォーラム（ARF）閣僚会合で，クリントン国務長官は，南シナ海における航行の自由は米国の国益であることを強調し，「米国は『南シナ海行動宣言』に則したイニシアティブや信頼醸成措置を促進する用意がある」と指摘した[22]。

2011年11月，オバマ政権は，中国の脅威の台頭を念頭にして，「アジア旋回（pivot to Asia）」と「再均衡（rebalancing）」を打ち出した。これまで深くコミットメントしてきた中東地域から撤退し，アジア地域に戦力を注ぐ方針を明らかにしたのである。オバマ大統領がオーストラリア議会で，「アジア太平洋地域は政権にとって最重要事項であり，軍事・外交の重心をこの地域に移していく」と演説し，2500名の海兵隊をダーウィンに駐留させることを明らかにした。アメリカとしては，中国が想定する第一列島線と第二列島線，さらにオセアニア地域という3重の守りで，中国を牽制する動きを見せたのである[23]。クリントン国務長官も，中国を牽制する内容の論文を『対外政策（Foreign Policy）』誌に掲載した[24]。

ところが，この間，2010年12月からのアフリカのチュニジアでの民主化の動きを契機として，アラブ地域全体で，民主化の動きが一時加速した。「アラブの春」である。アメリカのオバマ政権は，「アラブの春」に対して，なかなか明確な政策を打ち出せなかった。特に地域大国のエジプトのムバラク政権は，権威主義体制であるが，親米政権であった。アメリカからの軍事援助も，多額の規模で行われていた。2011年1月にチュニジア，2月にエジプトで，政権交代が起こったが，オバマ政権の政策対応は，後手に回った。同じ2月以降，リビアのカダフィ政権に対して反政府勢力が反旗を翻した。3月に英仏両

国が主導する形で空爆がなされ,オバマ政権としては,「後方からの指導(leading from behind)」にとどまった25)。

シリア内戦に対しては,2013年8月アサド政権が国民に化学兵器を使用したことが明らかとなり,バラク・オバマ大統領は「レッドラインを超えた」として,武力行使をちらつかせたが,結局,武力行使はせず,ロシアのセルゲイ・ラブロフ外相の調停案に飛びついた。同盟国のイギリスの議会で,シリアへの武力行使に反対の意見が多数を占め,アメリカ議会でも,武力行使への支持はなかなかまとまらなかったためである26)。

その直後,2013年11月に,中国が「防空識別圏(ADIZ)」を,尖閣諸島を含む中国の近海に設定したことは,シリア内戦でのオバマ外交の迷走ぶりと無関係ではない。

これに対して,オバマ大統領は,2014年4月,「日本の施政下にある領土は,尖閣諸島も含めて日米安全保障条約の第5条の適用対象となる」と述べた27)。

A2ADの能力を高め,中国の近海へのアメリカ海軍の接近を阻止し,領域から排除しようとする中国の軍事戦略に対して,アメリカのオバマ政権は,「エア・シー・バトル(ASB)」戦略を描いてきた。空軍と海軍を統合して,中国の脅威に対応しようとする軍事戦略である。コスト面と技術面で「エア・シー・バトル」戦略には,批判もあるが,オバマ政権としては,「エア・シー・バトル」戦略を虎視眈々と推し進めてきた28)。

これに対して,戦略家のクリストファー・レインをはじめとした専門家たちは,「エア・シー・バトル」戦略は現実的な選択肢ではないとして,「オフショア・バランシング」戦略を提言してきた。地政学的に,中国の近海から一歩距離を置いて,中国を牽制する軍事態勢を整えるべきである,という姿勢である29)。米国防大学戦略研究センターのトーマス・ハマスは,さらに一歩距離を置いて,「オフショア・コントロール」戦略を提言している。日本や韓国の軍事貢献をさらに強化して,遠方から中国の海洋進出を牽制しようとする動きである30)。

はたして,オバマ後の政権は,民主党政権が継続しようが,共和党政権に交代しようが,"緊縮(austerity)"の時代に合わせて,"縮小(retrenchment)"

の外交アプローチに転換するのか。それとも，共和党政権となり，より保守的な外交姿勢から，「新レーガン主義」で，特に中国の台頭や流動化する中東情勢，混迷するウクライナ情勢などに，より強硬な態度を見せるのであろうか[31]。

　オバマ政権は，政権1期目から，経済的な枠組みであるが，TPPを「アジア旋回」と「再均衡」の一つの手段として，重要視してきた。2015年6月に，オバマ政権はようやく，アメリカ議会から，貿易促進権限（TPA）を承認された。ところが，7月中の大筋合意は，ニュージーランドの土壇場での非妥協的な姿勢で頓挫した。2016年7月の日本の参議院選挙，11月のアメリカ大統領選挙などの政治日程を考えると，場合によっては，TPPの調印は次期政権まで引き延ばされて，"漂流"しかねなかった。ただし，前述の通り，2015年10月に大筋合意となった。しかし，アメリカや日本など，加盟国の国内で議会での批准が必要である[32]。

第4節　安倍政権の政策対応

　第二次安倍政権は，2014年7月，集団的自衛権の行使容認を閣議決定した。国内での安全保障法制の整備が必要となるが，2015年9月に安全保障関連法が成立した。後方支援が主体となるが，これで同盟国アメリカと戦うことができるようになる。ただし，2015年に入り，国会で安全保障法整備が進展するにつれて，第三次安倍政権の支持率は低下し，2015年7月には新聞各紙の世論調査結果で30%台まで落ち込んだ。かつての政権ならば，危険水域である。しかし，民主党をはじめ，今の野党は弱く，その支持率は上昇していない。有権者にとって，代替案がない状態なのである。ただし，憲法改正まで視野に入れていた安倍政権としては，大きな痛手である。

　これまで，第二次および第三次安倍政権は，「積極的平和主義（proactive contribution to peace）」を掲げ，「地球儀を俯瞰する外交（bird-view globe diplomacy）」を展開してきた[33]。安倍首相は，第二次政権のうちに，50カ国以上の外国を訪問した。また安倍政権は，日本版の国家安全保障会議（NSC）を設立し，秘密保護法を成立させた。日本独自の「国家安全保障戦略（NSS）」

もまとめられた。2015年4月には，日米防衛協力のための指針（ガイドライン）が，さらに見直された。戦後70周年に当たる2015年の8月14日には，歴史認識問題で「安倍談話」を発表した。こうした日本の積極的な外交攻勢を，アメリカのオバマ政権としては，基本的に歓迎している。

さらに，日米豪，日米韓，日米印の3カ国の戦略的連携を重層的に深め，中国や北朝鮮の動きを牽制している。「地域抑止」を強化する動きである。日米印豪による「民主主義のダイヤモンド」構想も打ち出している[34]。麻生太郎は，かつて外相の時に，同じような狙いで，「自由と繁栄の弧」構想を明らかにしている[35]。

ここで問題となるのは，冷却化する日韓関係である。2012年8月の李明博大統領の竹島上陸以降，日韓関係は急速に冷え込んだ。さらに，朴槿恵大統領の従軍慰安婦問題への強いこだわりと，日本側の歴史認識問題への保守的な取り組みなどにより，日韓関係の関係改善の道筋がほとんど描けなかった。オバマ政権としても，日韓関係の関係改善に強い圧力をかけてきた。オバマ政権のアジア政策の中心人物であったマーク・リーパットを駐韓米国大使に任命したのも，その動きの一つである[36]。こうしたアメリカからの後押しもあり，日韓国交正常化の50周年にあたる2015年12月下旬，日韓両国は従軍慰安婦問題でようやく一定の合意に至った。ただし，朴政権はこれから国内を説得しなくてはならない。

これに対して，日本の安倍政権とオーストラリアのトニー・アボット政権との関係は，良好である。2014年7月の安倍首相のオーストラリア訪問時には，両国の「21世紀のための特別なパートナーシップ」まで言及された[37]。インドとの関係は，戦略的な対話を深めているが，インドは中国やロシアともうまくやっている。繰り返しになるが，インドは，絶妙な立ち位置をとっている。

問題は，戦後70周年にあたる2015年の8月の時点で，安倍首相が中国の習近平国家主席とまだ2回しか首脳会談を実現していないこと，朴大統領とまだ正式に首脳会談を実施していないことであった（2015年11月に，安倍首相と朴大統領はようやく二人きりの首脳会談を行った）。背景には，中国と韓国の反日キャンペーンがそれぞれ熾烈化していること，また日本側の歴史認識問題に対する取り組みが中韓両国からは不十分である，と認識されていることがあ

る。また，安倍政権は，「戦後レジームからの脱却（breaking away from postwar regime）」を図っている。

　経済的には，日本は，アメリカが主導するTPPと中国が主導するRCEPの両方にコミットメントしている。中長期的には，TPPとRCEPの間で，"橋渡し"の役割を担うことができるかもしれない。その場合，アジア太平洋自由貿易圏（FTAAP）の実現へ大きな推進力となるであろう。中長期的には，中国がTPPに加盟することも視野に入れておくべきかもしれない。経済的な相互依存が深まることは，戦争の勃発を決定的に不可能にするわけではないが，お互いに信頼醸成を高めて，戦争が起こる蓋然性を相対的により低下させることが期待できる[38]。

おわりに——「牽制と抱擁（hedge and embrace）」の両面政策の行方

　中国の当面の政策目標は，中国の近海で海洋進出を試みる，という比較的に控えめなものにとどまっている。ただし，中長期的な目標は，より野心的なものである。しかし，国際社会の覇権国として，アメリカにとって代ろうというものではない。中国の近海から，アメリカを排除したい，という比較的に限定的な試みである。もしアメリカと戦争になっても（あるいは，戦争にならないために），アメリカの軍事行動を困難にするためだけに戦略目標をフォーカスしている。全面戦争で勝利することを目指しているわけではないのであるのである。

　経済的にも，中国はたしかに，AIIBの設立を図るなど，アメリカ中心の単極構造に対抗し，多極化を促す動きを強めている。ただし，アメリカのドル体制に真っ向から挑戦して，一気にそれにとって代わろうというものではない。

　ただし，アメリカの国家安全保障戦略の基本は，それぞれの地域で支配的な覇権国家が出現することを防ぐことにある。ヨーロッパ地域で，ドイツとソ連が支配的な地位を確立することを防ぐために，第二次世界大戦に参戦し，その後，ほぼ半世紀にわたって，米ソ冷戦を戦った（ただし，米ソ両国は一度も直接戦っていない。お互いに「戦略的自制」を心がけたのである）。また，アジ

ア地域で日本の地域覇権の出現を食い止めるために，太平洋戦争を戦っている。

しかしながら，日米同盟対中国の対立構図は，「安全保障のジレンマ」に陥り，戦争が勃発してしまうという最悪のシナリオを回避しなければならない。そのため，日米同盟は，1972年2月のリチャード・ニクソン大統領の米中和解以来，中国に対して，基本的に「牽制と抱擁（hedge and embrace）」ないし「統合と牽制（integrate, but hedge）」の両面政策を展開してきたのである。安全保障面では，中国を牽制しつつも，経済面では，中国との経済関係を強化し，アメリカ主導の国際的な枠組みに取り込もう，という戦略である[39]。

ここで問題となるのは，第一に，アメリカと日本は，いつまで「牽制と抱擁」ないし「統合と牽制」の両面政策を堅持するのか，という点である。もう一つは，中国がアメリカ主導の国際的な枠組みに組み込まれることで，はたしてその行動が穏健化するのか，という問題である[40]。日米同盟と中国との間の対立と協調のダイナミズムがいかなる方向へ向かうのかは，21世紀の国際秩序の行方を占う試金石となることは間違いない[41]。アジア太平洋地域とインド洋地域において，日米同盟と中国の台頭との対立を許容できるような，新しい安全保障のアーキテクチャーを構築する必要性がある[42]。

（島村直幸）

注
1) 島村（2015），65-79ページ；White（2012）参照。
2) 岩間（2011），229-256ページ。
3) Bush（2010），chs. 7-8.
4) 村田（2008），310-321ページ。
5) 佐藤（2014），103-123ページ。森本監修（2010年）に所収の論文も参照。
6) 長島（2013），1-26ページ。
7) 春原（2012），250-256ページ。
8) Dyer（2014），ch. 1; Bader（2012），pp. 103-108; Kaplan（2014），chs. 1-2; 飯田将史（2015），175-199-ページ。
9) Dyer（2014），pp. 47-48.
10) 長島（2013），100-107ページ。
11) Dyer（2014），ch. 2; Kaplan（2010）．
12) Dyer（2014），pp. 101-109.
13) 中国から見た日米同盟については，杉浦（2011），302-328ページ；川島真（2011），139-148ページ。

14) 堀本（2010），55-87ページ．
15) 下斗米（2014），153-177ページ．
16) 武貞（2015），第2章を参照．
17) 濱本（2014），第1章；Roach（2014）．
18) 宮本（2015），158-181ページ．
19) Dyer（2014），ch. 5.
20) Dyer（2014），pp. 52-62.
21) Clinton（2014），pp. 39-100; Bader（2012），pp. 18-25; 島村（2014a）．
22) 福田（2011）．
23) 滝田（2015），23-26ページ；Sestanovich（2014），pp. 311-314; モチヅキ（2015），111-141ページ，島村（2014d）．
24) Clinton（2011），pp. 50-63.
25) Sestanovich（2014），pp. 314-317.
26) Sestanovich（2014），pp. 318-319; 滝田（2015），22-23ページ．
27) 『日本経済新聞』2014年4月25日．
28) Friedberg,（2014），pp. 73-104; 春原（2012），280-288ページ．
29) Layner（2006），pp. 159-192; Dueck（2015），pp. 91-107.
30) 八木（2012）．
31) Sestanovich（2014），Epilogue. 2014年11月中間選挙後のオバマ外交については，島村（2014d）；笹島（2015），46-62ページを参照．
32) 本書の第17章を参照．
33) 櫻田（2015），40-53ページ．
34) 長島（2013），191-184ページ．地域抑止態勢の整備と強化については，石川（2015），64-67ページ．
35) 麻生（2008）．
36) 渡部（2013），46-67ページ．
37) 島村（2014c）．
38) 三浦（2014），49-64ページ．
39) 島村（2014d）．アーミテージ他（2010），第2章も参照．
40) ジェームズ・マンによれば，中国をアメリカ主導の国際的な枠組みに取り込むことで，その行動を穏健化できると想定するのは幻想であるという（Mann［2007］）．
41) バランスのとれた日米中関係論として，秋田（2008年）．
42) Steinberg and O'hanlon（2014），神保，東京財団編（2011）に所収の論文も参照．

参考文献
秋田浩之（2008），『暗流—米中日外交三国志』日本経済新聞社．
アーミテージ，リチャード・L，ジョセフ・S・ナイ Jr，春原剛（2010），『日米同盟 vs.中国・北朝鮮』文春新書．
麻生太郎（2008），『自由と繁栄の弧』幻冬舎文庫．
飯田将史（2015），「中国の海洋進出」川島真編『チャイナ・リスク』岩波書店．
石川卓（2015），「日米安保のグローバル化」遠藤誠治編『日米安保と自衛隊』岩波書店．
岩間陽子（2011），「日米同盟と米国同盟システムの再編」公益財団法人世界平和研究所編，北岡伸一，渡邉昭夫監修『日米同盟とは何か』中央公論新社．
川島真（2011），「中国から見た日米同盟の評価の変遷」公益財団法人世界平和研究所編，北岡・渡邉

監修『日米同盟とは何か』中央公論新社.
櫻田淳（2015）。「『積極的平和主義』と『地球儀俯瞰外交』の源流」『海外事情』（Vol. 63, No. 7・8）拓殖大学海外事情研究所.
笹島雅彦（2015），「『第4四半期』のオバマ外交」『海外事情』（Vol.63, No.2）拓殖大学海外事情研究所.
佐藤洋一郎（2014），「民主党政権下の日本の対米外交政策とその国内的背景―不明瞭な『変革』からの立て直し」猪口孝監修，猪口孝／G・ジョン・アイケンベリー編『日本・アメリカ・中国』原書房.
島村直幸（2014a），「中間選挙とアメリカ外交―オバマ外交とは何だったのか」http://www.tkfd.or.jp/research/project/news.php?id＝1318.
島村直幸（2014b），「中間選挙とアメリカ外交― 3つの脅威と国内政治への対応」http://www.tkfd.or.jp/research/project/news.php?id＝1343
島村直幸（2014c），「中間選挙とアメリカ外交―中間選挙直前の国際環境とアメリカの対応」http://www.tkfd.or.jp/research/project/news.php?id＝1358
島村直幸（2014d）「中間選挙とアメリカ外交―混合型脅威に直面するレイムダックのオバマ外交」http://www.tkfd.or.jp/research/project/news.php?id＝1380.
島村直幸（2015），「国際システムそのものを俯瞰する」馬田啓一・小野田欣也・西孝編著『国際関係の論点』文眞堂.
下斗米伸夫（2014），『プーチンはアジアをめざす―激変する国際政治』NHK出版新書.
神保謙，東京財団「アジアの安全保障」プロジェクト編（2011），『アジア太平洋の安全保障アーキテクチャー―地域安全保障の三層構造』日本評論社
杉浦康之（2011），「中国から見た日米同盟」竹内俊隆編著『日米同盟論―歴史・機能・周辺諸国の視点』ミネルヴァ書房.
滝田賢治（2015），「迷走するオバマ外交」『海外事情』（Vol.63, No.2）拓殖大学海外事情研究所.
武貞秀士（2015），『東アジア動乱―地政学が明かす日本の役割』角川oneテーマ21.
長島昭久（2013），『「活米」の流儀―外交・安全保障のリアリズム』講談社.
濱本良一（2014），『習近平の強権政治で中国はどこへ向かうのか』ミネルヴァ書房.
春原剛（2012），『米中百年戦争―新・冷戦構造と日本の命運』新潮社.
福田保（2011），「南シナ海問題における日本の役割と課題」https://www2.jiia.or.jp/RESR/column_page.php?id＝211.
堀本武功（2010），「アンビバレントな印中関係」天児慧，三船恵美編『膨張する中国の対外関係―パクス・シニカと周辺国』勁草書房.
三浦秀之（2014），「アジア太平洋地域経済統合の枠組みをめぐる米中の競争」『杏林社会科学研究』（Vol. 30, No. 4）杏林大学社会科学学会.
宮本雄二（2015），『習近平の中国』新潮新書.
村田晃嗣（2008），「冷戦後，9.11以後の日本とアメリカ 1990－2007年」五百旗頭真編『日米関係史』有斐閣.
モチヅキ，マイク（2015），「米国の安全保障戦略とアジア太平洋地域へのリバランス」（遠藤誠治訳）遠藤誠治編『日米安保と自衛隊』岩波書店.
森本敏監修（2010），『漂流する日米同盟―民主党政権下における日米同盟』海竜社.
八木直人（2012），「海洋の安全保障―エアシー・バトルとオフショアコントロール」http://www2.jiia.or.jp/pdf/research_pj/h24rpj03/report-yagi-20121008.pdf.
渡部恒雄（2013），「オバマ政権のアジア回帰政策―韓国の役割と日本の歴史認識」谷内正太郎編『論集・日本の安全保障と防衛政策』ウェッジ.

Bader, Jeffrey A. (2012), *Obama and China's Rise: An Insider's Account of America's Asia Strategy*, Brookings Institution Press.
Bush, George W. (2010), *Decision Point*, Crown Publisher.
Clinton, Hillary (2011), "America's Pacific Century," *Foreign Policy*, November.
Clinton, Hillary Rodham (2014), *Hard Choices*, Simon & Schuster.
Dyer, Geoff (2014), *The Contest of the Century: The New Era of Competition with China — And How America can Win*, FT.
Dueck, Colin (2015), *The Obama Doctrine: American Grand Strategy Today*, Oxford University Press.
Friedberg, Aaron L. (2011), *A Contest for Supremacy: China, America and the Struggle for Mastery in Asia*, W.W. Norton & Company, Inc.
Friedberg, Aaron L. (2014), *Beyond Air-Sea Battle: The Debate over US Military Strategy in Asia*, IISS.
Kaplan, Robert D. (2014), *Asia's Cauldron*, Brandt & Hochman Literary Agents, Inc.
Kaplan, Robert D. (2010), *Monsoon: The Indian Ocean and the Future of American Power*, Brandt & Hochman Literary Agents, Inc.
Layne, Christopher (2006), *The Peace of Illusions: American Grand Strategy from 1940 to the Present*, Cornell University Press.
Mann, James (2007), *The China Fantasy: Why Capitalism Will not Bring Democracy to China*, Penguin Books.
Roach, Stephen (2014), *Unbalanced: The Codependency of America and China*, Yale University Press.
Sestanovich, Stephen (2014), *Maximalist: America in the World from Truman to Obama*, Vintage Books.
Steinberg, James and Michael O'hanlon, (2014), *Strategic Reassurance and Resolve: U.S.-China Relations in the Twenty-First Century*, Princeton University Press.
White, Hugh (2012), *The China Choice: Why America Should Share Power*, Black Inc.

第 16 章

習近平の「積極外交」と米中・日中関係

はじめに

　鄧小平や江沢民，胡錦濤と続く歴代中国の指導者の中でも習近平はより意欲的な外交活動を展開している。本章では，習近平政権の外交活動の特徴を「積極外交」と名付ける。習近平の外交活動は多方面に及んでいるが，その目標は米中信頼の醸成，周辺地域の安定化，中国の大国地位の確立という3点に集中している。習近平の「積極外交」の原動力は彼個人の政治理念であると同時に，中国の国家としての特有の「不安」も反映している。

　中国経済の右肩上がりの成長が「積極外交」のために物的基盤を提供している。中国は絶えずアメリカに「Win-Win」関係を構築するよう提案している。しかし「積極外交」を通じた「利益供給型」の外交だけで，安定的な中米関係を維持できるのであろうか。

第1節　習近平の「積極外交」の形成

1．習近平の「積極外交」

　天安門事件後，鄧小平は「韜光養晦」の外交戦略を策定しその後の中国の経済成長を導いた。「韜光」とは名声や才覚を覆い隠す，「養晦」とは隠居するという意味である。鄧小平の「韜光養晦」は，経済建設に没頭し，外交上は特に目立つ行動をしないという戦略だと理解されている。鄧小平は，毛沢東が行ってきた「革命外交」（大規模な対外援助）を見直す一方で，自国の経済成長を

最優先課題と位置づけ，外交活動も経済成長を中心として展開していた。江沢民時代から胡錦濤時代の前半においてもこの方針が基本的に守られてきた。しかし胡錦濤政権の後半に入ってからは，中国の世論が変調し，「韜光養晦」は時代に合わないとの声が高まった。米国発金融危機が世界中で深刻化する中，中国は，政府の大型景気対策の効果によって経済がいち早く回復し成長路線を維持した。それによって自信が増強された背景もある。しかし一方で，米国は「アジア回帰（pivot to Asia）政策」によって中国へ圧力を加えようとしているように見える。中国はそれに対する対応も迫られている。

　習近平は着任後，それまでの外交活動や対外援助を継承し，かつ強化した一方で，独自の外交活動をも推し進めている。AIIB や「一帯一路」構想の提唱による「周辺外交」戦略の強化，「中米新型大国関係」の提起，「中日民間交流」の復活，「人類運命共同体」理念の提起などである。

　アメリカの「アジア帰還政策」も「韜光養晦」戦略を見直す重要な原因である。中国は「積極外交」を通じて米中関係の改善を図り中国への圧力を緩和しようと試みている。2013 年 6 月，習近平は「中米新型大国関係」を提起し，米中が「衝突せず，対抗しない。互い尊重しあい，協力して「Win-Win」関係を構築する」と力説した[1]。「積極外交」の当面の目標は米国との信頼醸成にある。それと同時に中国周辺地域の安定や経済の持続的な成長を保障し，最終的には米国と同様な大国地位を確立するというところにある。

　「積極外交」のもとで対日外交も進められている。2014 年 11 月，日中両政府は「4 つの共同認識」を確認し，北京 APEC 開催中に，習主席と安倍首相の最初の首脳会談が行われた。翌年には，1 月に第 3 回日中高級事務レベル海洋協議が，4 月下旬には，インドネシアのジャカルタで開かれたアジア・アフリカ会議の会場で 2 回目の首脳会談が行われた。また 6 月には日中財務対話（日本側は麻生太郎財務大臣ら，中国側は楼継偉財政相ら）も 3 年 2 カ月ぶりに実現した。

　2009 年以降日中間のナショナリズムが高揚し，政府間の外交活動は困難な状況に陥っている。しかし，民間の交流はこの制限を受けない。2015 年 5 月，自民党総務会長二階俊博が観光業などの経済関係者 3000 人を率いて北京を訪問した際に，習近平は交流イベントに出席し日中民間交流を称賛した。彼は

「中日友好の基礎は民間にあり，中日の前途は両国民の手にある」と述べ，「両国の関係が困難なときこそ両国各分野の人々がより一層前向きに取り組み，民間交流を促進させるべきである」と熱意を込めた言葉を送った[2]。

一方，日中民間交流では新しい動向もみられる。2014年以降，中国の訪日観光者が大幅に増加し，日本製商品を大量購入する光景が見られるようになった。これは日本経済にとって明るいニュースだけでなく，日本の好印象が中国に持ち帰られることにもなり，両国関係改善の一助になると考えられる。

2．「積極外交」の特徴

中国の「積極外交」には以下のような幾つかの特徴がみられる。

第一に，さまざまな枠組を活用して対米外交を強化すること。

2015年9月の習近平の訪米中に，中国政府は大型の米中学生交流計画を公表し，今後3年間で5万人の若者の相互の留学を支援するとした。また，中国はボーイング社より旅客機を300機購入することも公表した。その総契約額は380億米ドルになるという。

第二は，新しい地域の枠組みを創出すること。

AIIB，「一帯一路」構想など新コンセプトを相次いで作り出している。しかし，これらの新概念は既成の国際秩序を弱体化させる意図を有しているものではないし，ましてや破壊する意図もない。

第三は，相手の利益を尊重しながら推進すること。

第四は，「民間交流」を重視すること。

2010年の尖閣諸島（魚釣島）における漁船衝突事件以降，日中両国民の対立は激しくなり，政府間関係も悪化した。2013年より両政府は次第に関係回復を模索しはじめたが，習近平が唱えた「民間交流」は両国の関係改善に向けて効果的なものとなること。

第五は，直通のルートを利用し正面突破を図ろうとすること。

外交官僚を超え外国の首脳と直接交渉する。特使，密使を頻繁に派遣する手法が用いられている。対日外交でも特使，密使という外交形態がよく利用され，対日関係改善・打開を模索している。その理由としては，1つは今日の日中高級政治家の相互不信である。外交現場において双方を結ぶ信頼できるパイ

プが欠如しており，日本国内の「知中派」も中国国内の「知日派」も有力な交渉を行うことができない。2つ目は，両国民の感情対立が激しくなり，国民感情を意識して表だっての政府間交流が困難になったためである。こうした通常の外交システムが機能しない場合では，特使や密使が利用されることになる。

　第六は，シンクタンクを重視すること。

　これまでは，中国指導者が外交政策を策定する場合には，外交部など各部署の外交官に任せていた。しかし習近平は，シンクタンクを非常に重視し専門家の助言を活用する[3]。習近平は「特徴のあるシンクタンクの構築を促進せよ」と提案した[4]。習近平は諸外国とのシンクタンクの交流も提案しており[5]，シンクタンクの重視・活用は習近平「積極外交」の重要なリソースになりパワーになっている。

3．「積極外交」と習近平の政治思想

　習近平の「積極外交」には彼の人生経験が反映されている。習近平は青少年時代から，多くの「紅二代」と同様に国家の運命に対して強い責任感をもっていた。文革時代に習近平は多くの高級幹部の子弟と同様に，父兄の失脚と農村下放を経験した。この経験は彼の人生経験を豊かにした。政治闘争の残酷さを自ら体験し，江沢民，胡錦濤のような学生リーダーの出身者に比べて，民衆の苦しみをより理解することになる。

　習近平は，国家主席に就任してからまもなく「中国の夢」（チャイニーズ・ドリーム）という政治理念を提起した。これは人々に深い印象を与えた。これは人々に自然にアメリカン・ドリームを連想させた。「中国の夢」とは「中華民族の偉大な復興」を意味する[6]。習近平は，「中華民族の偉大な復興」を達成するために「2つの100年」に言及した。1つは2021年に迎える中国共産党創立100周年である。この年までに「小康社会を全面的に完成させる」とした。もう1つは中華人民共和国創立100周年である2049年までの「富強・民主で，文明，調和がとれた社会主義現代化国家」の実現である[7]。

　国家最高指導者になるまでに，習近平は数多くの西洋政治・外交に関する知識を蓄積した。「積極外交」を遂行する上では，習近平の青少年時代の読書経験，特にそこから得られた諸外国文化に対する理解を糧としている。一部のメ

ディアは,「習近平は西洋の文明を敵視し拒否している」と報じているが,習近平は,若き日から西洋の政治文献を多数閲読している[8]。欧米の政治家の中国文化の理解に比べ,習近平の欧米文化の理解はずっと深い。習近平はまた,NBAの試合中継の観戦やアメリカ映画の観賞を好む,アメリカ文化の熱烈なファンでもある。

1972年のニクソン大統領の訪中を機に,中国の若者は,それまで未知の世界であったアメリカ文化を知ることになっていく。習近平は1952年生まれであるが,同時代の多く中国の若者は,英語を勉強しその後アメリカなど欧米に留学した。習近平世代の中国人は実にアメリカを意識しながら成長してきた。この世代の中国人は,アメリカの政治をよく見て考え,アメリカを座標軸として中国の政治外交を思考していることが多い。同様に,1972年の日中国交回復後,中国メディアは,日本関係の情報を多く伝えるようになり,これらの情報は戦後の新しい日本のイメージを中国に与えた。それはまた中国の若者の日本像の形成にとって重要な役割を果たした。習近平の「積極外交」の背後には,こうした早年の経験・記憶の影響があるはずである。

国内外の情勢変化のもとで,習近平は「積極外交」を「人類運命共同体」にも関連づけ,これをもって中国共産党の統治の安定化をはかろうともしているのである。

第2節 「積極外交」と「中国の三大不安」

中国共産党および中国政府は三大不安を抱えているといわれる。それは,中国共産党支配の正統性の不安,国家分裂の不安,海洋からの侵攻の不安,である。これらの不安はいずれも持続的で深刻なものである。習近平の中国は「積極外交」を通じてこの「中国の三大不安」を乗り越えようとしているのかもしれない。

1.中国共産党支配の正統性の不安

冷戦終結後,共産主義政党が支配する国家はほとんど崩壊したが,中国で

は，中国共産党の支配が今日まで継続している。しかし今日，その支配の正統性が危機に直面している。中国共産党の地位は，かつては革命の成功によって，そして今日は経済の高度成長によって支えられている。選挙によって選ばれ，支持されたものではない。現在の中国では，社会保障・医療保険システムの未完備や教育制度のゆがみ，貧富の格差の拡大，政府腐敗の深刻化などによって，国民の不満が増大している。中国政府内の有識者には，革命勃発寸前とさえ感じている者もいる[9]。

大衆の不満や苛立ちが高まっているなかで，中国共産党にとって最も喫緊の課題は，この一党支配の正統性の危機をいかに乗り切るかということである。「改革は正に革命と競走している」とも言われている[10]。改革の機を逸すれば革命が勃発するとは決して過言ではない。中国共産党は複数政党制は認めない。しかし誰が中国今日の深刻な問題に責任を取るのか。反腐敗闘争は中国共産党の人気を回復させる手段であるが，この方法は長くは続かない。逆に，反腐敗運動が進めば進むほど問題が深刻であることが明らかになってしまう。

諸外国は「中華民族の偉大な復興」というスローガンに警戒心を持つかもしれないが，しかしこれは外向きではなく，中国共産党の求心力を高めることを狙った内向きのスローガンと考えた方がよいであろう。

2．分裂への恐怖

西周時代より中国では，「大一統」という国家理念が形成された。『詩経・小雅』には「普天の下，王土に非ざること莫し。率土の濱，王臣に非ざること莫し」と書かれている。中国の歴史は「分久必合，合久必分」（分裂している状態が長くつづくと統合され，統合された状態が長くつづくと分裂する）の繰り返しであり，「大一統」を求める信仰は，始終中国の政治思想の根底にある。

中国の政治は，分裂を極めて憎悪する。「大一統」が尊ばれ，分裂に対して常に不安を覚えている。しかし分裂は，歴史上の「常態」であることも事実である。現代中国は大国を追求することによって，このような歴史的なトラウマを乗り越えようとしている。

また，中国大陸は，香港とマカオ，それに台湾とはそれぞれ特別な関係を有している。これらの地域は中国大陸に対して自らの独自の権利を主張する。中

国中央政府はいかにしてこれらの地域との関係を再定義していくかに極めて神経を尖らせている。これは現在中国政府の大きな課題である。

　始皇帝以来，中国は何度も大分裂を経験し，また異民族支配の歴史も経験している。現代中国も，多民族国家であり分裂の不安が常に付き纏う。分離主義を抑止することが常に中央政府の関心の核心にある。如何に求心力を維持するかが常に中央政府の最重要課題である。歴史の上では，国力が強いときは分離主義が抑制されてきた。従って，習近平も，「積極外交」を進め，強大な国力を保持することによって，分離主義を抑制すると期待している。

3．海洋からの侵攻の不安

　中国の領域は，胡煥庸ライン（Hu Line）によって2つの部分に分けて考えられる。1つは北西の広大な高原地帯の国土であり，もう1つは東南地域である。1840年以降の中国にとって最も大きな脅威は，海上からきたのである。海から攻めてきた外国勢力が清王朝とその後の中国政府に深刻な危機をもたらした。以来，中国の挫折はほとんど海洋と関連があった。いかに海上からの脅威を防ぐことができるか，これは中国政府の重要な課題となっている。

　1980年代，国家の将来の進路をめぐって中国のエリートたちは全国規模の大討論を行った。1984年，中国の若手学識者は近代中国の鎖国政策を批判し「大進大出」（「大いに輸入し大いに輸出する意」）戦略を提唱し，多大な支持を獲得した。これは諸外国の技術・原材料を輸入し，それを加工して製作した商品を輸出するという発想である。その後中国政府はこの戦略を採用した。1988年に，ドキュメンタリー『河殤』が中国CCTVで放映され，多大な反響を呼び起こした。『河殤』は，中国大陸文明の保守性を批判し，近代西欧文明（「青い文明」）の導入を呼び掛けたものであった。時の総書記趙紫陽がこれを見て称賛した。これを機に中国の世論は，海洋の利用・開発に意識を大いに喚起された。しかし中国人の海洋への懸念，恐怖は本質的には，依然除去されてはいない。

　習近平の「積極外交」は原動力が，彼の個人の政治理念であると同時に，中国国家に特有の「不安」も反映しているのである。

第3節 「積極外交」の可能性

1．「積極外交」と米中関係

　「積極外交」は中国外交に新しい活力をもたらし，中国外交の新たな可能性を切り開いた。

　中国の対米外交には3つの基本姿勢がある。1つ目は米中両国が広汎で深い「信頼」を醸成すること。この目的を達成するために政府，財界，軍，人文社会科学など多岐にわたる分野での交流を大いに行い，様々な枠組を設けて中国の真意をアメリカ側に詳細に伝えていく。誤解を生まないような頻繁で多角的な交流である。

　2つ目は，米中双方が利益を分かち合うことができる「Win-Win」関係を維持発展させることだ。長年の間，米中双方は互いに支えあう関係を構築してきた。今後も引き続きこの関係の維持に努めていく。

　3つ目は「協力関係」をつくりだすことである。アメリカの世界指導者の地位を尊重し，可能な限り支えて支援する。衝突が発生するときには，譲歩や妥協も惜しまない。

　米中間においては競争関係も存在する。競争関係にある分野では，相手の利益点を確認したうえで自己の主張をする。ただし，この競合・競争分野においては中国政府は，極めて慎重な態度をもって臨む。

　中国がアメリカに提唱している「新型大国関係」とは何であるか。ある中国人研究者は「新型大国関係」について次のように説明する。「米中各自の特殊な実力に基づいて双方ともに受け入れられるものである。双方は協力する同時に競争し，その競争は制御可能であり，確実に管理可能状態下に置かれる」[11]。

　今まで中国とアメリカは両国の関係を頻繁に「再定義」してきた。それは1997年から2011年の間に4回行われた。1997年の「米中共同声明」では，「21世紀にむけて建設的な戦略パートナーシップ」と定義した。2005年11月のブッシュ大統領訪中の際には，両国関係「21世紀の建設的協力関係」であるとした。2009年4月のG20で会見した胡錦濤とオバマは，両国関係を「積

極的，協力的，全面的な中米関係」と定義した。同年のオバマ訪中の際には「共同で挑戦に応えるパートナーシップ」を樹立させることに合意した。2011年には両国は，「相互尊重，互恵・『Win-Win』の協力的なパートナーシップ」を共同で樹立することに努めるとした[12]。

「積極外交」の目標は，米中信頼の醸成，周辺地域の安定化，中国大国地位の確立という3点に集中している。

対日外交については，これまでの特徴が更に強化されるであろう。「民間外交」は引き続き推進され，特使や密使によるパイプはさらに強化されるであろう。さらには，日中関係の調整役としてのアメリカの役割についてもさらに重きが置かれることになるかもしれない。

2．「積極外交」の可能性

鄧小平は官僚をよく知っていたので，経済成長の方針が一旦決まったら後には，すべて各地域の官僚に一任してきた。しかし，経済成長至上路線を遂行している間に，腐敗が横行しだし，貧富の格差が生まれた。これらは中国共産党支配を脅かす重大な問題となった。それを知る習近平は必死に腐敗集団と格闘している。

習近平は腐敗一掃運動を通じて人気を集め，彼個人の威信は高まった。その結果，今日の習近平は，鄧小平，江沢民，胡錦濤などの前任者よりも多くの権限を掌握している。

中国社会は絶えず変化している。価値観の多元化も急速に進んでいる。横行する腐敗によって党は信用を失った。いかに人心を挽回するかが，今日の中国共産党にとって喫緊の課題である。習近平が提起した「中華民族の偉大な復興」とは中国世論の最大公約数である。習近平はこの「偉大な復興論」をもって中国共産党および中国国民を一体化させようとする。「積極外交」の推進は，「中国共産党の正統性」を維持するための闘争である。

中国経済の右肩上がりの成長が「積極外交」のために物的基盤を提供している。中国は様々な分野でより大きな発言権を求めている。一方，米国の一極支配システムは様々な大きな困難を抱えている。世界の多くの重大な問題において中国からの協力は不可欠なものとなっている。今後の米中関係は対立や競争

をしながらも緊密に協力していくという側面をも備えることになろう。

　当面，日中関係は回復に向かっている。今後も領土問題や歴史認識問題は日中関係に影響する要素であり続けるであろう。一方，同じ東アジアの国家として様々な共通利益をも共有している。今後，中国は「積極外交」を通じて日中緊張を緩和させ，相互関係の改善を模索するであろう。

（劉　　迪）

注
1) 「共同推動構建新型大国関系」『人民日報』2013 年 6 月 7 日。
2) 習近平「在中日友好交流大会上的講和」『人民日報』2015 年 5 月 24 日。
3) 2013-14 年，習近平は公開の場でシンクタンクの建設強化に関する指示を 5 回も行った。
4) 「習近平：建設有国際影響力的高端智庫」『新京報』2014 年 10 月 28 日。
 (http://news.sohu.com/20141028/n405521479.shtml) 2015 年 9 月 24 日閲覧。
5) 2014 年 3 月，習近平がドイツ訪問中，中独の全方位戦略パートナーシップを作る際，政府，政党，議会，シンクタンクの交流を促進せよと提案した「中国共産党新聞網」2014 年 10 月 29 日 (http://theory.people.com.cn/n/2014/1029/c148980-25928251.html) 2015 年 9 月 24 日閲覧。
6) 習近平 (2014), 36 ページ。
7) 前掲書。
8) 2015 年 9 月 22 日，習近平はシアトルで青年時代の読書を回顧した。たとえば『ザ・フェデラリスト』『コモン・センス』『老人と海』などを取り上げた。またワシントン，リンカーン，ルーズベルトなどの政治思想に関心を持ち，愛読するとも述べた。
9) 2012 年，トクヴィルの『旧体制と大革命』が中国で注目を集め，広く読まれた。中国共産党政治局常務委員会委員・王岐山がこの本を推薦した。さらに『人民日報（海外版）』は署名入りの評論で，「今現在の中国社会の背景の複雑さや社会矛盾の激化は，フランス革命の時代との類似性がある」と解説している（張広昭「王岐山為何推薦『旧制度與大革命』」『人民日報（海外版）』2013 年 1 月 18 日 11 面）。
10) 2012 年 11 月 28 日に「博源基金会」理事長・秦暁は次のように述べている。「我々は今，改革のスタートを切れば極めてよいタイミングとなるが，今の時期を逸すれば今後改革のコストは高くつくし，困難になるであろう。また重大な社会危機が起こる。今は正に改革は革命と競走している」。
11) 周方銀 (2013), 4-21 ページ。
12) 金燦栄 (2014), 50-68 ページ。

参考文献
青山瑠妙 (2013),『中国のアジア外交』東京大学出版会。
李世濤編 (2000),『知識分子立場―民族主義與転型期中国的運命』時代文藝出版社（長春）。
劉迪 (2015),「中国政治におけるシンクタンク」熊達雲他編『現代中国政治概論』明石書店。
リンダ・ヤーコブソン，ディーン・ノックス他 (2011),『中国の新しい対外政策―誰がどのように決定しているのか』(岡部達味監修，辻康吾訳) 岩波書店。
フランソワ・ジョワイヨー (1995),『中国の外交』(中嶋嶺雄・渡邊啓貴訳) 白水社。
孫平化 (1986),『中日友好随想録』世界知識出版社。

中華日本学会・中国社会科学院日本研究所編（1996），『戦後日本50年—中日学術討論会文集』。
田桓（2002），『戦後中日関係史 1945-1995』中国社会科学院出版社。
岡部達味編（1983），『中国外交—政策決定の構造』日本国際問題研究所。
リチャード・C・ブッシュ（2012），『日中機器はなぜ起こるのか—アメリカが恐れるシナリオ』柏書房。
習近平（2014），「実現中華民族偉大復興是中華民族近代以来最偉大的夢想」『習近平談治国理政』外文出版社。
周方銀（2013），「中美新型大国関係的動力，路径與前景」『亜太研究』（2013年第2期）。
金燦栄（2014），「構建設中美新型大国関係条件的探索」『世界政治與経済』（2014年第4期）。

第 17 章

アジア太平洋の通商秩序と日米中関係の行方

はじめに

　中国の台頭によって日米中の経済関係は大きく変わった。貿易面から見ると，米中にとっての日本の経済的比重が相対的に低下している。日本が米中間の狭間に埋もれず，そのプレゼンスを維持するためにはどのような通商戦略が求められるか。

　日本の焦眉の通商課題は，アジア太平洋地域の新通商秩序の構築にいかに取り組むかであるが，日米中トライアングルのマネジメントが大きなカギとなろう。日米中間のパワーシフトとアジア太平洋地域におけるメガ FTA 締結の動きは，今後，日米中トライアングルの貿易構造にどのような影響を及ぼすのであろうか。

　協調と対立の両面を持っている日米中関係であるが，日米中トライアングルの貿易は政治・安全保障面の対立をどこまで抑止できるのか。また，もし中国が TPP（環太平洋パートナーシップ）に参加しない場合，中国は国際生産ネットワークから締め出され，日米中トライアングルの貿易メカニズムも崩れてしまうのか。

　本章では，中国の台頭によるパワーシフトと米国のアジア回帰（リバランス），さらには TPP をめぐる米中の角逐などに焦点を当てながら，変容するアジア太平洋の秩序と日米中関係の行方について考察する[1]。

第1節　日米中トライアングルの貿易構造と中国の台頭

1．変容する日米中トライアングル：日中逆転

　2001年のWTO（世界貿易機関）加盟を契機に中国の輸出が急増し，2009年に中国は世界最大の輸出国となり，2010年にはGDPで日本を抜いて世界第2位になった。

　中国の台頭によって日米間の貿易構造も大きく変化している。日米貿易の推移をみると，米国の貿易相手国として日本のウェイトは輸出入ともに低下傾向にある。米国の輸入額に占める日本のシェアは2000年の12.0％から2013年には6.1％にまで低下し，逆に，中国のシェアは同8.2％から19.4％に増加している。米国の輸出額に占める日本のシェアについても同様で，2000年の8.3％から2013年には4.1％に低下し，中国のシェアは，同2.0％から7.7％に増加している（第17-1表）。

　また，米国の財貿易収支の不均衡については，2000年に中国が日本を抜いて米国の最大の貿易赤字国となった。2013年の米国の貿易赤字（通関ベース）は6888億ドル，このうち対中貿易赤字が3187億ドルで，対日貿易赤字（733億ドル）の4倍以上となっている。対日貿易赤字の比率は，2000年から2013年にかけて18.6％から10.6％に低下しているのに対して，対中貿易赤字の比率

第17-1表　米国の輸出入　　　　　　（単位：億ドル，％）

	米国の輸入			米国の輸出		
	対日輸入	対中輸入	対世界	対日輸出	対中輸出	対世界
2000	1,465 (12.0)	1,000 (8.2)	12,168	652 (8.3)	162 (2.0)	7,804
2005	1,380 (8.2)	2,434 (14.5)	16,734	546 (6.0)	411 (4.5)	9,010
2010	1,205 (6.2)	3,649 (19.0)	19,138	604 (4.7)	919 (7.1)	12,784
2011	1,289 (5.8)	3,393 (15.3)	22,079	658 (4.4)	1,041 (7.0)	14,825
2012	1,464 (6.4)	4,256 (18.6)	22,763	699 (4.5)	1,105 (7.1)	15,457
2013	1,385 (6.1)	4,404 (19.4)	22,683	652 (4.1)	1,217 (7.7)	15,795

（注）　括弧内は構成比。
（出所）　国際貿易投資研究所データベースより作成。

第17-2表　米国の財貿易収支赤字（通関ベース）　　（単位：億ドル，％）

	対日赤字	対中赤字	財貿易赤字
2000	813 (18.6)	838 (19.2)	4,364
2005	834 (10.7)	2,023 (26.1)	7,724
2010	601 (9.4)	2,730 (42.9)	6,354
2011	631 (8.6)	2,352 (32.4)	7,254
2012	765 (10.4)	3,151 (43.1)	7,306
2013	733 (10.6)	3,187 (46.2)	6,888

（注）　括弧内は構成比。
（出所）　国際貿易投資研究所データベースより作成。

は，同19.2％から46.2％に上昇している（第17-2表）。

このような貿易構造の変化を反映して，かつては日米を中心に生じていた貿易摩擦も，今や米中へとシフトしている。米議会の激しい非難の矛先は日本でなく，もっぱら中国である。

米国内では中国の「国家資本主義」に対する警戒感が高まっている。市場原理を導入しつつも政府が国有企業を通じて積極的に市場に介入するのが，国家資本主義である。米政府は国内産業を保護するため，中国製品に対してセーフガード（緊急輸入制限）やアンチダンピング税，相殺関税などの貿易救済措置を頻繁に発動している。また，中国が不公正な貿易慣行を行っているとして，WTOに提訴するケースも増えている。

2．日米中トライアングルの深層：国際生産ネットワークの構築

アジア太平洋地域における日米中トライアングルの貿易構造には，次のような特徴が見られる（第17-3表，第17-4表）[2]。

第1に，中国の貿易は「加工貿易型」であり，日本やASEANから中間財（部品）を輸入し，中国で加工・組み立てを行い，最終財（完成品）を日本やASEANに限らず，米国やEUにも輸出している。

第2に，東アジアにおける中国の周辺国は中間財輸出を通じて対中依存度を高める一方，中国は米国やEUへの輸出を伸ばしており，東アジアへの依存度は高くない。このように，中国の貿易構造については，輸入と輸出の間で「集中と分散の非対称性」が見られる。

第 17-3 表　中国の輸出入　　　　　　　（単位：億ドル，％）

	2000	2005	2010	2011	2012	2013
素材	304	1,119	3,525	4,930	5,146	5,325 (27.3)
中間財	1,438	3,915	7,241	8,366	8,583	9,227 (47.3)
最終財	493	1,556	3,185	3,855	4,017	4,166 (21.4)
輸入総額	2,250	6,602	13,939	17,414	18,173	19,493 (100.0)
素材	91	148	142	167	161	162 (0.7)
中間財	874	2,963	6,552	8,038	8,505	9,439 (42.7)
最終財	1,534	4,506	9,585	11,304	12,390	13,099 (59.3)
輸出総額	2,492	7,623	15,784	18,992	20,501	22,106 (100.0)

(注)　括弧内は構成比。
(出所)　国際貿易投資研究所データベースより作成。

第 17-4 表　中国の国別輸出入（2013 年）　　　（単位：億ドル，％）

	日本	ASEAN10	米国	EU28	世界
輸入総額	1,622 (100.0)	1,988 (100.0)	1,459 (100.0)	2,197 (100.0)	19,493 (100.0)
素材	50 (3.1)	372 (18.7)	348 (23.9)	127 (5.8)	5,325 (27.3)
中間財	1,093 (67.4)	1,277 (64.2)	632 (43.3)	1,023 (46.6)	9,227 (47.3)
最終財	523 (32.2)	393 (19.8)	492 (33.7)	1,064 (48.4)	4,166 (21.4)
輸出総額	1,499 (100.0)	2,438 (100.0)	3,683 (100.0)	3,389 (100.0)	22,106 (100.0)
素材	25 (1.7)	22 (0.9)	135 (0.4)	22 (0.7)	162 (0.7)
中間財	561 (37.5)	1,327 (54.4)	1,124 (30.5)	1,145 (33.8)	9,439 (42.7)
最終財	958 (64.0)	1,142 (46.8)	2,700 (73.3)	2,347 (69.3)	13,099 (59.3)

(注)　括弧内は構成比。
(出所)　国際貿易投資研究所データベースより作成。

　第 3 に，中国の貿易の主たる担い手は中国に進出した外資系企業であり，中国の貿易の過半を占めた。サプライチェーンのグローバル化と国際生産ネットワークの拡大を通じて，産業内分業や企業内貿易が活発化した。中国は東アジアの国際生産ネットワークに組み込まれることによって，貿易を急増させることができたのである。
　このような日米中トライアングルの貿易と直接投資が中国の経済成長の原動力となった。日本から中国への直接投資が活発となり，日本の中国向け中間財輸出が急増した。日本が中国に対して中間財の供給を担い，それによって，中

国は米国向けの最終財の輸出を増大させていった。これまで日本から米国に直接輸出されていたのが，次第に中国で加工・組み立てされ，米国に輸出されるというパターンにシフトしていった[3]。

だが，メガFTAの時代に入り，日米中の経済関係は新たな局面を迎えている。国際生産ネットワークの拡大とサプライチェーンのグローバル化に伴って，日米中トライアングルにおける貿易や直接投資は大きく変貌しようとしている。

第2節　日米中関係の協調と対立の構図：経済相互依存と安全保障

1．経済相互依存の深化は対立の回避につながるか

アジア太平洋地域においては貿易と直接投資を通じ経済的な相互依存関係が深まりつつあるが，一方では，中国の台頭がアジア太平洋地域のパワーバランスを変化させ，この地域の安全保障にも影響を及ぼしている。

日本にとっての最重要の外交課題は，中国の台頭とそれに伴うパワーシフトにいかに対応するか，また，アジア太平洋地域の新たな秩序形成にいかに取り組むかである。日本は受け身の追随的な対応でなく，主体的な構想を持って新たな秩序形成に積極的に取り組むべきであろう。

アジア太平洋地域の将来にとって米中関係の行方が最重要な要素であることは言うまでもない。現在の米中関係は，かつての米ソ関係と違い，対立一辺倒といった単純な構図では捉えられない。政治・安全保障の面では対立しているが，経済面では相互依存が深まっている。米中関係は協調と対立の両面を持っている。

「経済相互依存の深化は，国際協調を促し，国家間対立の危険を減らす」と，昔からよく言われる。経済相互依存度が高いほど，対立による経済の停滞は高い代償を払う結果となるから，対立を回避する誘因が働くというわけである[4]。

この仮説は日米中関係に当てはまるだろうか。中国は，東アジアの周辺国との経済相互依存を深めつつも，南シナ海の領有権をめぐるASEANとの緊張

第17-5表　日中間の貿易依存度　　　　　　　（単位：億ドル，％）

| | 日本の対中貿易依存度 | | 中国の対日貿易依存度 | |
	対中輸出	対中輸入	対日輸出	対日輸入
2000	303 (6.3)	550 (14.4)	416 (16.6)	415 (18.4)
2005	799 (13.4)	1,085 (21.0)	840 (11.0)	1,004 (15.2)
2010	1,496 (19.4)	1,534 (22.0)	1,202 (7.6)	1,763 (12.6)
2011	1,620 (19.6)	1,841 (20.7)	1,472 (7.7)	1,944 (11.1)
2012	1,441 (18.0)	1,884 (21.2)	1,515 (7.3)	1,777 (9.7)
2013	1,290 (18.0)	1,808 (21.7)	1,499 (6.7)	1,622 (8.3)

（出所）　国際貿易投資研究所データベースより作成。

など，対立が絶えない。日本とも尖閣諸島の領有権で対立している。中国に関しては，経済相互依存は安全保障上の抑止力とはならないのか。

　日中両国の貿易額に占める国別シェアを見ると，日本にとって中国の経済的重要性は高まっている。2007年には米国を抜いて，中国が日本の最大の貿易相手国となった。一方，逆に，中国の対日貿易依存度は低下傾向にある。2004年には中国の最大の貿易相手国は日本から米国に変わった。貿易相手国としての日本の経済的重要性が低下している。中国の対日輸出のシェアは2000年から13年にかけて，16.6％から6.7％に低下し，対日輸入のシェアも同じく18.4％から8.3％に低下している（第17-5表）。

　中国は2010年頃から日本に対して強硬姿勢をとるようになったが，これは，中国の貿易に占める日本のシェア低下とタイミングが一致している。しかし，中国の日本からの中間財の輸入依存度の高さを考えれば，中国の対日強硬姿勢は両刃の剣となる。中国は日本の経済的重要性を過小評価してはならない。

　2014年11月の北京APEC（アジア太平洋経済協力会議）の折に実現した日中首脳会談をきっかけにして，「政冷経冷」であった日中関係も2015年に入ってようやく改善の兆しが見られる。その背景としては，やはり日中間の経済相互依存が大きく係わっているのではないか。

2．日米関係と米中関係：米国のスタンス

　オバマ政権の「アジア回帰（リバランス）」をどう見るべきか。米国の外交

政策の重点が中東から再びアジアに戻ってくることを意味するが，日本から見れば，米国のアジア回帰と日米同盟の強化は対中包囲網の強化と映る。

しかし，最近のケリー米国務長官の発言[5]からもわかるように，米国の姿勢は，「中国と良好な関係を築くことが，米国のアジア回帰にとって必要だ」として，当初，クリントン前国務長官が提唱したときの「中国封じ込め」の性格からはだいぶ後退している。

オバマ政権は，アジア回帰を打ち出して東アジアへの関与を強める姿勢を見せたが，次第に軍事面よりも経済・外交面に焦点を移しつつある。本音は，基本的に中国とは良好な関係を築きつつ，日本との同盟関係も発展させるというものだ。米国のアジア政策は，良好な米中関係と日米同盟の強化が併存している。両者は矛盾しないのか。日米の捉え方に大きなズレが生じている点に注意が必要である。

日米中関係は，日米同盟が結ばれ，中国がそれに対峙している構図ではある。しかし，それは必ずしも日米と中国の対立といった単純な図式ではない。日本は，米中G2体制の実現を目指す米国内の動きを警戒している。

G2論は，米中が協力して経済から政治，安全保障までグローバルな重要課題に取り組み，世界を主導していくべきだという考え方である[6]。オバマ政権の1年目に打ち出された構想だ。外されてしまう日本にとって愉快な話ではない。

中国は米国から対等に扱われ誇らしい気持ちと，過剰な国際的責任を負わされることへの警戒もあり，G2体制に対して曖昧な態度をとった。大国と小国（途上国）の立場を使い分ける中国の対応に，米国も苛立ちを隠さなかった。このため，G2論はすっかり色褪せてしまった[7]。

一方，日本では日米同盟への信頼が揺らぎ始めている。将来，もし日中間で激しい対立が生じた場合，果たして米国は日本と中国のどちらを選ぶだろうか。日本が米国から見捨てられるのではないかと不安視する声が増えている[8]。踏み絵を踏まされたくないというのが米国の本音であろう。

米国にとって日米関係と米中関係のどちらの方が重要かと言えば，米中関係である。中国の台頭によって，米国内において日米関係の相対的な重要度が低下しているのは確かである。しかし，中国が台頭してきたからといって，米国

が日米関係を軽視するかというと、そんなことはない。米中関係のために日米関係がむしろ一層重要となっているのである。

3．米中間における日本の地政学的価値

1996年の日米安保共同宣言で、日米両国は日米安全保障条約について、ソ連の崩壊に伴い対ソ同盟としての性格を修正し、アジア太平洋地域の秩序安定を維持するための枠組みとして再定義した。だが、中国は、日米による「中国封じ込め」ではないかと警戒している。

米中関係を「21世紀の大国関係」と位置づけ、アジア太平洋地域における縄張り意識に目覚めた中国に対して、米国も警戒を強めている。アジア太平洋の秩序再編を画策する中国と対峙するには、日本が安定した同盟国として協力してくれることを、米国は望んでいる[9]。中国の海洋進出に対しても日米同盟の抑止力を強化しなければならない。米中関係のために日米同盟が大事なのである。

米国の本音としては、中国包囲網を強力なものにするために、日米同盟を深化させたいところだ[10]。日米同盟の深化のためには、外交・安保だけではなく経済関係も重要で、TPPはその重要な手段である。

一方、日本にとっても、TPPは通商上の利益だけでなく、安全保障の上からも重要だ。日米関係の強化にもつながり、尖閣諸島をめぐって対立する中国への牽制の効果も期待できる。虎の威を借りるやり方だと揶揄されようと、現実的には、東アジアにおいて日本が中国に対抗できる手段は、強固な日米同盟しかない。

第3節　アジア太平洋の経済連携と日米中の対応

1．米国の対中戦略とTPP

TPPは、高度で包括的な21世紀型のFTAを目指す。米国がTPP交渉を主導するのは、TPPのルールが、アジア太平洋地域における新たな通商秩序のベースとなる可能性が高いからである。だが、TPPに対する米国の狙いはも

う一つある。TPPへのインセンティブは，米産業界にもたらすビジネス上の利益はもちろんであるが，中国の台頭に対抗し，東アジアにおける米国の地政学的な影響力を回復することにある。

米国がアジア回帰を強めるのは，中国が東アジアの覇権を握れば米国は東アジアから締め出され，米国の権益が大きく損なわれてしまうのではないかとの懸念が米国内で高まったからである。

米国は，TPPを「米国の太平洋の世紀」(America's Pacific Century) を確保するための戦略の手段として位置づけている。TPPを推進することで，アジア太平洋国家として東アジアに積極的に関与していく方針である[11]。米国のアジア関与にとって，安全保障分野での米軍の前方展開と経済分野でのTPP推進は車の両輪といえる。

現在，TPP交渉に参加しているのは12カ国であるが，米国は，将来的には中国も含めてTPP参加国をAPEC全体に広げ，FTAAP（アジア太平洋自由貿易圏）を実現しようとしている。だが，皮肉なことに，FTAAPの実現によって最も大きな利益を受けるのは，米国ではなく中国なのである（第17-6表）。

中国がハードルの高いTPPに参加する可能性はあるのか。「国家資本主義」に固執する中国だが，APEC加盟国が次々とTPPに参加し，中国の孤立が現実味を帯びてくるようになれば，中国は参加を決断するかもしれない。TPPへの不参加が中国に及ぼす不利益（貿易転換効果）を無視できないからだ。

第17-6表　主要国に与える TPP, RCEP, FTAAP の経済効果

(2025年のGDP増加額，カッコ内は増加率，単位10億ドル，%，07年基準)

	TPP12	TPP16	RCEP	FTAAP
米国	76.6 (0.38)	108.2 (0.53)	−0.1 (0.00)	295.2 (1.46)
日本	104.6 (1.96)	128.8 (2.41)	95.8 (1.79)	227.9 (4.27)
中国	−34.8 (−0.20)	−82.4 (−0.48)	249.7 (1.45)	699.9 (4.06)
韓国	−2.8 (−0.13)	50.2 (2.37)	82.0 (3.87)	131.8 (6.23)
ASEAN	62.2 (1.67)	217.8 (5.86)	77.5 (2.08)	230.7 (6.20)

（注）TPP12は現在の交渉参加国，TPP16は韓国，タイ，フィリピン，インドネシアが参加。
（資料）P. A. Petri, M. G. Plummer, *ASEAN Centrality and ASEAN-US Economic Relationship*, East-West Center, 2013 より筆者作成。

2013年9月に設立された「中国（上海）自由貿易試験区」は，中国が選択肢の一つとして将来の TPP 参加の可能性を強く意識し始めていることの表れだろう。勿論，中国が今すぐ TPP に参加する可能性は極めて低い。TPP と中国の国家資本主義とは大きくかけ離れており，その溝を埋めることは非常に困難とみられるからである。溝を埋めるためには，TPP のルールを骨抜きにするか，中国が国家資本主義の路線を放棄するか大幅に修正するしかない。しかし，そのどちらも難しい。

当面は中国抜きで TPP 交渉を妥結し，その後 APEC 加盟国からの TPP 参加を増やし，中国を孤立させる。最終的には投資や競争政策，知的財産権，政府調達などで問題の多い中国に，TPP への参加条件として国家資本主義からの転換とルール遵守を迫るというのが，米国の描くシナリオである。

2．日米中トライアングルと中国の TPP ジレンマ

アジア太平洋におけるメガ FTA 締結の動きが，日米中のトライアングル構造にどのような影響を及ぼすのか。中国が TPP に参加しなければ，日米中トライアングルの貿易構造は崩壊する。なぜならば，日本から中国に中間財（部品）を輸出し，中国で加工組み立てした最終財（完成品）を米国に輸出するという貿易パターンの優位性が失われるからだ。

TPP によってカバーされる国際生産ネットワークから中国がはみ出す形となれば，グローバルなサプライチェーンの効率化を目指す日本企業などは，対米輸出のための生産拠点を，中国から TPP に参加するベトナムやマレーシアなどに移す可能性が高い。中国リスクの高まりがそれに拍車をかけるであろう。

中国の集中と分散の非対称的な貿易構造を考えれば，たとえ RCEP（東アジア地域包括的経済連携）が実現しても決して十分とはいえない。RCEP は ASEAN＋6 によるメガ FTA であるが，日米中トライアングルの貿易全体をカバーすることはできない。

日米中トライアングルの貿易がこれまでの中国の経済成長の原動力となったことを考えれば，中国の本音は TPP に参加したいであろう。しかし，高い自由化率と米国が重視しているルール（知的財産権，国有企業改革，政府調達，

環境，労働など）は中国にとっては受け入れがたく，ジレンマに陥っている。

3．日本はアジア太平洋の架け橋となれるか

　米国が主導するTPPに反発する中国は，TPPに対抗して米国抜きの東アジア経済統合であるRCEPの実現を加速させようとしている。TPPとRCEPをめぐる米中の角逐によって，アジア太平洋地域は今やメガFTAの主戦場となっている。

　APECは，将来的にFTAAPの実現を目指すことで一致しているが，TPPルートかそれともRCEPルートか，さらに，両ルートが融合する可能性があるのか否か，FTAAPへの具体的な道筋についてはいまだ明らかでない。

　こうしたなか，2014年11月の北京APECでは，FTAAP実現に向けたAPECの貢献のための「北京ロードマップ」が策定され，共同の戦略的研究を実施し，2016年末までに報告することが合意された[12]。

　FTAAPのロードマップ策定についての提案は，中国の焦りの裏返しと見ることもできる。TPP参加が難しい中国は，TPP以外の選択肢もあることを示し，TPP離れを誘うなど，TPPを牽制しようとしている。

　TPPルートかRCEPルートかで，日米中トライアングルの貿易は大きく左右される。日本のとるべき対応は，TPP交渉を早期にまとめ，中国にもTPP参加を促すことだ。中国の国家資本主義を段階的に解消させることは日本にとっても必要で，米国と共闘を組むべきだ。中国の周辺国が次々にTPPに参加すれば，外堀と内堀を埋められた形の中国はTPPに参加せざるを得なくなるだろう。中国がTPPに参加すれば，TPPとRCEPの融合は難しい話ではない。

　日本のFTA戦略は，TPPとRCEPのいずれにも参加するという，重層的なアプローチを目指している。日本は，地政学的な有利性を生かしたしたたかな通商外交を展開すべきだ。日本の存在感を高める絶好のチャンスである。米中の狭間に埋もれることなく，将来的にTPPとRCEPをFTAAPに収斂させていくための推進役を果たしていくのが，日本の役割ではないか。

（馬田啓一）

注

1) 中国主導で設立準備が進む AIIB（アジアインフラ投資銀行）など，目下焦眉のアジアの金融秩序再編の動きは，紙幅の制約上，別の機会に取り上げたい。
2) 第 17-3 表と第 17-4 表において，財分類は，国連の BEC (Broad Economic Categories) 分類に基づいて定義している。このため，BEC 分類における合計は輸出入総額と一致しない。
3) 青木 (2006)。
4) 多胡 (2013)。
5) 2014 年 11 月 4 日，ワシントンで行った米中国交樹立 35 周年の演説。
6) ブッシュ政権の国務副長官を務めた R. ゼーリックが，中国をステークホルダー（利害共有者）と見なし，国際社会の中に積極的に取り込んで責任ある行動を取らせるような対中政策を提唱した。
7) 詳しくは，馬田 (2012)。
8) 現時点では，尖閣諸島問題について米議会上院は，2013 年度国防権限法案の可決に際して，尖閣諸島が日米安保の適用対象であることを明記している。また，オバマ大統領も 2014 年 4 月の日米首脳声明で同様の発言をした。
9) フィナンシャル・タイムズ（2012 年 9 月 9 日付）掲載のブレマーとゴードンの論説。日米両国が，米英の「特別な関係」に匹敵するような関係を築くべきだという考え方は，すでに第 1 次アーミテージ・レポートでも指摘されている。
10) 中国がアジアの秩序の再編を図ろうとする中，2015 年 4 月末の日米首脳会談は，日米同盟が安全保障と経済の両面で新たな段階に入ったことを印象付けた。「日米共同ビジョン声明」では，安全保障で新たな日米防衛協力の指針（ガイドライン），経済で TPP 交渉の妥結によって同盟関係を強化していく考えを強調した。「読売新聞」2015 年 4 月 29 日付。
11) Clinton (2011)。
12) APEC (2014)。

参考文献

青木健 (2006),「中国の台頭と日米貿易構造の変化」青木健・馬田啓一編著『日米経済関係論：米国の通商戦略と日本』勁草書房。
馬田啓一 (2012),「オバマ政権の対中通商政策」国際貿易投資研究所『季刊国際貿易と投資』No.88。
馬田啓一 (2013),「TPP と新たな通商秩序：変わる力学」石川幸一・馬田啓一・木村福成・渡邊頼純編著『TPP と日本の決断』文眞堂。
馬田啓一 (2014a),「TPP 交渉とアジア太平洋の通商秩序」日本国際問題研究所『国際問題』No.632。
馬田啓一 (2014b),「APEC の新たな視点：FTAAP 構想をめぐる米中の対立」国際貿易投資研究所『フラッシュ』No.96。
大橋英夫 (2012),「中国経済の台頭と日米中関係」『日米中関係の中長期的展望』日本国際問題研究所。
多胡淳 (2013),「経済連携と安全保障」『日米中新体制と環太平洋経済協力のゆくえ』アジア太平洋研究所。
APEC (2010), *Pathways to FTAAP*, November14 (「FTAAP への道筋」2010 年 11 月 14 日)。
APEC (2014), *The Beijing Roadmap for APEC's Contribution to the Realization of the FTAAP* (「FTAAP の実現に向けた APEC の貢献のための北京ロードマップ」2014 年 11 月 11 日)。
Bremmer, I. and D. Gordon (2012), "US needs Japan as its best ally in Asia," *Financial Times*, September 9.
Clinton, H. (2011), "America's Pacific Century," *Foreign Policy*, No.189, November.

Cooper, W. H. (2014), "U.S.–Japan Economic Relations: Significance, Prospects, and Policy Options", *CRS Report*, February 18, RL32649.
Lawrence, S. V. (2013), "U.S.–China Relations: An Overview of Policy Issues", *CRS Report*, August 1, R41108.

索　引

【欧文】

AIIB（アジアインフラ貿易銀行）　137, 217-218
ASEAN＋3　138
ASEAN＋6　138
ASEANの中心性　138
BRICS銀行　205
CDM（クリーン開発メカニズム）　117
ETF　5
E-waste　127
FTAAP（アジア太平洋自由貿易圏）　144, 235
FTA特恵関税　164
FTA利用促進政策　167
FTA利用率　164
G2論　233
GDP比　18
HS番号　168
IFRS強制適用　75
ISDS条項　136
ITA（情報技術協定）　143
JA全中　152, 154
J-REIT　5
RCEP（東アジア地域包括的経済連携）　131, 211, 236
　──交渉　137
SEC　72
SPS協定　141
TISA（新サービス貿易協定）　143
TPA（貿易促進権限）法案　137
TPP（環太平洋パートナーシップ）　131, 211, 234
　──交渉　134, 155
TRIPS協定　135
TTIP（環大西洋貿易投資パートナーシップ）　131
　──交渉　140
WTO　132, 142
　──プラス　134

【ア行】

アジアインフラ投資銀行（AIIB）　205
アジア回帰（リバランス）　232
アジア開発銀行（ADB）　205
アジア旋回（pivot to Asia）　207
アジア太平洋自由貿易圏（FTAAP）　211
アジア太平洋の架け橋　237
アベノミクス　3, 42, 47, 54
アメリカ証券取引委員会　72
アラブの春　207
アングロ＝サクソン的会計思考　70
安全保障のジレンマ　212
安全保障法制　209
アンチダンピング税　229
生きた協定　141
異次元の金融緩和　43
一帯一路　206
　──構想　137, 217-218
医療制度　23
医療保険制度　32, 33
失われた20年　57, 84
ウルグアイ・ラウンド交渉　154
エア・シー・バトル（ASB）　208
益税　25
円安　43, 51
　──傾向　7
欧州債務危機　140
大型商業施設　90
温室効果ガス　110

【カ行】

海外子会社　81
外国人労働者　186
介護制度　23
介護保険制度　32-34
介護離職　36

索　引　*241*

──ゼロ　30
海洋進出　204, 234
鍵となる施策　56
稼ぐ力　56
為替市場　7
簡易課税制度　25
完全失業率　50
岩盤規制　158
技術移転　88
規制改革会議　157
基礎的財政収支　19, 22
期待相場　44, 51
期待物価上昇率　7
逆有償取引　124
京都議定書　108
　──目標達成計画　112
京都メカニズム　110
金融政策決定会合　5
空洞化　57, 81-82
グローバル・スタンダード　142
ケア・ペナルティ　37
軽減税率　25
経済財政運営と改革の基本方針　54
経済財政諮問会議　23
ケインズ効果　21
ゲームチェンジャー　140
原産地規則　136
原産地証明書　168
原産地認定基準　170
牽制と抱擁（hedge and embrace）　212
合計特殊出生率　184
公的年金制度　23
高度外国人材　182, 193
高度人材に対するポイント制　191
効率的市場仮説　46
国債　17
国際会計基準　69
　──委員会（IASC）　70
国債価格　12
国債残高　18
国際資源循環　125
国際収支の天井　52
国際生産ネットワーク　134, 143, 230, 236
国際通貨基金（IMF）　205

国際展開戦略　56
国債発行　17
国内排出量取引制度　117
国有企業改革　135
五重苦　82
国家資本主義　142, 229, 235
国家戦略特区　56

【サ行】

財政赤字　17, 21, 61
再生可能エネルギー　116
財政規律　14
財政健全化　14, 16
財政再建　16, 19
財政の硬直化　21
財政の持続可能性　22
財政破たん　14
財政ファイナンス　14
在宅介護　34
サイバー攻撃　204
債務残高　21
　──の対　17
サプライサイド経済学　45
サプライチェーン　133-134, 142, 230, 236
産業競争力会議　55
産業資本主義　31
三本の矢　3, 23, 42, 155
ジェンダー問題　38
実質実効為替レート　47
社会的セーフティネット　29
社会的入院　34
社会保障　31, 63
　──構造改革　33
　──と税の一体改革　23, 33
集団的自衛権　209
周辺外交　217
証券監督者国際機構（IOSCO）　71
少子高齢化　32, 57, 61, 184
乗数効果　21
消費者物価指数　10
消費税率　25
　──引上げ　19
食の安全　141
新型大国関係　206, 223

人材育成　87
人材空洞化　84
「真珠の首飾り」戦略　204
新常態　206
スパゲティ・ボウル　134
政策意思決定システム　146
生産年齢人口　35
税制改革　17, 24
成長戦略　42, 54, 55
制度改革至上主義　20
政府調達　136
世代間の不公平　22
積極外交　216
積極的平和主義　209
接近阻止・領域拒否（A2AD）　203
セーフガード　136, 229
潜在汚染性　124
潜在資源性　122
潜在成長力　57, 62
センシティブ品目　135
戦略・経済対話（SED）　207
戦略市場創造プラン　56
ソフト・エネルギー・パス　107

【タ行】

第3者証明制度　174
第三の矢　54, 62
対中包囲網　233
脱成長　63
多民族国家　222
団塊の世代　84
炭素税　113-114
地域包括ケアシステム　35
小さな政府　45, 61
地球温暖化対策　108
　　──基本法案　112
地球儀を俯瞰する外交　209
知的財産権　135
中国コンプレックス　220
中国（上海）自由貿易試験区　236
中国の夢　219
中国封じ込め　233-234
中米新型大国関係　217
超過準備　12

長期金利　12
長期国債　5, 9, 14
地理的表示　139
底辺への競争　136
出口　11
デフレマインド　6, 10
テロ特措法　202
韜光養晦　216
同時多発テロ　202
特例国債依存　22
ドーハ・ラウンド　132

【ナ行】

二国間クレジット制度　117
21世紀型のFTAモデル　134
21世紀型貿易　134, 142
日EU・FTA交渉　139
日銀　5
日米中トライアングル　228, 236
日米同盟　201, 233
日経平均株価　8
日本企業の海外移転　81
日本再興戦略　55, 156
日本産業再興プラン　55
日本版会計ビッグバン　71
入管法（出入国管理及び難民認定法）　194
年金制度　32-33
農業悪玉論　151
農協改革　158
農業基本法　150
農業協同組合法（農協法）　152
農産物貿易自由化　148
農政運動　154
農政鉄の三角形　146

【ハ行】

廃棄物処理・リサイクル制度　120
バブル崩壊　45, 50
バリ・パッケージ合意　132
バローの中立命題　20
パワーシフト　231
バンドワゴン的効果　44
反腐敗運動　221
非ケインズ効果　21

非正規雇用　33, 58, 86
人づくり　87
付加価値税収比率　26
物価安定の目標　6, 11, 13
ブミプトラ政策　136
プライマリーバランス　22
プラザ合意　43, 81
プルリ協定　143
ブレトンウッズ体制　52
分野横断的事項　135
北京APEC（アジア太平洋経済協力会議）　232
北京ロードマップ　237
貿易円滑化　132
貿易促進権限（TPA）　209
貿易転換効果　180, 235
防空識別圏（ADIZ）　208
法人税率　24
ポートフォリオ・リバランス効果　6
骨太の方針　23-24, 54
ポリシー・ミックス　52

【マ行】

マネタリーベース　5

無担保コールレート・オーバーナイト物　12
メガFTA　131

【ヤ行】

ヤーン・フォワード　136
有効求人倍率　9
予防原則　141

【ラ行】

「陸と海のシルクロード」構想　206
リーマンショック　9, 17, 110, 140
流動性の罠　49
量的・質的金融緩和　3-4
労働関係調整法　31
労働基準法　31
労働組合法　31
労働三法　31
労働の非正規化　85
労働力人口　184

【ワ行】

ワシントン・コンセンサスの経済学　45
ワンストップ支援体制　171

執筆者紹介（執筆順）

小田信之	杏林大学総合政策学部教授	第1章
知原信良	杏林大学総合政策学部教授	第2章
岡村　裕	杏林大学総合政策学部准教授	第3章
西　　孝	杏林大学総合政策学部教授	第4章
大川昌利	杏林大学総合政策学部教授	第5章
内藤高雄	杏林大学総合政策学部教授	第6章
木村有里	杏林大学総合政策学部准教授	第7章
加藤　拓	杏林大学総合政策学部専任講師	第8章
小野田欣也	杏林大学総合政策学部教授	第9章
斉藤　崇	杏林大学総合政策学部准教授	第10章
馬田啓一	杏林大学総合政策学部客員教授	第11章, 第17章
三浦秀之	杏林大学総合政策学部専任講師	第12章, 第14章
久野　新	杏林大学総合政策学部准教授	第13章
島村直幸	杏林大学総合政策学部専任講師	第15章
劉　　迪	杏林大学総合政策学部教授	第16章

編著者紹介

馬田　啓一（うまだ　けいいち）

1949年生まれ。慶應義塾大学経済学部卒業。同大学大学院経済学研究科博士課程修了。杏林大学総合政策学部・大学院国際協力研究科教授等を経て，現在，杏林大学客員教授。国際貿易投資研究所理事・客員研究員。専門分野は通商戦略論。主要著書に，『日本のTPP戦略：課題と展望』（共編著，文眞堂，2012年），『アジア太平洋の新通商秩序』（共編著，勁草書房，2013年），『通商戦略の論点』（共編著，文眞堂，2014年），『FTA戦略の潮流：課題と展望』（共編著，文眞堂，2015年）など多数。

大川　昌利（おおかわ　まさとし）

1956年生まれ。東京大学法学部卒業。ハーバード大学法科大学院修了，ボストン大学法科大学院修了。日本銀行鹿児島支店長，人事局参事役，業務局審議役，情報サービス局長，日本銀行金融研究所シニア・リサーチ・フェロー，お茶の水女子大学客員教授等を経て，現在，杏林大学総合政策学部・大学院国際協力研究科教授（学部長・研究科長）。専門分野は金融論，日本経済論。主要著書に，『貨幣の歴史学』（編著，日本銀行，2011年），『国際関係の論点：グローバル・ガバナンスの視点から』（共著，文眞堂，2015年）など多数。

現代日本経済の論点
―岐路に立つニッポン―

2016年2月25日　第1版第1刷発行　　　　　　　　検印省略

編著者　　馬　田　啓　一
　　　　　大　川　昌　利

発行者　　前　野　　　隆

東京都新宿区早稲田鶴巻町533

発行所　　株式会社　文　眞　堂
電話　03（3202）8480
FAX　03（3203）2638
http://www.bunshin-do.co.jp
郵便番号（162-0041）振替00120-2-96437

印刷・モリモト印刷　製本・イマキ製本所
© 2016
定価はカバー裏に表示してあります
ISBN978-4-8309-4890-9　C3033

〈好評既刊〉
焦眉の諸問題の現状と課題を学際的に考察！
国際関係の論点
―グローバル・ガバナンスの視点から―

馬田啓一・小野田欣也・西 孝 編著

ISBN978-4-8309-4857-2／C3033／A5判／220頁／定価2800円＋税

大きく変容する戦後の国際秩序，その先行きには暗雲が漂う。一国の統治だけでは解決できない多くの厄介な問題に直面する世界。利害の対立で綻びが目立つ国際協調の枠組み。グローバル・ガバナンスの意義が問われている。焦眉の国際関係の諸問題にどう対応していくべきか，現状と課題を学際的に考察。

【主要目次】

第1部 国際的な協調と対立の構図
 第1章 WTOの将来―悲観と楽観―／第2章 欧州危機の政治経済学―2つのトリレンマ―／第3章 農産物貿易自由化をめぐる政策決定過程の変遷―自民党政権下の変化に注目して／第4章 外国人介護労働者受け入れ政策の新潮流／第5章 メガFTA交渉妥結後の新たな政策課題―FTAの利用促進に向けて―

第2部 国際紛争とグローバル・ガバナンス
 第6章 国際システムそのものを俯瞰する／第7章 中国外交戦略の変容―「周辺外交」の意味を問い直す―／第8章 中台関係の行方―台頭しぶつかり合うナショナリズム―／第9章 国連の人道活動におけるアカウンタビリティ―法の支配と人権に基づく新たな取組み―

第3部 グローバリゼーションと企業倫理
 第10章 EUにおけるコーポレート・ガバナンス―「遵守か説明か」原則に着目して―／第11章 グローバリゼーションと経営の多様性―「働くこと」の再考―／第12章 金融取引税（トービン税）の課題／第13章 知的財産権とイノベーション

第4部 グローバル化する環境問題への対応
 第14章 地球温暖化対策と日本の対応／第15章 アジアにおける国際資源循環と拡大生産者責任／第16章 ユニバーサル・ヘルス・カバレッジ達成に向けて―医療財政の視点からの経緯と課題―／第17章 成長の限界と「脱成長」論